中華文化思想叢書

先秦文藝思想史

第二冊

李春青　著

目次

第三冊

第十章
周代禮樂文化中表現出的藝術追求

　　當中國歷史進入到周代時期，中國古典藝術在其發展史上也進入到了一個高峰階段，周代的青銅藝術、樂舞藝術、建築藝術、雕刻藝術和繪畫藝術等都開出了燦爛絢麗的花朵。儘管周代的各種藝術門類都被納入到「禮樂文化」統緒之中，發揮著國家意識形態的政治功能，但是藝術本身固有的諸種特性畢竟是無法遮蔽的，後世藝術所具有的全部審美特徵幾乎都在這裡萌芽了。

第一節　感於物而動
──藝術是心靈化的表現

　　宗白華在《美學散步》中說：「中國古代思想家對於音樂，特別對於音樂的社會作用、政治作用，向來是十分重視的。早在先秦，就產生了一部在音樂美學方面帶來總結性的著作，就是有名的《樂記》。《樂記》提供了一個相當完整的體系，對後世影響極大。」[1]而在先秦時期，「詩歌與音樂、舞蹈是同源的，而且在最初是一種三位一體的混合藝術」。[2]這樣看來，《樂記》就不僅是音樂美學著作了，也可以說是一部藝術美學著作[3]。《樂記》作為《禮記》的一篇，而

1　宗白華：《美學散步》，上海，上海人民出版社，1981，第49頁。
2　朱光潛：《詩論》，合肥，安徽教育出版社，1997，第7頁。
3　李澤厚在引述郭沫若關於音樂、詩歌、舞蹈三位一體的思想後，也說：「《樂記》所

《禮記》則是關於周代禮樂文化的記載，因此在《樂記》中保留了大量周人對藝術的觀點和看法，例如著名的「感物說」：

> 凡音之起，由人心生也。人心之動，物使之然也。感於物而動，故形於聲。聲相應，故生變。變成方謂之音。比音而樂之，及干戚羽旄，謂之樂。樂者，音之所由生也，其本在人心之感於物也。

這段話對音樂藝術的生成過程作了「聲」「音」「樂」三個階段的區分，這一觀點正確與否我們不論。重要的是這裡兩次強調音樂是從「人心」中產生的，而「人心」的活動是由外界事物的觸動引發的。人的內心感受了外界事物，外因作用於內因，內因作出反應，內心活動起來，並把產生的結果「聲」組織成相互應和、有旋律、有組織的「音」，構成曲調，並用樂器演奏表演出來，再配以舞蹈動作，這就形成了「樂」。我們也可以把「樂」的產生分為兩個過程：一是人心感於外物形成「志」。人是處於自然萬物之中的，「物」的變化必然引起人的內心世界的變化，人的內心世界發生變化就會形成「志」；二是「志」的外化過程。內在的「志」需要借助於藝術媒介表現出來，就是「樂」。如果用圖示來表示就是：「物」（外界事物）<u>觸發</u>→「心」（人的內心世界）<u>產生</u>→「樂」（文學藝術作品）。這就說明「樂」雖然產生於心，但卻非「心」獨尊，它只是由「心」出而已，沒有外界事物的觸發，「心」是不能產生「樂」的；同時，外界事物對「心」的觸發，「心」也不是作機械被動的反應，而是「心」與「物」進行互

總結提出的便不只是音樂理論而已，而是以音樂為代表關於整個藝術領域的美學思想。」（李澤厚：《美學三書》，合肥，安徽文藝出版社，1999，第58頁）

動，互相感應，互相影響。或者說，這是一個「心」與「物」交融的過程，從客體方面來說是「物感」，從主體方面來說是「感物」，而心、物交融正是審美活動賴以產生的基礎。我們很難說，一個走在森林裡的藝術家，因突遇一隻猛虎而會立即去謳歌它。因為，他此時不能與猛虎進行「心物交融」，自然不能產生審美情感或進行審美活動。可見，感物說已經帶有一種樸素唯物論的色彩，因而這一理論具有堅實的正確性，它對後世的文學理論產生直接的影響。劉勰在《文心雕龍・物色》篇中說：「春秋代序，陰陽慘舒，物色之動，心亦搖焉。蓋陽氣萌而玄駒步……若夫珪璋挺其惠心，英華秀其清氣，物色相召，人誰獲安？……歲有其物，物有其容，情以物遷，辭以情發。一葉且或迎意，蟲聲有足引心。況清風與明月同夜，白日與春林共朝哉！是以詩人感物，聯類不窮，流連萬象之際，沉吟視聽之區，寫氣圖貌，既隨物以宛轉，屬採附聲，亦與心而徘徊。」鍾嶸在《詩品序》中也說：「若乃春風春鳥，秋月秋蟬，夏雲暑雨，冬月祁寒，斯四候之感諸詩者也。嘉會寄詩以親，離群托詩以怨。至於楚臣去境，漢妾辭宮，或骨橫朔野，魂逐飛蓬；或負戈外戍，殺氣雄邊；塞客衣單，孀閨淚盡；或士有解佩出朝，一去忘返；女有揚娥入寵，再盼傾國；凡斯種種，感蕩心靈，非陳詩何以展其義？非長歌何以騁其情？」這裡，劉勰所說的「情以物遷，辭以情發」，鍾嶸所說的「展其義」「騁其情」都是在說詩歌的言志抒情的作用，而情志的產生，都是由於客觀現實的「物」「感蕩心靈」所至。不過這裡所說的客觀現實的「物」，在劉勰看來，主要還是指自然景物，但是在鍾嶸眼裡，不僅自然景物觸動人的情懷，社會人事也會感召人，儘管「物」的內容多種多樣，「但是，在這種觀念的引示下所形成的審美心態，不是神秘的不可知的心理活動，而是一種理智的、社會的認知活動。所以，中國古代詩歌的『言志』『抒情』的傳統，從一開始就與『感

物』說結合起來,並賦予社會的內容」。[4]總之,感物說一開始就具有理性主義的因素,對後世的詩論、文論、樂論等產生深遠的影響。

弄清楚了藝術是因外界事物觸動人的內心而產生的這一問題,我們還要追問為什麼人的內心會受到外界事物的觸動?其心理機制又是什麼?對於這些問題,我們先來看《禮記·樂記》中的一段話:

> 夫民有血氣心知之性,而無哀樂喜怒之常,應感起物而動,然後心術形焉。

這句話是說,人有血氣和用心智感知外在事物的本性,而喜怒哀樂等感情卻沒有一定,都是因為受到外在事物的影響,各種感情才表現出來。這裡明確地把「人心」分為「血氣」和「心知」兩個方面。有「血氣」就能產生「情」,有「心知」就會產生「智」,就能主動感知外物,這兩方面相互結合起來,人心就會感受外物而產生情感。沒有「血氣」,人就沒有生命,就不能產生情感;有「血氣」而沒有「心知」,只能產生那種動物式的低級本能的情感。人心正因為具有「血氣」和「心知」,人心受到外物的觸動時,內在的感情才會激動起來;[5]而且不同的外物會觸發不同的情感,不同的情感會產生不同的「聲」。所以《禮記·樂記》說:「是故其哀心感者,其聲噍以殺;其樂心感者,其聲嘽以緩;其喜心感者,其聲發以散;其怒心感者,其聲粗以厲;其敬心感者,其聲直以廉;其愛心感者,其聲和以柔。六者非性也,感於物而後動。」這就是說,有感而產生悲哀之心的,發

4　張文勳:《華夏文化與審美意識》,昆明,雲南人民出版社,1992,第209頁。

5　《禮記·樂記》說:「人生而靜,天之性也。感於物而動,性之欲也。」也是在說,人的本性中的欲望和情感在沒有外物影響的情況下,是處於寧靜狀態中的,但是受到外物的影響後,就會激發出來,產生情慾。

出的聲音就急促低沉；有感而產生快樂之心的，發出的聲音就寬廣舒
緩；有感而產生喜悅之心的，發出的聲音就悠揚舒暢……有感而產生
愛戀之心的，發出的聲音就和悅溫柔。不同的外界事物會使人的內心
固有的喜怒、哀樂、愛恨等情感受到感染而激動起來，「情動於中，
故形於聲」，從而產生不同的「聲」。對此，我們也可以用一個圖示來
表示：「外境」（物）觸發「哀心」（情）產生「噍以殺」（聲）。不同的
情感產生不同的「音聲」，這是從順向來說的，那麼從逆向來看，「音
聲」也會影響人的情感。《禮記·樂記》說：「是故，志微、噍殺之音
作，而民思憂；嘽諧、慢易、繁文、簡節之音作，而民康樂；粗厲、
猛起、奮末、廣賁之音作，而民剛毅；廉直、勁正、莊誠之音作，而
民肅靜；寬裕、肉好、順成、和動之音作，而民慈愛；流辟、邪散、
狄成、滌濫之音作，而民淫亂。」從這段話可以看到，那些細小、急
促而又衰微的樂曲會引起人的憂思之情；寬舒和諧、緩慢平易、形式
雖繁卻節奏寬簡的樂曲會使人產生快樂之情；粗厲、開頭剛猛、結尾
亢奮、廣大而憤怒的樂曲會使人產生剛毅之情；廉潔直率、剛勁正
直、莊重真誠的樂曲會使人產生肅敬之情；寬暢、圓潤、和順的樂曲
會使人產生慈愛之情；怪癖、邪惡散亂、濫長放浪的樂曲會使人產生
淫亂之情。[6]這就是說，不同的「音聲」也會使人產生不同的情感，
或者說，「音聲」作為一種外界的「物」也會感人如此。正如馬克思
所說：「藝術對象創造出懂得藝術和具有審美能力的大眾——任何其
它產品也都是這樣。因此，生產不僅為主體生產對象，而且也為對象
生產主體。」[7]因此，「音聲」和「情感」是雙向互動的，這正是我們
說感物說具有辯證思想、樸素唯物論因素的所在，也是這一理論正確

6　譯文參見楊天宇：《禮記譯注》，上海，上海古籍出版社，1997，第483頁。

7　《馬克思恩格斯選集》第2卷，北京，人民出版社，1995，第2版，第10頁。

性的所在。

　　以上主要是從藝術心理的角度來討論「藝術是心靈化的表現」這一論題的。先秦時期，人們認為藝術是心靈化的表現還與當時人們的思維方式有著密切的關係。下面就來談談這一點。中華民族的古代文明主要發祥於黃河流域和長江流域，這兩大流域土地肥沃、地廣物博，很適宜於農業耕作，古代中國很早就進入了農業文明時代。在那時，由於人口稀少，物產豐富，人們只要勞作，就能獲得大自然豐厚的回報，因此人與自然之間就不會產生激烈的衝突，而是親密和諧，相處與共。物質決定意識，這樣的生活方式必然會影響到先民們的思維方式。在先民們看來，世界是主客一體，融而為一的，而不是分離對立的。《周易・繫辭上》說：「一陰一陽之謂道」，何謂「陰陽」呢？「陰陽」是指萬事萬物相互對立、相互統一的兩個方面因素。如乾坤、天地、男女、寒暑、動靜、剛柔、貴賤、善惡等。何謂「道」呢？「道」是陰陽之合體，即本體與現象的合一不二，是生活之自然、本然的狀態。陰與陽「是一種彼此依存不可分割的自然而必然的關係，分則兩失，合則兩生，整個宇宙的生命存在都根源於這兩極之間的神秘結合」。[8]世界就是由陰與陽構成的生生之易，這種宇宙論思想必然影響著先民們對於人與自然關係的看法。在他們看來，人與自然本來就是一體的，人是自然的一部分，自然是人的根本，二者之間是親和、親子的關係，而不是主體與客體之間的對立。而在西方世界，由於受海洋文明的影響，西方人認為世界是主客分離的，甚至是嚴重對立的。畢達哥拉斯就認為，靈魂要傾聽世界的諧音卻要受到肉體的干擾，必須要用音樂等手段來喚回靈魂，擺脫肉體的羈絆，使靈魂與肉體分開。他把靈魂與肉體對立起來，實際上，就開啟了主客二

8　韓經太：《中國詩學與傳統文化精神》，成都，四川人民出版社，1990，第7頁。

分思想的先河；柏拉圖卻把主客分離變成了精神與物質的分離，他把精神誇大，發展成一種絕對的精神，即理念，並認為理念絕對地統治著其它一切，不再與萬物同構。到了亞里斯多德那裡，則把「絕對」變成更加不依賴精神世界的客觀的「邏各斯」，它不再和人心有任何共存關係，與人心也沒有任何情感交流，人的心靈只能對它進行模仿。[9]這就更加大了主客體之間的分離和對立。對於中西方人們對世界的不同看法，張世英把它概括為人生在世的「在世結構」問題，並認為在中西哲學史上，可以分成兩個結構：「人──世界」的結構和「主體──客體」的結構。「人──世界」的結構主要體現在中國傳統哲學中，這種在世結構把人與世界萬物看成是息息相通、融為一體的關係，人所生活於其中的世界是人與世界萬物交融的結果，人因世界萬物而獲得自身的內容，世界萬物因人而獲得自身的意義。這種關係又叫「萬物一體」或「天人合一」。而「主體──客體」的結構主要體現在西方哲學中，這種在世結構把人與世界萬物看成是主體與客體分離的關係，人是主體，世界萬物是客體，世界萬物在人之外，二者是分離的、對立的。只有通過人的主動性、主體性對客體進行認識、征服，才能達到主體與客體的統一。[10]

從張世英概括的兩種「在世結構」上來看，二者在思維方式上表現出明顯的差異。「主體──客體」結構要求人們把觀察的對象作為外在於主體的客體進行冷靜客觀地剖析，而「人──世界」結構則要求人們把觀察對象作為內在於主體之中的「自身」去全身心地體

9　白寅：《心靈化批評──中國古代文學批評的思維特徵》，北京，中國社會科學出版社，2005，第4-5頁。

10　張世英：《新哲學講演錄‧自序》，桂林，廣西師範大學出版社，2004，第2-3頁。

悟。[11]而後者正是中國古人的最主要的思維方式，這種思維方式必然
會影響到中國傳統藝術的生成和發展。因此，在周代的藝術中，就會
強調人心的作用，重視用主體的心靈去全身心地體悟宇宙自然、社會
人生，實現主體心靈與宇宙自然的相互激發和融會合一。藝術不是對
客觀事物的直觀模仿或摹擬，而是發自人的心靈世界，表現人的思想
情感。正如宗白華在評述中西繪畫的不同美學特徵時指出：「一為寫
實的，一為虛靈的；一為物我對立的，一為物我渾融的。」[12]中國傳
統藝術中，詩、畫本是一體的，繪畫藝術上表現的「虛靈」、「物我渾
融」的美學特徵，也是中國其它傳統藝術表現出的美學特徵，周代禮
樂文化中的藝術也表現出同樣的特徵。

　　上文對先秦時期（主要指周代）人們把藝術看成是心靈化的表現
作了論述，並探討了形成這種藝術觀的主要原因。在周代的藝術中，
創作主體的主觀意志和自然萬物是融為一體的，主客同構，心物相
應，而不是分離的。強調心與物的交融和藝術是心靈的表現，實際上
就體現出一種中國早期的藝術精神。這種藝術精神貫穿在先秦時期特
別是周代的藝術創作中。《呂氏春秋‧音初》中記載的「四音」的發
生，就體現出這一點：

　　　　夏后氏孔甲田於東陽蕢山，天大風晦盲，孔甲迷惑，入於民
　　室，主人方乳，或曰「後來是良日也，之子是必大吉」，或曰
　　「不勝也，之子是必有殃」。後乃取其子而歸，曰：「以為余
　　子，誰敢殃之？」子長成人，幕動坼橑，斧斫斬其足，遂為守

11 白寅：《心靈化批評──中國古代文學批評的思維特徵》，北京，中國社會科學出版
　　社，2005，第5頁。
12 宗白華：《美學散步》，上海，上海人民出版社，1981，第102頁。

門者。孔甲曰：「嗚呼！有疾，命矣夫！」乃作為《破斧》之歌，實始為東音。

禹行功，見塗山之女，禹未之遇而巡省南土。塗山氏之女，乃令其妾，候禹於塗山之陽，女乃作歌，歌曰「候人兮猗」，實始作為南音。周公及召公取風焉，以為《周南》《召南》。

周昭王親將征荊，辛餘靡長且多力，為王右。還反涉漢，梁敗，王及蔡公，抎於漢中，辛餘靡振王北濟，又反振蔡公。周公乃侯之於西翟，實為長公。殷整甲徙宅西河，猶思故處，實始作為西音，長公繼是音以處西山，秦繆公取風焉，實始作為秦音。

有娀氏有二佚女，為之九成之臺，飲食必以鼓。帝令燕往視之，鳴若謚隘。二女愛而爭搏之，覆之玉筐，少選，發而視之，燕遺二卵，北飛，遂不反，二女作歌，一終曰「燕燕往飛」，實始作為北音。

夏后氏有感於人的禍福生死由命中注定，作《破斧》之歌以詠之，始為「東音」；大禹之妻子塗山氏之女因思念大禹，在塗山之南久久地等候，因而作《候人歌》，這是最早的南音；殷整甲遷徙到西河居住，因思念故土，創作了西音，辛餘靡封侯後住在西翟之山，繼承了這一音樂，是為「西音」；有娀氏有兩個女兒，喜愛燕子，與之戲耍，作歌唱道：「燕燕往飛」，是為「北音」。這裡東、南、西、北「四音」的發生帶有明顯的神話色彩，各音產生的緣由和時間也各不相同，各自帶有地域上的特色。撇開這些，我們發現它們有一個共同的特點，即「四音」的出現都與創作者個人的遭遇密切相關，都是作者有所思，有所感，有所怨，有所愛，不得不把個人內心的情感表現出來的結果，亦是心靈化的表現。所以，《呂氏春秋・音初》就在這

四個傳說之後緊接著說：

> 凡音者產乎人心者也。感於心則蕩乎音，音成於外而化乎內。

即是說，大凡音聲都是自人的內心中產生，內心有所感受，就在音聲中表現出來，音聲表現於外而化育於內。這就說明《呂氏春秋》對音樂（藝術）是心靈化的表現的認識，是相當深刻的。《禮記・檀弓下》中說：「人喜則斯陶，陶斯詠，詠斯猶，猶斯舞，舞斯慍，慍斯戚，戚斯歎，歎斯闢，闢斯踊矣。」《禮記・樂記》中亦說：「故歌之為言也，長言之也。說之故言之；言之不足，故長言之；長言之不足，故嗟歎之；嗟歎之不足，故不知手之舞之，足之蹈之也。」都是在強調詩、樂、舞的產生，是人們把自己的喜怒哀樂的情感表現出來的結果。[13]比如，《詩經》中的許多詩歌都陳述了創作者自己歌詠的緣由，那就是創作者的強烈的喜怒哀樂之情要得到傾訴：

> 心之憂矣，我歌且謠。（《魏風・園有桃》）
> 君子作歌，維以告哀！（《小雅・四月》）
> 作此好歌，以極反側。（《小雅・何人斯》）
> 嘯歌傷懷，念彼碩人。（《小雅・白華》）

這些詩歌儘管具體內容不同，表達的情感也不同，但是作者歌詠的緣由都是與他要向他人傾訴內心的情感密不可分。他們或訴說心中的憂傷；或傾訴內心的愁苦；或抒發心中的憂憤；或表達心中的懷念。可

---

13 《淮南子・本經訓》中也有類似的說法：「凡人之性，心和欲得則樂；樂斯動，動斯蹈，蹈斯蕩，蕩斯歌，歌斯舞，歌舞節則禽獸跳矣。」

以說這些詩歌都是從創作者的心底流淌出的歌聲，飽含著創作者的深情，是心靈的真實袒露。

　　總之，先秦時期提出的「詩言志」說是中國詩論的「開山綱領」[14]，儘管歷代人們對其理解不同，有所差異，但就其實質來說，它是把文藝看做人的心靈的表現，這是大多數人能夠認同的。這與西方古代把文藝看做對現實的模仿和再現，有著本質的不同。與西方模仿說相比較，它把客觀世界的存在與活動和主觀世界的存在與活動統一了起來，突出了審美主體和審美客體之間的互動性。它比西方僅僅把文藝作為客觀世界的真實投影，忽視創作者的主觀能動性，要更符合藝術創作的規律。西方直到十九世紀，黑格爾才把握到這一藝術的真諦。他說：「在藝術裡，這些感性的形狀和聲音之所以呈現出來，並不只是為著它們本身或是它們直接現於感官的那種模樣、形狀，而是為著要用那種模樣去滿足更高的心靈的旨趣，因為它們有力量從人的心靈深處喚起反應和迴響。這樣，在藝術裡，感性的東西是經過心靈化了，而心靈的東西也借感性化而顯現出來了。」[15]又說：「只有通過心靈而且由心靈的創造活動產生出來，藝術作品才成其為藝術作品。」[16]這就有力地證明了「藝術是心靈化的表現」這一中國古老的藝術觀（主要是指周代的藝術觀）的正確性。這一藝術觀對後代的藝術理論和藝術創作產生了深遠的影響。

---

14 朱自清：《詩言志辨・序》，桂林，廣西師範大學出版社，2004，第3頁。
15 〔德〕黑格爾：《美學》第1卷，朱光潛譯，北京，商務印書館，1979，第2版，第49頁。
16 〔德〕黑格爾：《美學》第1卷，朱光潛譯，北京，商務印書館，1979，第2版，第49頁。

第二節　樂者，德之華也
──藝德合化的藝術追求

　　上文我們說周代的音樂等藝術是心靈化的產物，絕不是說周代的藝術是純粹的情感表現。周代的藝術從來不是純粹的藝術。周代是禮樂文化鼎盛的時代，其「樂」及其它藝術始終都籠罩在禮樂文化的氛圍中，染有濃重的政治倫理道德化的色彩。因此，周代禮樂文化中的藝術始終都是被作為政治倫理道德的載體，其最終目的就是為了政治倫理道德。其實，周代禮樂文化中的藝術「本於心」，突出地強調情感的表現，但它也重視倫理道德在藝術中的地位，情感和倫理道德在藝術表現中不曾以衝突的形式存在，也不曾以二元對立的態勢並存，而是有機地融合在一起，倫理道德所具有的形式、秩序，始終是情感表現所遵循的規範。或者說周代禮樂文化中的藝術，其本質中就包含著倫理道德，其目的也是為了政治倫理道德。《禮記‧樂記》說：

　　　　德者，性之端也。樂者，德之華也。金石絲竹，樂之器也。

又說：

　　　　樂者，非謂黃鐘、大呂、絃歌、干揚也，樂之末節也，故童者舞之。

這就是說，「樂」並非只是金石、絲竹、絃歌、干揚等樂器的演奏或歌舞的表演[17]；「樂」是德行的花朵，是表現「德」的；「樂」必須要

---

17 在周代，周人連樂器發出的音也區分它們是否是「德音」，如《禮記‧樂記》說：

注入「德」的內涵，成為「德之華」，才能成其為「樂」。或者說，藝術成其為藝術，並不僅僅在其外在的視聽形式，除卻形式外，還要有內在的精神性的內涵，即「德」。《樂記》中把「樂」這種藝術的生成過程，分成三個不同的階段：聲、音、樂，並多次予以強調。「聲」是原始的聲響，具有了文采節奏的形式美，才能稱之為「音」，而「音」只有注入「德」的內涵，才能上升為藝術層面上的「樂」，即所謂「德音之謂樂」[18]。所以當魏文侯問子夏，說他聽古樂就容易疲倦打瞌睡，而聽鄭衛的音樂就不會如此，這是為什麼呢？子夏明確地告訴他，他所喜歡的只是徒具文采節奏形式美的「音」，而非「樂」，「音」和「樂」相近但不相同。那麼什麼才是「樂」呢？子夏說：

> 夫古者天地順而四時當，民有德而五穀昌，疾疢不作，而無妖祥，此之謂「大當」，然後聖人作，為父子君臣，以為紀綱。紀綱既正，天下大定。天下大定，然後正六律，和五聲，絃歌詩頌，此之謂德音，德音之謂樂。[19]

在子夏看來，天地和順，四季運行正常，五穀豐登，人民有德，聖人就出來制定綱紀，使人民共同遵守，這樣天下就會大定，然後制律作

「聖人作為鼗，鼓，椌，楬，塤，箎，此六者，德音之音也。」這裡就把鼗、鼓、椌、楬、塤、箎等樂器演奏的聲音稱為「德音」。《禮記・樂記》又說：「鐘聲鏗，鏗以立號，號以立橫，橫以立武，君子聽鐘聲，則思武臣。石聲磬，磬以立辨，辨以致死，君子聽磬聲，則思死封疆之臣。絲聲哀，哀以立廉，廉以立志，君子聽琴瑟之聲，則思志義之臣。竹聲濫，濫以立會，會以聚眾，君子聽竽笙簫管之聲，則思畜聚之臣。鼓鼙之聲讙，讙以立動，動以進眾，君子聽鼓鼙之聲，則思將帥之臣。君子之聽音，非聽其鏗槍而已也，彼亦有所合之也。」這裡也把各種樂器的聲音和各種道德情感聯繫起來。

18　《禮記・樂記》。

19　《禮記・樂記》。

樂來頌揚，這就叫做「德音」，德音才叫「樂」。所以，真正的「樂」是內含有倫理道德的精神。《禮記・樂記》還說：「樂者，通倫理者也。」也明確指出，樂和倫理道德是相通的[20]。所以周代禮樂文化中的藝術，在其產生之初，倫理道德的汁液就已經被注入其肌體之中，藝術和倫理道德深層地化合在一起。因此，「藝德合化」是周代禮樂文化中體現的藝術本質觀。在周代，藝術既被作為一種審美，重視其形式美的創造；又被作為一種承載倫理道德的載體，重視其內容的充實。這種藝術精神正是周代禮樂文化中的中國早期的一種藝術精神，它一直貫穿在周代的藝術創作中。

周代的樂舞藝術中符合「德音」標準的有許多，我們僅舉《韶》《武》為例。《周禮・春官・大司樂》中說：「乃奏姑洗，歌南呂，舞《大磬》，以祀四望……乃奏無射，歌夾鐘，舞《大武》，以享先祖。」《大磬》是虞舜時代的樂舞，「磬」與「韶」同，蓋為「韶」之古文假借字，舜樂《大磬》即為通常所說的《大韶》（或《韶》）；《大武》（或《武》）是周武王時的樂舞。《韶》和《武》都為周人祭祀天地先祖時所用。《武》是周人為表現武王征伐的偉大功績所創作的，《韶》雖是虞舜之舞，但畢竟為周人所用，肯定經過周人的再創作。這兩種樂舞一直到春秋時期還存在，孔子大概欣賞過，所以評價《韶》曰：「盡美矣，又盡善也。」評價《武》曰：「盡美矣，未盡善也。」[21]從孔子的評價中，我們可以知道，《韶》樂作為藝術的一面，

---

20 在周代，人們不僅認為樂和倫理道德是相通的，而且還把「五音」比附為「五事」。《禮記・樂記》說：「宮為君，商為臣，角為民，徵為事，羽為物，五者不亂，則無怗懘之音矣。宮亂則荒，其君驕。商亂則陂，其官壞。角亂則憂，其民怨。徵亂則哀，其事勤。羽亂則危，其財匱。五者皆亂，迭相陵，謂之『慢』，如此則國之滅亡無日矣。」當然這種比附是荒謬的，但也見出周人重視樂與人事倫理相通的一面。

21 《論語・八佾》。

具有美感，給人以感官上、情感上的愉悅，但它又是一種「德音」，給人以道德精神的薰染。《左傳・襄公二十九年》亦載，吳國公子季札在魯觀周樂，也評價《韶》為「德音」：「德至矣哉！大矣……雖甚盛德，其蔑以加於此矣。」所以《韶》樂是「盡美矣，又盡善也」。而《武》樂雖和《韶》樂一樣也具有美感，但它以征伐大業為主，缺乏「仁」的道德精神，不過它也還具有一定的「善」，所以是「盡美矣，未盡善也」，[22]否則它就和「鄭聲」沒有多少差別了，也就不可能作為周代祭祀大典中的用樂了。因此，周代藝術既重視藝術中的美感因素，又不忽視藝術中的道德追求，唯有盡善盡美，才是周代藝術最完美的形態，《韶》樂正是如此，孔子才「在齊聞《韶》，三月不知肉味，曰：『不圖為樂之至於斯也。』」[23]對於有些鄭衛之音，由於它們只能給人以純肉體感官上、情感上的愉悅，而不能給人以道德精神上的薰陶，正如《禮記・樂記》所說：「鄭音好濫淫志，宋音燕女溺志，衛音趨數煩志，齊音敖闢喬志。此四者，皆淫於色而害於德，是以祭祀弗用也。」所以它們不但「祭祀弗用」，而且還成了被批判的對象。

　　弄清了藝德合化是周代禮樂文化中體現的藝術本質觀，我們就要追問為什麼會形成這樣的藝術本質觀呢？對此我們主要認為這與有周一代重德敬德的思想有著密切的關係。殷周鼎革之際，周人在沒有遇到多大阻力的情況下，就以摧枯拉朽之勢，一舉奪取了殷商的政權，其速度之快，令周統治者不得不思考和總結其中的經驗教訓。他們逐

---

22 宗白華說：「關於音樂表現德的形象，《樂記》上記載有關於大武的樂舞的一段，很詳細，可以令人想見古代樂舞的『容』，這是表現周武王的武功。」這就是說《大武》也具有內含著道德的內容，只不過是「未盡善也」。（宗白華：《美學散步》，上海，上海人民出版社，1981，第168頁）

23 《論語・述而》。

漸認識到人民力量的重要性，民心向背是政權能否穩定和長久的根本保證，他們強烈地意識到再也不能像商紂王那樣暴虐百姓了，暴虐百姓只會死路一條。那麼該如何去做呢？那就是要重德敬德。為此，周人首先提出「以德配天」的思想。周人認為，天命權威的存在是有條件的，不是永恆的。上天是明智的，它只垂青於有德之人，周人之所以能夠取得天下，是因為周人重德敬德，得到上天護祐的結果，而夏人和殷人正是由於「惟不敬厥德」，所以才「早墜厥命」。[24]周人以德配天，正是重視人間的「德」。其次，周人提出「敬德保民」的思想。「敬德」的思想早在殷人那裡就已經存在，但是真正落到實處的還是在周代。「敬德」的目的是要使周王朝的統治永存下去，除去統治者要注重自己的德行外，還要施恩於人民，那就是「保民」。敬德和保民是緊密聯繫的，或者說保民是敬德的一個方面。如何保民呢？這就要求周朝統治者知曉民生疾苦，體察民情，重視民言和民意，以便施行德政。德政是周人「以德配天」和「敬德保民」的結果，也是周人理想的施政準則，其最終目的是獲得王朝統治的長治久安。總之，重德敬德的思想是周人思想領域的突出的特徵，而任何時代，藝術總是與時代的思想關係密切。因此，周人的這一思想必然會在藝術領域內泛起波瀾，他們也樂於利用「樂」這種最具有真情實感，能全面作用於人的身心、情感的綜合藝術，來宣揚人倫道德。在他們看來，音樂藝術不僅是表達情感，給人以審美的享受，更是一種倫理道德的載體，給人以道德精神的薰陶，藝術和道德是深層化合在一起的。

那麼，我們說周代禮樂文化中的藝術既具有倫理道德的內涵，而又是「本於心」，是一種心靈化的表現，那麼，二者是不是矛盾的

---

24 《尚書・召誥》。

呢？我們的回答是否定的。在上一節內容中，我們談到音樂（藝術）是由人心受到外在事物的觸動，有感而發產生的，即「凡音之起，由人心生也。人心之動，物使之然也」。[25]關鍵就在這裡，是「物」使人心觸動。什麼是「物」呢？可以用一句話來概括，就是心之外都是物。因此，這個「物」既可以是自然之物，又可以是社會之物。自然之物可以是春風秋雨、明月朝陽等；社會之物可以是政治人事、道德人倫等。當然，這裡並沒有明確指出或區分自然之物和社會之物，後來在鍾嶸《詩品序》所論之「物」中，已經明確作出區分了。他把春風春鳥、秋月秋蟬、夏雲暑雨、冬月祁寒等歸入自然之物；把楚臣去境、漢妾辭宮、骨橫朔野、魂逐飛蓬、塞客衣單、孀閨淚盡、揚娥入寵等歸入社會人事。「凡斯種種，感蕩心靈」。因此，就「人心之感於物」的「物」來說，社會之物也同樣觸動人心，政治人事、道德人倫等也就必然會在音樂及其它藝術中得到反映，而音樂（藝術）也必然受到政治人事、道德倫理的制約，所以《禮記‧樂記》說：

> 樂者，通倫理者也。

又說：

> 聲音之道，與政通矣。

當然，「樂」與政通，「樂」通倫理，還是一個「通」字，而不是「同」字，音樂等藝術畢竟是藝術，不是政治、倫理，樂與政治倫理相通還要用「心」作媒介。總之，周代禮樂文化中的音樂等藝術既具

25　《禮記‧樂記》。

有倫理道德的內涵，而又是「本於心」，是一種心靈化的表現，二者是不矛盾的。周代的藝術表現出藝術與政治、倫理的密切關係，一直是中國古代藝術史、美學史上的重要內容。後來劉勰說：「文變染乎世情，興廢繫乎時序。」[26]就是這一思想的延續和發展。

由上文可知，音樂藝術是人心感於物而動的結果，而這個「物」又可能是特定社會的政治人事、道德倫理等，那麼在音樂藝術中這些內容必然得到一定的反映。因此，通過音樂藝術，我們也能反觀特定社會的政治人事、道德倫理等。所以《禮記・樂記》說：

> 樂者，通倫理者也。是故知聲而不知音者，禽獸是也。知音而不知樂者，眾庶是也。唯君子為能知樂，是故審聲以知音，審音以知樂，審樂以知政，而治道備矣。

這裡有兩層意思：其一，從接受主體方面再次強調「聲」「音」「樂」的不同，禽獸只能聽懂一般的聲音，普通百姓只能聽懂有節奏旋律的歌曲，對於那些與倫理道德相通的樂，只有君子才能懂得它的深意（當然這種說法是有問題的，我們姑且不論）；其二，強調通過音樂可以「知政」，辨別一般聲音進而懂得有節奏旋律的歌曲，辨別有節奏旋律的歌曲進而懂得反映道德倫理的樂，辨別反映道德倫理的樂進而知曉國政民風。能從樂中知曉國政民風，就具有了完備的治國之道。因此，通過音樂我們可以認識特定社會的政治人事、倫理道德的狀況。這一思想還被多次強調，如《禮記・樂記》說：

> 是故治世之音，安以樂，其政和。亂世之音，怨以怒，其政

---

26 〔南朝梁〕劉勰：《文心雕龍・時序》。

乖。亡國之音，哀以思，其民困。聲音之道，與政通矣。

這就是說，通過音樂表現出來的是安詳，還是怨恨，或是哀傷的特徵，我們可以知道其政治是平和，還是混亂，或是民困的狀況。《孟子·公孫丑上》引子貢的話說：「見其禮而知其政，聞其樂而知其德，由百世之後等百世之王，莫之能違也。」也是在說，音樂是倫理道德的顯現，由一個國家的音樂狀況，就可以推知一個國家的道德倫理的實施狀況。《漢書·藝文志》說：「古有采詩官，王者所以觀風俗，知得失，自考正也。」這裡所說的「古有采詩官」，就是指周代設有采詩官，這些采詩官把從民間採集上來的詩歌進行加工配樂，以獻給統治者觀察時政，正是因為詩樂和政治倫理關係密切，周王朝才這麼做。《國語·周語上》直接道明了這一目的：「故天子聽政，使公卿至於列士獻詩，瞽獻曲，史獻書……近臣盡規，親戚補察，瞽史教誨，耆艾修之，而後王斟酌焉，是以事行而不悖。」今天，從《詩經》的許多《風》詩中，確實可以窺見周代的民風民意之一斑。《詩·邶風·北風》描寫了一群男女老少在北風呼嘯、大雪紛飛之日攜手逃離家鄉的場面，從他們發出「莫赤匪狐，莫黑匪烏」「其虛其邪？既亟只且！」的悲愴的哀號聲中，可以窺見民不聊生的黑暗的社會現實；從《詩·鄘風·鶉之奔奔》描寫的人民諷刺怒罵聲中，可以窺見衛國君主過著荒淫無恥的亂倫生活。正如白居易在《策林·采詩》中所說：「聞《蓼蕭》之詩，則知澤及四海也；聞《禾黍》之詠，則知時和歲豐也；聞《北風》之言，則知威虐及人也；聞《碩鼠》之刺，則知重斂於下也。聞『廣袖高髻』之謠，則知風俗之奢蕩也；聞『誰其獲者婦與姑』之言，則知徵役之廢業也。故國風之盛衰，由斯而見也；王政之得失，由斯而聞也。」[27]周代的詩樂和政治

27 周祖譔編選：《隋唐五代文論選》，北京，人民文學出版社，1990，第243頁。

道德關係如此密切，以致周人特別重視詩樂的作用，在他們看來，「樂」簡直可以和刑、政等上層建築一樣起著治理國家的作用，所以《禮記·樂記》說：

> 故禮以道其志，樂以和其聲，政以一其行，刑以防其奸。禮樂刑政，其極一也，所以同民心而出治道也。
> 禮節民心，樂和民聲，政以行之，刑以防之。禮樂刑政，四達而不悖，則王道備矣。
> 是故先王之制禮樂也，非以極口腹耳目之欲也，將以教民平好惡，而反人道之正也。

當然這些言論自有誇大「樂」的作用的一面，但也足以見出「樂」與政治人事、倫理道德關係密切的一面，不過在禮樂文化鼎盛的周代社會，樂也確實在治國安民中起過重要的作用，這點我們不能否認。

通過音樂藝術，我們不但可以「知政」，而且還可以「致樂」以「治心」。《禮記·樂記》說：

> 君子曰：「禮樂不可斯須去身。」致樂以治心，則易直子諒之心，油然生矣。易直子諒之心生則樂，樂則安，安則久，久則天，天則神。天則不言而信，神則不怒而威：致樂以治心者也。

這句話最主要的意思是說，致力於音樂，就可以用它來提高內心的修養，那麼平易、正直、慈愛、誠信之心，就會自然而然地產生。音樂藝術是表達人的情感的，給人以審美的享受，但在這裡卻使人提高道德修養，產生高尚的精神道德。這是為什麼呢？因為，在周人看來，

音樂藝術自身就內含著道德精神的力量，當它作用於人心時，就會使人心中的道德精神激發起來，兩者產生共鳴，這樣平易、正直、慈愛、誠信等道德精神就會表現出來。《禮記‧樂記》中還說：「樂者，所以象德也……樂也者，聖人之所樂也，而可以善民心，其感人深，其移風易俗，故先王著其教焉。」也是在說，「樂」是情感世界，引起接受者的感情共鳴，但它又具有內在的道德精神力量，可以感動人心，使人心向善。

樂既然具有如此重要的作用，周代貴族就自然重視樂，重視樂的教育，樂教也就成了貴族子弟必學的科目之一。西周時期，貴族教育子弟的學校就很完備，有所謂小學和大學之分，孩童十歲時入小學學習書記、音樂等，十五歲時入大學學習樂舞、射御等。[28]《禮記‧內則》說：「……十年，出就外傅，居宿於外，學書記……十有三年，學樂，誦詩，舞《勺》。成童，舞《象》，學射、御。」說的就是樂教在貴族子弟生活中的重要地位[29]。

總之，周代禮樂文化中的音樂及其它藝術滲透著倫理道德教化的汁液，「德」借「藝」的審美形式來彰顯自己，「藝」又以「德」為自己的深層內涵。當然「德」和「藝」屬於兩個不同的範疇，「德」向「藝」的滲透，不能簡單地將「德」視為「藝」的內容，「藝」對「德」的彰顯，也不能將「德」披上「藝」的形式的外衣。「德」和「藝」之間表面上是一種內容和形式的關係，實際上是深層化合，浸融在一起的，「德」向「藝」的滲透，並沒有以犧牲「藝」的自身法

---

28 楊寬：《古史新探》，北京，中華書局，1965，第198頁。

29 《周禮‧春官‧大司樂》中也有關於周代樂教的記載：大司樂的職責之一就是，「以樂德教國子中、和、祗、庸、孝、友，以樂語教國子興、道、諷、誦、言、語，以樂舞教國子舞《雲門》《大卷》《大咸》《大磬》《大夏》《大濩》《大武》。」這一記載可以和《禮記‧內則》的記載互相印證。

則為代價。因此，藝德合化是周代禮樂文化中體現的藝術本質觀，從
「藝」的角度看，它重視藝術表現人的情感，給人以審美享受，但又
不忘情感經過倫理道德的淨濾、規範與提升；從「德」的角度看，它
又重視藝術所承載的道德內涵，給人以精神道德的薰陶，但又不忘倫
理道德獲得情感化的表現形式。這實際上也是周代禮樂文化中體現的
一種中國早期的藝術精神。它對後世的藝術理論和藝術創作產生重要
的影響。劉勰《文心雕龍‧原道》說：「原道心以敷章……道沿聖以
垂文，聖因文以明道。」就將「道」和「文」聯繫起來，視「道」為
「文」的根本，視「文」為「道」的表現形式；周敦頤也提出「文，
所以載道也」的觀點[30]；朱熹也說：「道者，文之根本；文者，道之枝
葉。惟其根本乎道，所以發之於文，皆道也。三代聖賢文章，皆從此
心寫出，文便是道。」[31]更是明確主張以「道」貫「文」，這些觀點明
顯的是受到周代禮樂文化中的藝德合化的藝術精神的影響。[32]當然，
周代的藝德合化的藝術精神重視倫理道德的一面，在客觀上也是對藝
術的一種束縛，自發的藝術審美活動因而被阻斷，不能健康獨立地成
長，因而有其消極的一面，但是在周代那個特定的歷史時代和文化語
境中，它還是產生積極的作用，表現出勃勃的生機，對此我們要予以
清醒的認識和認真的清理，並給以正確的對待和評價。

---

30 〔宋〕周敦頤：《通書‧文辭》，見《周敦頤集》，長沙，嶽麓書社，2002，第46頁。

31 〔宋〕黎靖德編：《朱子語類》卷一三九，北京，中華書局，1986，第3319頁。

32 沈仕海：《由藝術的倫理化談及倫理的藝術化──關於儒家「藝─德」學說的初步
探討》，《甘肅理論學刊》1996年第4期。

第十一章
周代禮樂文化中的藝術創作

　　上文我們主要是從周代禮樂文化中體現的藝術觀這一角度，探討了體現在周代禮樂文化中的中國早期藝術精神，在這一章裡我們主要從藝術創作的角度來繼續深入地討論這一問題。

第一節　質野情濃
——西周初期的藝術創作

　　藝術恰似一壇陳年老酒，愈是陳放得時間久遠，它就愈是能散發出濃郁的醇香。當我們今天隔著久遠的歷史重新欣賞那些從悠遠的歷史上流傳下來的藝術作品時，愈是發覺它們具有巨大的藝術價值和永久的藝術魅力。就原始藝術和夏、商二代的藝術而言，由於那時人們的思維還不很發達，認識世界的水準有限，還不能自如準確地把握客觀世界。因此，那時的藝術創作技巧的成熟性、藝術表現的形象性、藝術表現心靈的複雜程度等，都還遠遠沒有達到今天藝術所能達到的程度。但是它們卻似陳年老酒，醇香、甘甜，具有巨大的藝術價值和永久的藝術魅力。為什麼呢？因為藝術是想像和激情的結晶，越是充滿著想像和激情，就越是具有永久的藝術魅力。西周之前的藝術，從其創作來看，「此時的人雖然技巧差，卻有著豐富的想像和激情，越是難以表達，就越傾注了全部心血和精力；愈是不了解世界，就愈是按幻想去圖畫世界。所以，原始時代，青銅時代的藝術都刻滿了生命

的野性與活力。像原始彩陶，那種火焰般跳動的旋律至今依舊能使人
感到那種圖騰的藝術如火如荼，如癡如狂的氣勢」。[1]因此，西周之前
的藝術在創作上充滿著激情、想像和野性的質樸，原始時期的彩陶藝
術、圖騰藝術和夏商時期的青銅藝術、樂舞藝術等都是如此，這就使
得它們具有巨大的藝術價值和永久的藝術魅力。由於文化藝術具有較
強的傳承性，到了西周初期，雖然歷史進入了一個新的時期，從商王
朝「易鼎」為周王朝，政治、經濟都發生了劇烈的變化，但是表現在
藝術上的變化並不是很大，藝術創作上還延續著先周前的創作特點。
這一點我們可以從西周初期的樂舞藝術和青銅藝術上得到見證。從藝
術創作上看，西周初期的樂舞藝術和青銅藝術無不充滿著生命的激
情、豐富的想像和野性的質樸，表現出一種「質野情濃」的特點。西
周初期這種藝術創作上的「質野情濃」的特點，實際上就是周初藝術
創作上體現出的一種藝術精神，也即是周代禮樂文化興起初期藝術上
體現出來的一種中國早期藝術精神，隨著周代禮樂文化的興盛，這種
「質野情濃」的藝術精神也隨之衰退。

那麼為什麼先周藝術和周初藝術在創作上表現出「質野情濃」的
藝術精神呢？這種藝術精神產生的深層原因又是什麼呢？對此我們認
為主要有兩個方面原因。

第一，這是與中國歷史上原始社會和三代時期那種刀光劍影、血
與火鎔鑄的深沉的歷史有著密切的關係。人類歷史的發展，文明的進
步不是溫情脈脈的人道牧歌，而是伴隨著野蠻的戰爭和兇殘的殺戮。
自從原始人猿時起，人類就使用最野蠻的手段來擺脫動物的狀態，在
隨後的歷史進程中，掠奪、殘殺、戰爭是他們常常慣用的手段。歷史

1　張蓉、韓鵬傑：《中國文化的藝術精神》，西安，西安交通大學出版社，2001，第
　　11頁。

的進步和文明的產生常常是以野蠻和殘酷為代價的，這是不容否認的歷史事實。[2]在人們的意識中原始社會常常是一個大同的社會，人人平等，人人勞動，平均分配，和樂融融，但我們說這種「大同社會」的「和諧」是極其有限的，它可能只是在一個氏族或部落的內部產生，在氏族與氏族（或部落與部落）之間可能並不是如此。在原始生產力還不發達，大自然恩賜給人類的物質財富還遠遠不能滿足於人類的需求時，這些氏族（或部落）為了求得生存，他們之間就會不可避免地發生衝突，並且常常訴諸武力來解決利益紛爭。因此，戰爭在原始社會並不少見，可以說，原始社會的歷史就是一部充滿血和淚的戰爭史。我們僅以「三皇五帝」時期的黃帝與蚩尤之間的戰爭為例，就可以窺見這一歷史之斑。關於黃帝與蚩尤之間的戰爭，中國古代文獻中有許多記載：

> 蚩尤作兵伐黃帝，黃帝乃令應龍攻之冀州之野。應龍畜水，蚩尤請風伯雨師，從大風雨。黃帝乃下天女曰「魃」，雨止，遂殺蚩尤。（《山海經・大荒北經》）
> 黃帝不能致德，與蚩尤戰於涿鹿之野，血流百里！（《莊子・盜跖》）
> 蚩尤作亂，不用帝命。於是黃帝乃徵師諸侯，與蚩尤戰於涿鹿之野，遂禽殺蚩尤。（《史記・五帝本紀》）
> 黃帝與蚩尤九戰九不勝。（《太平御覽》卷十五）
> 黃帝與蚩尤戰於涿鹿之野，蚩尤作大霧彌三日，軍人皆惑。黃帝乃令風后，法鬥機作指南車，以別四方，遂擒蚩尤。（《太平御覽》卷十五）

2　李澤厚：《美學三書》，合肥，安徽文藝出版社，1999，第44頁。

　　這些關於「黃帝戰蚩尤」的文獻記載，帶有濃重的神話色彩，歷史真實和神話傳說交織在一起。從這些文獻上看，黃帝與蚩尤之間的這場戰爭規模空前，動用的武器和法術也是令人驚異的，而且戰爭持續的時間是漫長的，戰爭的進行也是異常的艱苦和殘酷，「九戰九不勝」，「血流百里」即是最好的說明。[3] 當然對於這些文獻記載，我們不能把它們完全當成歷史事實，但它們反映出原始社會末期隨著生產力的發展，原始社會即將進入奴隸制階級社會時期的一種大動盪的社會狀況，這是沒有問題的。

　　原始社會的歷史是一部充滿血腥和暴力的歷史，人類階級社會的歷史更是如此。在階級社會中，統治階級為了自身統治的長治久安，一方面，對內實行殘酷的階級壓迫和階級統治；另一方面，對外實行瘋狂的掠奪和侵佔。因此，戰爭是不可避免的。從夏代開始，中國就進入了奴隸制階級社會，夏代的歷史同樣充滿著血腥和暴力。《史記・夏本紀》說：「夏后帝啟，禹之子……有扈氏不服，啟伐之，大戰於甘。將戰，作《甘誓》……遂滅有扈氏。」又說：「自孔甲以來而諸侯多畔夏」「夏后氏德衰，諸侯畔之。」帝啟時代，有扈氏不服，夏啟征伐滅掉了有扈氏。孔甲以後，一些氏族和諸侯不服從，發生叛亂，既然有不服從和叛亂，為了穩固統治，夏王朝必然要對其進行殘酷的征伐和鎮壓。因此，戰爭在夏代的歷史上從來沒有停止過。商代的歷史上，戰爭更是頻繁不斷。這一點我們可以從有關文獻和大量的甲骨卜辭記錄中得到證實。比如，商王朝就是靠不斷的兼併和征伐一些弱小方國和部族來增強實力，最後完成滅夏大業而建立的。《孟子・滕文公下》載：「湯居亳，與葛為鄰，葛伯放而不祀。」湯

3　顧祖釗：《華夏原始文化與三元文學觀念》，北京，北京大學出版社，2005，第54-55頁。

王便送之牛羊，後又使亳地的民眾對其助耕饋食，葛伯竟殺而奪之，於是「湯始征自葛載，十一征而無敵於天下」，自征服了葛以後，湯王如法炮製，連征十一國。[4]《竹書紀年》曰：「湯有七名而九征。」[5]《帝王世紀》曰：「諸侯有不義者，湯從而征之，誅其君，弔其民，天下咸悅……凡二十七征而德施於諸侯焉。」[6]這些文獻雖然記載湯王征伐異己力量的次數不盡一致，但是無論是九征、十一征，還是二十七征，都足以說明湯王征伐異己力量的頻繁。湯王以後的歷代殷王也有不斷的征伐，文獻中關於武丁、高宗伐鬼方的記載就有很多，如《易·既濟·九三》：「高宗伐鬼方，三年克之。」《易·未濟·九四》：「震用伐鬼方，三年有賞於大國。」等等。甲骨卜辭中也有許多關於殷王征伐異己方國和部族的記錄。比如，「伐戉方」、「征人方」、「令伐人方」的卜辭記錄就是如此[7]。這些卜辭記錄可以和文獻記載互相印證，足以說明整個殷代的征伐戰爭前後不斷，而這正好反映出殷代處於中國古代奴隸制社會上升時期，需要依靠殘酷的、野蠻的手段來積蓄力量以求得發展的史實。

　　周王朝的建立也不是依靠和平的手段進行的，而是一路征伐、殺戮過來的。周族早在太王、王季統治的時期，就在暗中不斷地積蓄著力量，到了文王統治時期，周族先後征服了犬戎、密須、耆、邘、崇等方國或部族，力量已經大為增強，為滅商準備了內部力量。武王時期，「（商紂王）昏亂暴虐滋甚，殺王子比干，囚箕子……於是武王遍告諸侯……遂率戎車三百乘，虎賁三千人，甲士四萬五千人，以東伐

4　《史記·殷本紀》中也有類似的記載：「湯始居亳，從先王居，作《帝誥》。湯徵諸侯。葛伯不祀，湯始伐之。」

5　《竹書紀年》，見〔宋〕李昉：《太平御覽》卷八十三。

6　《帝王世紀》，見〔宋〕李昉：《太平御覽》卷八十三。

7　陳夢家：《殷虛卜辭綜述》，北京，中華書局，1988，第310、305、304頁。

紂……二月甲子昧爽，武王朝至於商郊牧野，乃誓……帝紂聞武王
來，亦發兵七十萬人距武王……（武王）以大卒馳帝紂師。紂師雖
眾，皆無戰之心，心欲武王亟入。紂師皆倒兵以戰，以開武王。武王
馳之，紂兵皆崩畔紂。紂走……自燔於火而死」。[8]一九七六年，陝西
省臨潼縣（現為西安市臨潼區）出土了一件目前已知最早的西周銅
器——利簋。此器內底鐫刻著周武王伐紂克商的史實的銘文，共有三
十二字。大意是：武王伐紂是在甲子黎明，就在當天周師打敗了商
軍。到了辛未這天，武王賜青銅給一個跟隨武王伐商的名叫「利」的
人，「利」便用此銅鑄成方座簋，以作紀念。[9]考察此銘文，其內容幾
乎與《尚書》等文獻記載完全一致。利簋的出土以鐵一般的證據證實
了武王伐紂史實的真實性。可見，西周王朝也是通過武力來推翻商王
朝而建立的。

　　由此可見，中國古代社會，不管是原始社會，還是夏、商、周三
代奴隸制社會，無不充滿著血腥和暴力。羅泌《路史》曰：「自剗林
木而來，何日而無戰？大昊之難，七十戰而後濟；黃帝之難，五十二
戰而後濟；少昊之難，四十八戰而後濟；昆吾之難，五十戰而後濟；
牧野之師，血流漂杵。」[10]這話正切中了中國古代歷史的要害。毛澤
東在《賀新郎‧讀史》中也對那段充滿血腥的漫長的歷史時代作了生
動的描述：

　　　　人猿相揖別。只幾個石頭磨過，小兒時節。銅鐵爐中翻火焰，
　　　　為問何時猜得，不過（是）幾千寒熱。人世難逢開口笑，上疆

8　《史記‧周本紀》。

9　李澤奉、劉如仲主編：《銅器鑒賞與收藏》，長春，吉林科學技術出版社，1994，第
　　19-20頁。

10　〔宋〕羅泌：《路史》，北京，中華書局，1985，新1版，第24頁。

場彼此彎弓月。流遍了，郊原血！[11]

在那個「有虔秉鉞，如火烈烈」[12]的血與火的時代，正是殘酷的、沉重的社會現實投射到藝術之中，使得藝術領域也充滿著「血與火」的氣息。因為，現實生活是藝術的源泉，任何時代的藝術都是對現實生活的一種能動的反映，是現實生活在藝術領域中的一個投射或縮影，身處社會現實生活中的藝術家會把他對現實生活的真實感受、真切體驗傾注於藝術世界中，西周初期及其之前時期的藝術創作自然也不例外。所以，那流遍了郊原的戰血，那響透天空的吶喊，那令人炫目的刀光劍影，一起伴著那個時代的藝術家的翻騰著的情感烈焰鎔鑄進藝術世界，這就使得西周初期及其之前的藝術充滿著烈焰般的情感、豐富的想像與野性的質樸，表現出「質野情濃」的藝術創作精神。總之，西周初期禮樂文化興起之時，藝術創作上表現出的「質野情濃」的藝術精神與中國古代歷史上沉重的社會現實是密切相關的。

第二，西周初期及其之前的藝術創作上表現出的「質野情濃」的藝術精神，也是與中國古代歷史上發達的巫術文化和狂熱的宗教崇拜有著密切的關係。中國古代的巫術文化極為發達。就時間上來說，巫術文化最發達的階段大概處於原始社會末期與奴隸制形成和發展的夏、商二代時期。至於中國古代的巫術起源於何時，這是很難斷定的。張光直說：「在《山海經》這部西元前一千年的『巫覡之書』裡有一些巫師樣的人物，他們的耳朵、雙手和腳踝上都纏著蛇和龍。半坡出土陶盆的紅底子上，常見有用黑色和黑褐色畫的一個裝飾母題：人面的兩耳邊各有一條魚。瑪瑞林・傅認為：他們可能是巫師的面

---

11 毛澤東：《毛澤東詩詞選》，北京，人民文學出版社，1986，第127頁。
12 《詩・商頌・長發》。

孔，兩耳珥魚可與《山海經》裡兩耳珥蛇的巫師相比較。如果此說為
實，中國的巫師如沒有更早的淵源，便可能出現於仰韶時期。」[13]張
光直認為，中國古代的巫師可能出現於新石器時代前期的仰韶文化時
期，那麼我們認為巫術的出現應當比巫師的出現更加遙遠。[14]正是由
於中國古代巫術出現的時間之早，歷史之長久，又經過充分的發展，
到了原始社會末期和夏商時期，巫術的發展達到了鼎盛時期。而巫術
又幾乎與宗教是孿生姐妹，發達的巫術必然促進宗教的產生和發展。
原始社會末期和夏商時期的宗教雖還屬於原始宗教和自然宗教階段，
但也相當發達和成熟。今天，夏商時代發達的巫術文化和狂熱的宗教
活動已經成為遙遠的記憶，但我們還是能夠從現有的文獻中窺見其歷
史的一斑。下面我們先來看看原始社會末期發達的巫術文化。

　　原始社會末期，原始公社制度開始解體，原始社會逐漸向奴隸制
階級社會過渡，整個社會處於一種大動盪的狀態。戰爭顯得尤其頻
繁，戰爭的勝敗對於參戰雙方來說也顯得特別的重要，而戰爭的勝敗
在很大程度上取決於參戰雙方能否運用更高的巫術手段來剋制對方。
因此，巫術活動在當時的戰爭中表現得特別重要和明顯。我們僅以前
文中提到的「黃帝戰蚩尤」為例來說明。《山海經・大荒北經》中
說，黃帝和蚩尤之戰，雙方都動用了巫術。蚩尤會呼風喚雨，請來風
伯雨師，刮起狂風，下起暴雨；而黃帝的巫術法力更高一籌，他能命
令天女來止住風雨，最後擒殺蚩尤。《太平御覽》卷十五引晉人虞喜
的《志林》也說，黃帝和蚩尤大戰時，蚩尤做法，大霧彌漫，使黃帝

---

13 張光直：《美術、神話與祭祀》，郭淨譯，瀋陽，遼寧教育出版社，2002，第90頁。
14 馬林諾夫斯基說：「巫術永遠沒有『起源』，永遠不是發明的，編造的，一切巫術簡
　　單地說都是『存在』，古已有之的存在。」[〔英〕馬林諾夫斯基：《巫術科學宗教與
　　神話》，李安宅編譯，上海，上海文藝出版社，1987，第82頁（據商務印書館1936
　　年初版影印）]

的士兵陷於困境之中，黃帝就命令風后，施以法術，造出指南車，辨清了方向，最後擒殺了蚩尤。這兩則文獻記載儘管不盡一致，但都說明了黃帝和蚩尤都是法術通天的大巫師，這場大戰中雙方都使用了巫術，而且在請法鬥法。雖然我們不能把它完全當做史實來看，但它至少能說明巫術活動在原始社會末期的戰爭活動中很盛行。不僅如此，原始社會尤其是末期的社會生活中巫術宗教活動也很盛行。《周語·楚語下》中記載了觀射父和楚昭王關於「絕地天通」由來的一段對話，也說明了原始社會末期巫術、宗教活動極為盛行：

> 及少暤之衰也，九黎亂德，民神雜糅，不可方物。夫人作享，家為巫史，無有要質。民匱於祀，而不知其福，烝享無度，民神同位。民瀆齊盟，無有嚴威。神狎民則，不蠲其為。嘉生不降，無物以享。禍災薦臻，莫盡其氣。

從這段話中可知，少暤（傳說是黃帝的兒子青陽）時代，巫術、宗教盛行，家家都有巫史，人人都祭祀。由於祭祀沒有控制，過於頻繁，使得人與神位置不分，人們的濫祀甚至褻瀆了神靈，反而得不到神的恩賜和保祐。

　　三代時期，尤其是夏商二代的巫術、宗教極為盛行。張光直說，從三代王朝創立者的功德來看，他們的所有行為都帶有巫術和超自然的色彩，三代帝王自己就是眾巫的首領。[15]《山海經·海外西經》：

> 大樂之野，夏后啟於此儛九代；乘兩龍，雲蓋三層。左手操翳，右手操環，佩玉璜。在大運山北。

---

15 張光直：《美術、神話與祭祀》，郭淨譯，瀋陽，遼寧教育出版社，2002，第29頁。

《太平御覽》卷八十二：

> 昔夏后啟筮，乘龍以登於天，枚占於皋陶，皋陶曰：吉而必
> 同，與神交通。

從這兩段文字來看，夏后啟手操翳、環，身佩玉璜，駕乘飛龍，與神
交通，確實是一個巫師的形象。夏代人們主要希冀用巫術來控制和戰
勝自然，這時的人們對大自然的認識還不深入，萬物有靈的思想還佔
據著主要地位，對萬物的崇拜成為主流意識。就宗教而言，夏代的宗
教還是一種原始宗教。到了商代，巫術和宗教有了進一步的發展。在
商代人的觀念裡，神靈觀念遠比夏人發達，有天神、地示、人鬼，而
且形成了一個統領其它諸神，具有最高權威的最高神「帝」的觀念。
商人的宗教也就主要包括上帝崇拜、圖騰崇拜、祖先崇拜和自然神崇
拜等。《禮記・表記》說：「殷人尊神，率民以事神，先鬼而後禮。」
就指明了當時人們把侍奉鬼神作為頭等大事，祭祀成為人們生活中最
重要的活動。李亞農考證說，殷王在一年三百六十日無日不舉行祭
祀，大多還由殷王親自主持舉行。[16]據此，陳來把夏代及以前的時代
稱為「巫覡時代」，稱其文化為「巫覡文化」，而把商代稱為「祭祀時
代」，稱其文化為「祭祀文化」。[17]商代的宗教祭祀氣息很濃厚，它的
巫術文化也同樣很發達。《尚書・君奭》：「我聞在昔成湯既受命，時
則有若伊尹，格於皇天。在太甲，時則有若保衡。在太戊，時則有若
伊陟、臣扈，格於上帝。巫咸乂王家。在祖乙，時則有若巫賢。在武

---

16 李亞農：《殷代社會生活》，見《欣然齋史論集》，上海，上海人民出版社，1962，
　　第436頁。

17 陳來：《古代宗教與倫理——儒家思想的根源》，北京，生活・讀書・新知三聯書
　　店，1996，第10-11頁。

丁，時則有若甘盤。」從這段文字看，各個朝代的殷王都有自己的得力輔臣，無論伊尹、保衡，還是伊陟、臣扈、巫咸、巫賢等，他們既是王朝重要的史官大臣，又充當著王朝巫師的角色。正因為殷商的巫術氣息十分濃厚，殷王和大臣才擔當起眾巫的首領。這一點已經從出土的甲骨卜辭中得到了證實。西周初年，夏商時代的巫術、宗教氣息還繼續殘留著。據《史記·周本紀》和《尚書·泰誓》記載，武王伐紂，其中最重要的理由就是，紂王「侮蔑神不祀」，「弗事上帝神，遺厥先宗廟弗祀，犧牲粢盛，既於凶盜」，「郊社不修，宗廟不享」。紂王頭上的這些罪名在當時來說，可謂罪大惡極。這就從側面反映出當時的宗教祭祀氣息還很濃厚，人們對巫術宗教祭祀活動還很重視。

西周初期及夏商時期的巫術宗教活動如此盛行，整個時代的政治、思想意識都籠罩於濃厚的巫術宗教的氣息中，有的學者就把這一時期的政治稱為「巫覡政治」。[18]而藝術與巫術宗教的關係極為密切，這一時期的藝術自然也籠罩於巫術宗教的氣息中，深受其影響。所以，我們把這一時期的藝術稱為「巫覡藝術」或「宗教藝術」也未嘗不可。在這一時期，巫術宗教活動極為盛行，巫術宗教是藝術的母體，藝術成為巫術宗教的附庸，藝術還沒有從巫術宗教活動中獨立出來。巫術宗教利用藝術來強化人們的宗教信念和宗教情感，而藝術在宗教中獲得至高地位，成為人們情感滿足的有效形式。[19]正因為藝術與巫術宗教活動關係如此密切，那個時代的巫術宗教濃厚的氣息就滲透在藝術領域中，其中最突出的一點就是，那個時代的人們對巫術宗教的狂熱的激情也滲透在藝術創作或藝術表演中。比如，在巫術宗教活動中，樂舞是巫術、宗教祭祀活動的重要組成部分，人們通過歌舞

---

18 張光直：《美術、神話與祭祀》，郭淨譯，瀋陽，遼寧教育出版社，2002，第88頁。
19 羅堅：《從「神人以和」到「禮樂之和」》，《民族藝術》2001年第2期。

表演來娛神和媚神，達到人神共樂的和融狀態。在樂舞表演過程中，人們湧動著生命的激情，忘乎所以地酣歌漫舞，如醉如狂地宣洩著內心的情感，表達著對神靈的崇拜之情，狂熱的激情、質樸的形式是其表現出來的典型特徵。在歌舞藝術創作或表演中是如此，在其它的藝術中也同樣如此。因此，在夏商時代濃厚的巫術、宗教氣息籠罩下，這一時期的藝術充滿著生命的律動、狂熱的激情、野性的質樸。可以說，「質野情濃」是其表現出來的典型特徵，也是這一時期藝術創作中體現出來的典型的藝術精神。到了西周初期，這種藝術精神沒有很快消失，而是延續了下來，在西周初期的藝術創作中，這種藝術精神還表現得很明顯。可見，西周初期藝術創作上表現出的「質野情濃」的藝術精神與夏商及周初時期發達的巫術文化活動和充滿狂熱激情的宗教崇拜有著密切的關係。

了解了西周初期禮樂文化中的藝術創作上具有一種「質野情濃」的藝術精神，我們再來看看這種藝術精神在西周初期的樂舞藝術和青銅藝術中的具體體現。

首先，我們來看看西周初期的樂舞藝術的代表——《大武》，在創作上所體現的「質野情濃」的藝術精神。《大武》是周代王室的宮廷雅樂——「六代樂舞」之一，是周代王室祭祀先公、先王所用的樂舞，「乃奏無射，歌夾鐘，舞《大武》，以享先祖」[20]；《禮記・祭統》也說：「夫大嘗、禘⋯⋯朱干玉戚以舞《大武》。」即說明這一事實。《周禮・春官・大司樂》中說：「以樂舞教國子舞《雲門》《大卷》《大咸》《大磬》《大夏》《大濩》《大武》。」其中《雲門》《大卷》是黃帝時代的樂舞，其它分別是堯、舜、夏、商時代的樂舞。只有《大武》是西周建立之初所新制的樂舞。這一點我們可以從許多文獻中得

---

20 《周禮・春官・大司樂》。

到證實。《呂氏春秋・古樂》說：「武王即位，以六師伐殷，六師未
至，以銳兵克之於牧野。歸乃薦俘馘於京太室，乃命周公為作（作
為）《大武》。」鄭玄注《大武》曰：「《大武》，武王樂也，武王伐紂
以除其害，言其德能成武功。」《左傳・宣公十二年》記載了楚莊王
的一段話：「武王克商，作《頌》……又作《武》，其卒章曰：『耆定
爾功。』」從這些史料和經書的注疏可以看出，《大武》確是西周初期
所作，是用來表現武王伐紂克商的豐功偉績，這是史實。實際上，在
中國古代社會，對於一個新的王朝、國家的建立或重大事件諸如戰爭
的勝利等，統治者常常要創制大型樂舞來表現這一過程，藉以頌揚英
雄或先祖的功績。這種現象不僅為西周初期所具有，而且在西周前後
的許多朝代都曾出現過。比如，《大濩》是再現與頌揚商湯伐桀偉大
功業的史詩性歌舞[21]；《大夏》是歌頌夏代的開國君主大禹治水豐功偉
績的樂舞[22]；《武德舞》是漢初新作的歌頌漢高祖以武力平定天下的歷
史功績的樂舞[23]。這些事例進一步從側面證實了《大武》是西周初期
為歌頌武王伐紂克商的英雄偉績所作。

　　關於《大武》的記載較多，《禮記・樂記》中託名孔子和賓牟賈
的對話，詳細地討論了《大武》，其中一段說：

　　　賓牟賈起，免席而請曰：「夫《武》之備戒之已久，則既聞命
　　　矣。敢問遲之遲而又久，何也？」子曰：「居，吾語汝。夫樂

21　《呂氏春秋・古樂》：「殷湯即位，夏為無道，暴虐萬民，侵削諸侯，不用軌度，天
　　下患之。湯於是率六州以討桀罪，功名大成，黔首安寧。湯乃命伊尹作為《大濩》，
　　歌《晨露》，修《九招》《六列》，以見其善。」

22　《呂氏春秋・古樂》：「禹立，勤勞天下，日夜不懈，通大川，決壅塞，鑿龍門，降
　　通漻水以導河，疏三江五湖，注之東海，以利黔首。於是命皋陶作為《夏籥》九
　　成，以昭其功。」

23　《漢書・禮樂志》：「《武德舞》者，高祖四年作，以象天下樂已行武以除亂也。」

者，象成者也。摠干而山立，武王之事也。發揚蹈厲，大公之
志也。《武》亂皆坐，周、召之治也。且夫《武》始而北出；
再成而滅商；三成而南；四成而南國是疆；五成而分，周公
左，召公右；六成復綴以崇。天子夾振之，而駟伐，盛威於中
國也。分夾而進，事蚤濟也。久立於綴，以待諸侯之至也。」

從這段文字中，我們可以知道《大武》共有「六成」，每一「成」相
當於現代歌舞劇中的一幕。下面我們以第一、二幕為例來說明《大
武》在創作或表演上體現的「質野情濃」的藝術精神。第一幕是「北
出」，象徵著武王聯合諸侯大軍討伐商紂王前做的準備。這一幕起始
時，擊鼓手用激烈、粗重的動作連續地、長時間地敲擊著戰鼓，鼓聲
激越，如雷聲轟鳴，震天動地，充滿著一種豪情。這是在號召諸侯大
軍快快地參加伐紂的戰爭，也表達出戰士們對伐紂戰爭的渴望和激
情。如此激情澎湃的場面在其它舞蹈中很少見到。第二幕時，音樂的
節奏加快，變得急促起來，人數眾多的舞蹈人員一下子全身心地投入
舞蹈中，迅速地舞動起來。舞蹈過程中，舞隊排列成方陣，手執盾牌
和大斧等武器作衝殺刺伐的舞姿，[24]象徵著周師滅商的進程。伴隨著
舞蹈動作，戰鼓聲也激烈昂揚，整個場面上鼓聲、人聲與斧光盾影交
相輝映，場面宏大，氣勢恢宏，激情澎湃，景象壯觀。其實，《大
武》中的前兩幕在相當大的程度上是對當時武王伐紂時的情景的模
擬。《太平御覽》卷十一曰：「武王兵入商都，前歌後舞，甲子進兵，
乙丑而雨。」結果「紂師雖眾，皆無戰之心，心欲武王亟入。紂師皆

---

24 據《春秋公羊傳 · 昭公二十五年》載，子家駒曰：「八佾以舞《大武》」，可以知
　道，《大武》表演的列隊為八人一排的方陣，共有六十四人舞蹈。《禮記 · 明堂位》
　曰：「朱干玉戚，冕而舞《大武》」，「干」和「戚」是指盾牌和大斧，都是武器。可
　見，其舞蹈人數之眾多，場面之宏大，情景之熱烈，這正是天子才能享受的樂舞。

倒兵以戰，以開武王。武王馳之，紂兵皆崩畔紂。」[25]《尚書大傳》
曰：「武王伐紂，至於商郊，停止宿夜，士卒皆歡樂歌舞以待旦。」[26]
戰爭前後表演歌舞，這在中國古代的戰爭生活中是常有的現象。武王
進兵商都時，出現「前歌後舞」「歡樂歌舞」的熱烈景象和激越的場
面，這是對古老的戰爭舞蹈的再現和模擬。[27]周族在滅商建國的大功
告成之後，這種情景很自然地被統治階級以藝術的形式再現出來，藉
以歌頌統治階級立邦開國的豐功偉績。

　　以上對《大武》的音樂節奏和舞蹈動作中體現出的「質野情濃」
的藝術精神進行了討論。根據中國古代樂舞藝術是詩歌、音樂、舞蹈
三位一體的特徵進行推測，《大武》中也應該有詩歌的頌唱。從現有
的文獻，特別是《左傳‧宣公十二年》的記載來看[28]，我們大體上可
以推測出《大武》「六成」中每一「成」所用的頌詩名稱及其順序，
不過目前學界對此意見並沒有完全統一。[29]我們認為《大武》中每一

25　《史記‧周本紀》。

26　（漢）伏勝撰：《尚書大傳》卷二。

27　在我國原始社會末期，大規模的兼併戰爭不斷進行，強大的氏族集團以「執干戚
　　舞」來模擬戰爭的動作，訓練戰鬥人員，提高和充實戰鬥力，預示實戰的到來，從
　　而起到對將被征伐的氏族威懾的作用。在戰鬥之後，舉行這種舞蹈又可以作為慶祝
　　或重溫戰鬥過程之用。《韓非子‧五蠹》說：「當舜之時，有苗不服，禹將伐之，舜
　　曰：『不可，上德不厚而行武，非道也。』乃修教三年，執干戚舞，有苗乃服。」
　　就是這種情況最好的說明。武王伐紂之時，周族還剛剛是從氏族末期轉變而來，戰
　　爭之舞中還帶有原始戰爭舞蹈的性質是很有可能的。（參見於民：《春秋前審美觀念
　　的發展》，北京，中華書局，1984，第47頁）

28　《左傳‧宣公十二年》載：「丙辰，楚重至於邲，遂次於衡雍。潘黨曰：『君盍築武
　　軍，而收晉屍，以為京觀？臣聞克敵，必示子孫，以無忘武功。』楚子曰：『非爾
　　所知也。夫文，止戈為武。』」武王克商，作《頌》曰：「載戢干戈，載櫜弓矢。我
　　求懿德，肆於時夏，允王保之。」又作《武》，其卒章曰：「耆定爾功。」其三曰：
　　「鋪時繹思，我徂惟求定。」其六曰：「綏萬邦，屢豐年。」夫武，禁暴、戢兵、
　　保大、定功、安民、和眾、豐財者也。故使子孫無忘其章。』」

29　關於《大武》「六成」中每一「成」所配樂的頌詩名稱及其順序，有許多不同的說

「成」所用頌詩及其順序是：《酌》《武》《賚》《般》《時邁》《桓》。從
《大武》所用的這些頌詩來看，其歌詞也激揚豪邁，充滿著激情，體
現出「質野情濃」的藝術精神。比如，其一「成」所用之歌《詩・周
頌・酌》：「於鑠王師，遵養時晦。時純熙矣，是用大介。我龍受之，
蹻蹻王之造。載用有嗣，實維爾公允師。」大意是，王師的戰績多麼
輝煌啊！揮師東征去滅商，局勢多麼明朗，國運多麼昌盛啊！上天降
下了好吉祥……後世子孫要記牢啊！先祖先公是你們的好榜樣！[30]就
是用昂揚的激情歌頌王師的強盛和武王伐紂的功績。其二「成」所用
之歌《詩・周頌・武》：「於皇武王，無競維烈。允文文王，克開厥
後。嗣武受之，勝殷遏劉，耆定爾功。」多麼偉大的武王啊！您的功
業舉世無雙；多麼誠信有德的文王啊！您為了子孫把業創；武王啊！
您秉承先業，克敵滅商，鞏固政權功輝煌！[31]則熱情地褒揚武王的武
功、文王的文德。其三「成」所用之歌《詩・周頌・般》：「於皇時
周，陟其高山，嶞山喬嶽，允猶翕河。敷天之下，裒時之對，時周之
命。」則熱情地頌揚周代河山的壯麗，抒寫天下歸周的喜悅。

　　《大武》之樂，無論其舞蹈動作、音樂節奏，還是頌唱歌詞，都

法。王國維在《觀堂集林・藝林・周大武樂章考》中認為《大武》所用頌詩及其順
序是：《武宿夜》《武》《酌》《桓》《賚》《般》。（王國維：《觀堂集林》卷二，上
海，上海古籍出版社，1959，第106頁）孫作雲認為《大武》所用頌詩及其順序
是：《酌》《武》《般》《賚》（缺第五）《桓》。（孫作雲：《詩經與周代社會研究》，北
京，中華書局，1979）陰法魯認為《大武》所用頌詩及其順序是：《酌》《武》《賚》
《般》（缺第五）《桓》。（陰法魯：《詩經中的舞蹈形象》，《舞蹈論叢》1982年第4
期）王耕夫認為《大武》所用頌詩及其順序是：《酌》《武》《賚》《般》《時邁》
《桓》。（王耕夫：《〈大武〉頌詩考證》，《舞蹈論叢》1986年第3期）楊向奎認為
《大武》所用頌詩及其順序是：《武》《時邁》《賚》《酌》《般》《桓》。（楊向奎：
《宗周社會與禮樂文明》，北京，人民出版社，1997，第2版，第345-346頁）

30 譯文參見程俊英：《詩經譯注》，上海，上海古籍出版社，2004，第542頁。

31 譯文參見程俊英：《詩經譯注》，上海，上海古籍出版社，2004，第532頁。

體現出一種「質野情濃」的特點，而《大武》又是西周初期樂舞藝
術的代表，因此它最能體現出當時藝術創作上的「質野情濃」的藝術
精神。

　　其次，我們來看看西周初期禮樂文化中的青銅藝術在創作上所體
現的「質野情濃」的藝術精神。西周初期的青銅器除武王時期的較少
外，成康之世流傳的較多，我們今天已經確認為成王時期的青銅器有
何尊、保卣、保尊、德方鼎、獻侯鼎、康侯鼎等；確認為康王時期的
青銅器有大盂鼎、小盂鼎、旅鼎等。這些青銅器藝術承續了商末青銅
藝術在創作上的特點，體現出「質野情濃」的藝術精神。下面我們來
看看西周初期的青銅禮器——何尊，在藝術創作上體現的「質野情
濃」的藝術精神。何尊是一九六三年中國考古界在陝西寶雞發現的。
從其內部的銘文得知，這是周成王五年營建成周時，在京室對宗小子
「何」的一次誥命後，「何」鑄造此尊以作紀念的，因而可以確定它
是西周初期的青銅器皿。何尊高度為三十八點八公分，口徑為二十八
點六公分，重量為十四點六千克。它的形狀特別怪異，既似圓形又不
是圓形，既似方形又不是方形。其尊口內是圓形，向外敞開，而尊口
外是方形。尊器的表面上扉棱高低不平，獸角嶙峋。最能體現其獨特
之處的是尊器中部的饕餮紋，饕餮的長角呈捲曲狀，角尖高高翹起；
其眉毛豎立，顯得粗壯；其眼目突出，露出凶光。[32]像何尊這樣造型
奇異、姿態橫生的青銅器在西周初期還有很多，這裡不再列舉。從創
作上來說，這些青銅器藝術飽含著藝術家們如火如荼、奔邁豪放的熱
情。那些怪異奇特的動物形象中，透射出一股原始的、衝動的生命
力，就是那些紋飾的線條也往往用具有強烈節奏感的直線條來構成，

---

32 參見李澤奉、劉如仲主編：《銅器鑒賞與收藏》，長春，吉林科學技術出版社，
　　1994，第110頁。

像刀劍所刻，具有力度。人與動物、幻想與現實的界限在這裡都被打破，這裡有的是盡情的幻想，任情的創造。而這正是在那種血與火的野蠻年代裡，殘酷的社會現實、狂熱的宗教崇拜在藝術領域裡的最直接、最顯露的體現。李澤厚說：「它們（青銅饕餮紋）之所以美……在於以這些怪異形象的雄健線條，深沉凸出的鑄造刻飾，恰到好處地體現了一種無限的、原始的、還不能用概念語言來表達的原始宗教的情感、觀念和理想，配上那沉著、堅實、穩定的器物造型，極為成功地反映了『有虔秉鉞，如火烈烈』那進入文明時代所必經的血與火的野蠻年代。」[33]而我們說，這些怪異的形象、深沉凸出的刻飾，哪一樣不是創作者用火熱的生命和奔放的激情創造出來的呢？

不但西周初期青銅器藝術的紋飾和造型上體現出「質野情濃」的藝術精神，就是鑄刻其上的銘文也同樣體現出這種藝術精神。從西周初期青銅器的銘文上看，其創作上還明顯地遺留有商末金文的特點。這些金文的用筆好用直線條，狀如刀破斧劈，顯露出尖銳的鋒芒。大盂鼎是周康王三十九年周王冊命「盂」以後，「盂」鑄造此鼎以記其事的，其銘文共十九行，二九一字，是青銅器銘文中較著名的一篇。大盂鼎的銘文，筆勢淩厲，筆力雄勁，彷彿充滿著生命的律動，燃燒著火熱的激情，特別是每一個字的收尾之筆，如同一把修長的青銅利劍。這種金文創作上的特點在西周中後期的青銅器銘文中很少見了。中後期的金文用筆使用圓筆較多，筆法宛轉活潑，圓潤流暢，一改西周初期的創作特點。[34]

總之，中國原始社會末期以及三代時期，是由野蠻走向文明的歷史轉型時期。在這一歷史時期，一方面，社會是用「血與火」來為自

---

33 李澤厚：《美學三書》，合肥，安徽文藝出版社，1999，第44頁。
34 參見韓鵬傑等主編：《華夏藝術歷程》，西安，西安交通大學出版社，2003，第50頁。

己的前進開闢道路；另一方面，早期先民們對原始的生命力和萬物的神靈充滿著崇拜之情，狂熱的圖騰崇拜和巫術宗教的激情充斥著他們的情感世界。因此，這種「血與火」的社會現實和狂熱的巫術宗教激情必然滲透進藝術領域，在藝術創作上體現出一種「質野情濃」的藝術精神。而這種藝術精神一直延續到西周初期禮樂文化中的藝術創作上，體現在西周初期的樂舞藝術和青銅藝術中。這也是周代禮樂文化興起之初時體現出來的一種中國早期藝術精神，隨著周代禮樂文化的興盛，這種「質野情濃」的藝術精神也隨之衰退了。

第二節　情理相濟
——西周中期至春秋中後期的藝術創作（上）

上文我們主要就西周初期禮樂文化中的藝術創作上的「質野情濃」的藝術精神進行了探討，而西周中期至春秋中後期這一歷史時期，是周代禮樂文化處於鼎盛並由鼎盛走向衰退的時期，這一歷史時期的藝術創作體現出一種「情理相濟」的藝術精神。而藝術精神總是與文化精神緊密相連的，對藝術精神進行探討，必須要把它放在文化精神的語境中來進行。因此，我們先從周代這一歷史時期的禮樂文化及其文化精神談起。

西周初期，經過周人「制禮作樂」，禮樂作為一種制度開始實行於周代的政治、經濟、法律、外交、祭祀、戰爭、習俗等各個方面。禮樂制度由各種典禮構成，這些典禮並不是一兩次舉行，而是經常化、制度化，從而發展成為禮樂文化（這裡指的是嚴格意義上的禮樂文化）。到成康時期，西周禮樂文化開始形成並逐漸走向鼎盛，這種鼎盛一直持續到西周末期。但是由於直接記載西周時期的歷史文獻資料較為貧乏，對西周時期的禮樂文化的原貌，我們不能十分準確地了

解，不過我們從後人對「周禮」的追述中還是能夠了解個大概。比如，「會盟」之禮就在西周實行過。《左傳‧昭公四年》記載楚椒舉向楚靈王陳述會盟之禮的重要意義時，就追述了西周諸王的幾次大會盟：「周武有孟津之誓，成有岐陽之搜，康有酆宮之朝，穆有塗山之會。」《逸周書‧王會解》也記載成王時的一次大會盟：「成周之會，墠上張赤弈陰羽。天子南面立，絻無繁露，朝服八十物，搢挺。唐叔、荀叔、周公在左，太公望在右，皆絻，亦無繁露，朝服七十物，搢笏，旁天子而立於堂上。堂下之右，唐公、虞公南面立焉。堂下之左，殷公、夏公立焉，皆南面……」這些文獻資料說明，西周時期周王室的統治力量比較強大，支配著各個諸侯，天子與諸侯之間還常舉行會盟之禮。西周時期，禮樂作為制度實行於周代的國家生活、社會生活等方方面面，周代的禮樂文化達到了鼎盛時期，對此毋庸多說。

　　需要說明的是春秋時期禮樂文化的情況。春秋時期的歷史起點是以周王室的東遷為標誌，周王室東遷之後，其王權統治和王室勢力雖然不及西周時期，但是在兩個姬姓諸侯晉國和鄭國的支持下，依然維持著王室表面的穩定和各個諸侯國之間力量的平衡。從西周到東周，周王室政權的延續保持了其政治和文化的延續，這就使得西周禮樂文化雖已走向衰落，但還繼續在東周以一定程度上被僭越和被破壞的形式存在著並產生廣泛的影響。所以人們習慣上用「禮崩樂壞」來籠統地概括春秋時期的禮樂文化，實際上這是不準確的。就事實而言，春秋時期禮樂文化的「禮崩樂壞」只是就政治制度方面的禮樂而言，如果從整個春秋時期的思想觀念、理性思維導向和社會風氣來說，用「禮崩樂壞」來概括是不對的。春秋時期，西周傳統的禮樂雖然遭到破壞，原有的一些禮樂規定和制度被改造和僭越，但是西周禮樂的社會功能和作用並沒有隨著周王室的衰落而減弱，傳統的禮樂在新的歷史時期更加受到重視並得到更廣泛的應用。實際上，春秋時期是禮樂

文化更加成熟並在社會實踐中發揮著巨大作用的歷史時期，只可惜這一點被人們所忽視。[35]比如，《左傳‧僖公三十三年》記載：魯僖公晚年時期，魯國與齊國之間有矛盾，齊國派使者國莊子（國歸父）來聘問：

> 齊國莊子來聘，自郊勞至於贈賄，禮成而加之以敏。臧文仲言於公曰：「國子為政，齊猶有禮，君其朝焉。臣聞之，服於有禮，社稷之衛也。」

齊國大夫國歸父聘問魯國，從郊外迎接送禮慰勞，一直到郊外贈禮送行，都表現得「有禮」。魯大夫臧文仲就在僖公面前大為稱讚，並聲稱尊禮服禮是「社稷之衛也」，魯僖公就入齊聘問，從而緩和了兩國之間的矛盾，修繕了兩國之間的關係。鄭國是個並不強大的國家，之所以能夠處於強國之間而不滅，是由於它重視禮樂和運用禮樂的緣故。衛國的文子路過鄭國時，親身感受到鄭國的禮儀周全，就對衛襄公說：「鄭有禮，其數世之福也，其無大國之討乎！《詩》云：『誰能執熱，逝不以濯。』禮之於政，如熱之有濯也。濯以救熱，何患之有？」[36]就明確說明，鄭國有禮，才免於「大國之討」等禍患。再如，「周禮」所重的嫡長子繼承制在春秋時期雖遭破壞但還繼續存在。《左傳‧成公十三年》記載，曹宣公死後，其庶子負芻殺死太子，自立為君，其它諸侯認為這有違「周禮」，立即討伐他，最後迫使他交出君位。《左傳‧襄公十四年》也載有類似事件：吳王壽夢死後，其長子諸樊服喪期滿後，打算把王位讓給賢明的弟弟季札，季札

---

35 參見時中：《春秋時期對西周傳統禮樂的重視與運用》，《社會科學戰線》2003年第4期。

36 《左傳‧襄公三十一年》。

辭讓說:「曹宣公之卒也,諸侯與曹人不義曹君,將立子臧。子臧去之,遂弗為也,以成曹君。君子曰:『能守節。』君,義嗣也,誰敢奸君?有國,非吾節也。劄雖不才,願附於子臧,以無失節。」季札堅決辭讓做國君,一再聲稱長哥諸樊才是吳國合法的國君繼承人,當諸樊堅持要立他為君時,他就離開家室去種地了。像上述這樣重視和運用禮樂的事例在春秋時期還有很多,在此不再贅述。春秋時期之所以重視和運用禮樂,這與春秋時期的諸侯爭霸有著密切關係。當時的諸侯爭霸,除了以武力爭奪外,還需要通過尊禮尚德來獲得其它諸侯國的支持和信任。齊桓公尊禮襄王,以德服眾,並藉此來協調各國之間的關係,維繫著周王室的表面和平,也成就了自己的一代霸業。各個諸侯國在處理與他國關係和解決國際糾紛時也據「禮」力爭,以此來保全自己。這就促使「周禮」在春秋時期時再次發揮著重要的作用。從西周至春秋時期,禮樂文化達到鼎盛並由鼎盛走向衰退,禮樂貫穿在社會生活實踐的各個方面,禮樂相互配合,共同為周代貴族階級統治服務。就藝術而言,這一時期的禮樂文化中的藝術也取得了極大的成就,在藝術創作上體現出一種「情理相濟」的藝術精神。

那麼,為什麼在藝術創作上體現出一種「情理相濟」的藝術精神呢?這當然與西周至春秋時期禮樂文化的文化精神密切相關。周人「制禮作樂」,力求構建人與社會、人與自然、人與鬼神的和諧關係,建立以周天子為至尊的嚴格的宗法等級秩序,其最終目的是依靠強化禮樂文化來鞏固其宗法等級制度。《禮記‧樂記》說:

> 樂者為同,禮者為異。同則相親,異則相敬。

樂起著合同的作用,使人們能夠互相親近;禮起著區別的作用,又使人們相互尊敬。這樣就使整個社會既有嚴格的等級秩序、等級分別,

彼此不相僭越，又能使統治階級內部或統治階級與被統治階級之間的
感情隔閡得到調適，彼此感情和諧，從而達到社會和諧穩定的目的。
樂以禮為之節制，禮須以樂為之調和。禮是外在的「理」（即人倫物
理），制約人具有強制性；樂是內在的「情」（即主體的情感），感化
人具有自然性、心悅誠服性。禮和樂密切配合，通過藝術性的樂在潛
移默化中感染人，使強制性的禮自覺地為人們所接受。因此，樂和
禮，兩個方面緊密結合，相輔相成，相互補充，相需為用。所謂「鐘
鳴鼎食」，鐘鳴指祭樂而言，鼎食指祭禮而言，祭樂和祭禮兩者配
合，不可或缺。在周代的各種祭祀典禮中，都必然伴隨著樂舞的表
演。所以說，「乃奏黃鐘，歌大呂，舞《雲門》，以祀天神；乃奏大
蔟，歌應鐘，舞《咸池》，以祭地示……乃奏無射，歌夾鐘，舞《大
武》，以享先祖」。[37]在其它典禮儀式中，也必然伴隨著樂舞的表演，
如「兩君相見，揖讓而入門，入門而縣興。揖讓而升堂，升堂而樂
闋。下管《象》《武》，《夏》序興」。[38]就是說，兩君相見時，揖禮謙
讓而入門，入門時鐘磬就開始演奏，揖禮相讓而登堂，鐘磬停止演
奏，樂工上堂歌唱《清廟》，賓主下堂時，管樂伴奏下樂工跳起
《象》舞、《武》舞，接著又跳《大夏》等樂舞。周代的「禮」和
「樂」相需為用，同等重要，「禮」和「樂」共同為貴族階級服務，
也共同為他們所有。《禮記‧仲尼燕居》說：

> 子張問政。子曰：「師乎，前，吾語女乎。君子明於禮樂，舉
> 而錯之而已。」子張復問。子曰：「師，爾以為必鋪几筵，升
> 降酌獻酬酢，然後謂之禮乎？爾以為必行綴兆，興羽籥，作鐘

37　《周禮‧春官‧大司樂》。

38　《禮記‧仲尼燕居》。

鼓，然後謂之樂乎？言而履之，禮也。行而樂之，樂也。君子
力此二者，以南面而立，夫是以天下大平也。」

這就是說，禮並非僅僅是鋪設桌幾和坐席，上堂、下堂、酌酒獻賓、
回酒敬酒等；樂也並非僅僅是排列舞隊，執羽跳舞，擊鼓鳴鐘等。禮
必須要去實行，樂要使天下人高興，作為君子，必須既要做到
「禮」，又要做到「樂」，兩個方面都做到，才能使「天下大平」。「樂
勝則流，禮勝則離」[39]，樂強調過分就會使人過於隨便而不知敬，禮
強調過分就會使人有距離而不相親。禮和樂，偏離任何一方，就會出
現社會的混亂與不穩定，所以統治階級尤為強調禮樂和諧並重。《禮
記・文王世子》說：「樂所以修內也，禮所以修外也。禮樂交錯於
中，發形於外，是故其成也懌，恭敬而溫文。」他們還把禮和樂作為
貴族子弟必須學習的內容。「凡學世子，及學士，必時……春誦，夏
弦，大師詔之。瞽宗秋學禮，執禮者詔之。」[40]《周禮・地官・保
氏》也說：「保氏掌諫王惡。而養國子以道。乃教之六藝：一曰五
禮，二曰六樂，三曰五射，四曰五馭……」保氏掌教國子六藝，就既
有禮又有樂。總之，周代貴族統治階級禮樂並重，借禮和樂共同來維
護其統治的穩定。

正是西周中期至春秋中後期禮樂文化中的禮樂並重、禮樂互補、
禮與樂合的文化精神深深地影響著這一時期的藝術精神，才使得這一
時期藝術創作上體現出一種「情理相濟」的藝術精神。樂是以感性的
形式、內在的「情」來打動人、感染人，但是樂不能漫無節制地宣洩
感情，而是要受到禮的規範，禮是以理性的形式、外在的「理」來約

---

39 《禮記・樂記》。
40 《禮記・文王世子》。

束人。《禮記・仲尼燕居》曰：「禮也者，理也。」但又不能過於嚴肅。禮樂要互相配合，相輔相成，把感性和理性協調、統一起來，使情不至於膨脹氾濫，使理不至於嚴肅刻板。西周中期至春秋時中後期禮樂文化中這種既重視「情」，又重視「理」的文化精神，在藝術創作上就表現出一種「情理相濟」的藝術精神。就是說在藝術創作中既重視藝術主體的內在情感的自由抒發，又對情感的抒發有所節制，把感性與理性、欲望與道德、情感與理智很好地結合起來。下文就對這種「情理相濟」的藝術精神作些探討。

首先我們來看看有關對「樂」（藝術）如何產生的論述。《禮記・樂記》說：

> 凡音之起，由人心生也。人心之動，物使之然也。感於物而動，故形於聲。聲相應，故生變。變成方謂之音。比音而樂之，及干戚羽旄，謂之樂。樂者，音之所由生也，其本在人心之感於物也。

又說：

> 詩，言其志也，歌，詠其聲也，舞，動其容也，三者本於心，然後樂器從之。

這就是說，「樂」（包括詩、歌、舞）是由人心受到外物的觸動，有所感發而產生的。「樂」本於人「心」，是人「心」的產物。何謂「心」？「心」即「性」，「心」感於外物而生之「動」，即「情」。樂本於「心」，實際上就是本於「情」。這就說明藝術是「情」的產物。《禮記・樂記》在另一段文字中甚至直接把藝術的產生歸結為情感的

萌動，並且是情感表達不可避免的產物：

> 凡音者，生人心者也。情動於中，故形於聲。
>
> 夫樂者，樂也，人情之所不能免也。樂必發於聲音，形於動
> 靜，人之道也。

情感愈是強烈而深刻，藝術的表現和藝術的形象就愈是鮮明而動人，
「是故情深而文明，氣盛而化神，和順積中，而英華發外，唯樂不可
以為偽。」[41]當然，這種情感必須以真實為前提，「不可以為偽」，是
真實自然的流露。宗白華說：「『樂』的表現人生是『不可以為偽』，
就像數學能夠表示自然規律裡的真那樣，音樂表現生活裡的真。」[42]
「樂」是情感的產物，樂「不可以為偽」，「表現生活裡的真」，實際
上，也是在要求情感要真摯、自然。總之，在西周至春秋時期禮樂文
化的文化精神的影響下，重視情感表現在藝術創作中的重要作用，是
這一時期藝術創作上的一個重要特點。李澤厚說：「中國美學所強調
的則首先是藝術的情感方面，它總是從情感的表現和感染作用去說明
藝術的起源和本質。」[43]這話是非常準確精當的。不過人的情感雖不
可免，卻不能放縱，不能任其自流，還要用道德理智來約束和節制
它。因此，重視理性的節制也是這一時期禮樂文化中藝術創作上的一
個重要特點。

　　周代禮樂文化中的藝術創作上重視理性的約束和節制，這在《禮
記·樂記》中有非常明確的表達：

41　《禮記·樂記》。

42　宗白華：《美學散步》，上海，上海人民出版社，1981，第168頁。

43　李澤厚、劉綱紀：《中國美學史（先秦兩漢編）》，合肥，安徽文藝出版社，1999，
　　第24-25頁。

　　　是故情見而義立，樂終而德尊，君子以好善，小人以聽過。

「情見而義立」，何謂「情」？「情」就是「情感」的意思；何謂
「義」？「義」就是「理」、「道義」的意思。「情見而義立」，就是說
樂要使情感得到表達而又使道義（理）得到確立。樂（藝術）在表現
人的情感，使人得到快樂的同時，還要受到「理」的約束，不忘倫理
道德教化。「理」，一方面，內化於藝術創作活動中成為藝術創作活動
內在的動力；另一方面，又指導著藝術創作活動走向真與善，因此，
「理」在藝術創作中起著重要的作用。當藝術創作中情感的宣洩超過
情與理的平衡度時，就要「反情以和其志」。《禮記·樂記》說：

　　　是故君子反情以和其志，比類以成其行，奸聲亂色不留聰
　　　明……然後發以聲音，而文以琴瑟，動以干戚，飾以羽旄，從
　　　以簫管，奮至德之光，動四氣之和，以著萬物之理。

所謂「反情以和其志」，就是指反情以適道（志），即用「志」來調適
情感，使情感限定在「志」的範疇之內。也就是說，要使過度宣洩的
情感重新回到理性允許的範圍之內，從而符合統治者要求的倫理道德
規範，使情感的表達和理性的節制得到協調和統一，即「情理相
濟」。只有做到「反情以和其志」，才能「發以聲音，而文以琴瑟，動
以干戚，飾以羽旄，從以簫管」，這樣創作出來的藝術作品才符合統
治階級的要求。「反情以和其志」的實現，就是藝術創造的完成。
　　其實，我們在第十一章第二節中就已討論過周代禮樂文化中的藝
術觀就是「藝德合化」的藝術觀，其藝術本體中就包含著「理」與
「德」的因素，藝術創作的使命也在於表現「理」與「德」。在周代
統治者看來，藝術是情感的表現，但是這種情感是經過倫理道德的規

範、淨濾和制約了的。在情與理的交融中，情感已經轉化為倫理性情感，倫理道德也獲得了情感化的表現形式。周代統治者也正是通過藝術形式來進行倫理道德教化，使外在的、強制性的倫理道德規範不再和個體的內在情感相抵制，從而成為個體自覺地對倫理道德理性進行接受。他們在進行藝術教育的同時，始終不忘倫理道德的薰陶。《周禮・春官・大師》中說：「教六詩：曰風，曰賦……以六德為之本，以六律為之音。」《周禮・春官・大司樂》中也說：「以樂德教國子中、和、祗、庸、孝、友……以樂舞教國子舞《雲門》《大卷》《大咸》……」藝術和倫理道德始終是處於同等並重的地位，是周代貴族子弟學習的重要內容。

西周中期至春秋中後期禮樂文化的文化精神深深地影響著這一時期的藝術精神，使得這一時期的藝術創作上體現出一種「情理相濟」的藝術精神。這種「情理相濟」的藝術精神貫穿在西周中期至春秋中後期的藝術創作中，它既重視創作主體的內在情感的抒發，滿足其情感表達上的欲求，但是又要用理性來對情感的抒發進行規範和節制，禁止一切與宗法倫理道德相違背的激烈情感的流露，從而使感性與理性、情感與理智、欲望與道德完美地結合起來。李澤厚說：「中國重視的是情、理結合，以理節情的平衡，是社會性、倫理性的心理感受和滿足，而不是禁欲性的官能壓抑，也不是理智性的認識愉快，更不是具有神秘性的情感迷狂（柏拉圖）或心靈淨化（亞里斯多德）。」[44]「中國美學強調情感的表現，但同時它又十分強調『情』必須與『理』相統一……『理』與『情』不能互相外在、分離，而應當融為一體。」[45]李澤厚的這段話深深地切中了中國美學精神的要害，而這

---

44 李澤厚：《美學三書》，合肥，安徽文藝出版社，1999，第57頁。
45 李澤厚、劉綱紀：《中國美學史・先秦兩漢編》，合肥，安徽文藝出版社，1999，第24-25頁。

種「情與理相統一」的中國美學精神，它的根源卻可以追溯到西周至春秋時期。正是西周至春秋時期禮樂文化的文化精神孕育了這種「情理相濟」的美學精神和藝術精神。

西周中期至春秋中後期禮樂文化中的這種「情理相濟」的藝術精神在周代的各種藝術創作中都有表現，尤其在詩歌上表現得較為明顯。《詩經》中的許多詩章反映了周代貴族階級統治下人民的艱辛生活和悲苦命運及統治階級的荒淫暴虐，這些詩歌是詩人們最真實情感的表達和流露，但是總體上卻「哀而不愁，樂而不荒」「思而不貳，怨而不言」[46]，既情感愛恨分明，又有所節制。《詩・王風・黍離》的作者目睹故宮的黍離而生無限的哀愁，又加上在朝中受人誹謗，以致他心生哀怨，發出「悠悠蒼天，彼何人哉！」的呼號，但是他沒有指出這是周王導致的禍患，在情感宣洩上還是有所節制。《詩・邶風・旄丘》是一首描寫逃亡的貴族盼望得到貴族親戚的救濟卻得不到的詩歌。詩中三次發出「叔兮伯兮！」的呼喊，表達了貴族階級的人情冷漠和傲慢，但是詩中並沒有過分地怨恨和斥責貴族親戚。而這正是「情理相濟」的藝術創作精神使然。以孔子為代表的儒家就用「思無邪」來概括評價《詩》三百的思想內容。《論語・為政》曰：「《詩》三百，一言以蔽之，曰『思無邪』。」所謂「思無邪」，就是思想純正，符合儒家的倫理道德規範，而「思無邪」正是創作上「情理相濟」的藝術精神使然的結果。孔子高度評價《詩・周南》中《關雎》一詩，稱它「樂而不淫，哀而不傷」[47]，就是因為它既抒發了感情，但又有所節制，表達情感恰如其分，沒有放縱無度。孔子之所以這樣評價，實際上是以孔子為代表的儒家深受這種「情理相濟」的藝術精

46　《左傳・襄公二十九年》。

47　《論語・八佾》。

神影響的結果。漢代罷黜百家,獨尊儒術,儒家思想佔據著統治地位。儒家文藝思想的代表《毛詩大序》繼承了這一思想,提出了詩歌創作要合乎「發乎情,止乎禮義」的原則。它要求藝術表現情感要合乎倫理道德規範,而且要表達的情感應是理性的、善的情感,而不是非理性的、宣洩的情感。魏晉時期,隨著人們思想的進一步解放,人的情感得到進一步的張揚,在這種環境影響下的藝術,表現情感才成為藝術的首要目的,藝術不再作為儒家思想的附庸,而是作為表現個體情感的產物。

第三節　美善相樂
——西周中期至春秋中後期的藝術創作（下）

由上文可知,西周中期至春秋中後期禮樂文化中的藝術創作上體現出一種「情理相濟」的藝術精神。這種藝術精神,一方面,重視藝術表現情感,在藝術中體驗情感和抒發情感,強調它的審美愉悅性,即美;另一方面,又重視情感的節制,通過理智規範約束情感,強調它的道德教化性,即善,這種既求美又求善的藝術追求結果,是在藝術創作上導向一種「美善相樂」的藝術精神。李澤厚說:「中國藝術歷來強調藝術在倫理道德上的感染作用,表現在美學上,便是高度強調美與善的統一。這成為中國美學的一個十分顯著的特徵。」[48]「儘管中國美學一開始就十分注意美同感官愉快、情感滿足的重要聯繫,並不否定這種聯繫的合理性和重要性,但它同時強調這種聯繫必須符合於倫理道德的善。」李澤厚所說的中國美學上的「美善統一」的美

---

48 李澤厚、劉綱紀:《中國美學史‧先秦兩漢編》,合肥,安徽文藝出版社,1999,第22頁。

學精神，體現在藝術創作上實際上就是一種「美善相樂」的藝術精神，而這種藝術精神在西周中期至春秋中後期禮樂文化中的藝術創作上體現得最為明顯。當然，這種藝術精神也是與這一時期禮樂文化的文化精神密切相關，它是這一時期禮樂文化的文化精神在藝術領域中的體現。

中國的美學精神和藝術精神，從其萌芽之初時起，就帶有強烈的現實功利性。許慎《說文解字》曰：

美，甘也，從羊從大。羊在六畜主給膳也，美與善同意。

從許慎對「美」字的解釋來看，「美」，從羊從大，即羊大為美[49]；「善」字，也從羊從口，羊肉甘美可口，也就是善，後來人們凡把進飲食都稱為膳。這是因為在上古社會，羊是先民們最早飼養的動物，那時的物質生活資料還很匱乏，肥美碩大的羊自然是滿足人們膳食需要的主要食源和舉行祭祀所用的犧牲。王獻唐說：「上古游牧時期，炎族之在西方者，地多產羊，以牧羊為生，食肉寢皮，最為大宗。」[50]《孟子‧滕文公下》亦記載：「湯居亳，與葛為鄰，葛伯放而不祀。

---

49 對於「羊大為美」的觀點，有的學者對此持不同的看法，認為「美」字，不是「羊大為美」，而是「羊人為美」，「美」字的原初含義是一個人頭戴羊形或羊頭的裝飾物，它可能是原始先民的圖騰標誌或者是圖騰舞蹈的表現。（參見張文勳：《華夏文化與審美意識》，昆明，雲南人民出版社，1992，第125頁）筆者認為，這些觀點本質上並不是矛盾的，都有其合理性。「羊大為美」突出了美字的直接現實功利性，「羊人為美」則是間接地表達現實功利性。頭戴羊形或羊頭的裝飾物，無論作為圖騰標誌，還是表現圖騰舞蹈（陳夢家認為炎帝時代的姜族和羌族都是以羊為圖騰的部落，見陳夢家：《殷虛卜辭綜述》，北京，中華書局，1988，第282頁），都是在祈求祖先神靈的賜福或是表達對畜牧豐收的慶祝和祈求。因此，「羊大為美」或「羊人為美」，都是一種現實功利性的表現，與「善」密切相關。

50 王獻唐：《炎黃氏族文化考》，濟南，齊魯書社，1985，第223頁。

湯使人問之曰:『何為不祀?』曰:『無以供犧牲也。』湯使遺之牛羊。」上古時期人們食羊肉寢羊皮,到了商代,人們還用它來做祭祀用犧牲。可見,羊在先民們的生活中佔據著多麼重要的地位,對於那些肥美的大羊更是人們所渴求的。因此,羊大就是美的,也是善的。「美」與「善」從字體起源上來說就是同義的。可見,「善」以它的現實的功利性自古以來就存在於中華民族的深層的心理結構中,成為一種集體無意識。所以中華民族的先民們總是以現實功利的理性觀念來看待一切事物,藝術和現實的美自然也不例外。善成了美的不可分割的一部分,善也成為美的藝術所追求的最高理念。

周族原本的社會結構是一種家族公社式的組織形式,周人建立了新政權後,為了加強王權、政權統治,通過大舉分封,在宗法血緣關係的基礎之上,建立了一個以倫理道德為紐帶的政治體系和制度。這「對於一個貧困的、文化不發達、不普及以及缺乏理性精神的民族來說,普遍而牢固地確立共同的道德規範意識是維持社會秩序、維護社會安定、制約人的言行和整飭人際關係的最佳機制。」[51]周代禮樂制度和禮樂文化就是建立了這種以倫理道德為核心內容的文化。《周禮・地官・師氏》說:

> 師氏掌以媺詔王,以三德教國子:一曰至德,以為道本;二曰敏德,以為行本;三曰孝德,以知逆惡。

師氏負責以美善(媺,美也)的道理告訴君王,以「三德」來教育國子。所謂「三德」,是指中庸之德、行仁義之德、行孝敬之德,即是周代禮樂文化所宣揚的倫理道德規範,它是貴族子弟必須學習的內

---

51 彭亞非:《華夏審美風尚史》第2卷,鄭州,河南人民出版社,2000,第116頁。

容。「至德」是用作道德的根本；「敏德」是及時行仁義之德；「孝德」是能有制止犯上作惡之德。周代禮樂文化強調個體的倫理道德修養，重視對貴族子弟倫理道德規範的薰陶，在對待審美藝術的態度上，自然留下深深的倫理道德的烙印。周人認為，一種藝術是否為美，不在於它的外在形式具有多少美感，而要看它是否是倫理道德（即善）的一種表現形式。敏澤說：「我國古代美學思想在進入文明時期，特別是在周之禮樂制時期，本來就與宗法制的道德倫理關係（『善』）緊密相聯繫，不可分割。如前所述。這是中國美學思想發展的一個最根本的特點和規律。」[52]這是非常準確的論斷。當然，周代禮樂文化中也並沒有認為美和善是同一的東西，否則就不會把它們對舉了。善是一種內在的理性的倫理道德，具有現實功利性，但美還是要具有外在的感性形式和感官愉悅性，二者是不同的。西周中期至春秋中後期的禮樂文化，既強調美，又重視善，在美學上就表現出一種「美善統一」的美學精神，而這種美學精神在藝術創作上就體現為一種「美善相樂」的藝術精神。

《左傳‧襄公二十九年》記載，吳國公子季札聘問魯國，請求觀賞周樂，主人讓樂工為其演奏各地的《風》詩及大小《雅》詩和《頌》詩：

> 請觀於周樂。使工為之歌《周南》《召南》，曰：「美哉！始基之矣，猶未也。然勤而不怨矣。」為之歌《邶》《鄘》《衛》，曰：「美哉，淵乎！優而不困者也。吾聞衛康叔、武公之德如是，是其《衛風》乎？」為之歌《王》，曰：「美哉！思而不懼，其周之東乎？」為之歌《鄭》，曰：「美哉！其細已甚，民

---

52 敏澤：《中國美學思想史》第1卷，濟南，齊魯書社，1987，第150頁。

弗堪也，是其先亡乎！」為之歌《齊》，曰：「美哉，泱泱乎，大風也哉！表東海者，其大公乎！國未可量也。」為之歌《豳》，曰：「美哉，蕩乎！樂而不淫，其周公之東乎？」為之歌《秦》，曰：「此之謂夏聲。夫能夏則大，大之至也，其周之舊乎？」為之歌《魏》，曰：「美哉！渢渢乎！大而婉，險而易，行以德輔，此則明主也。」……為之歌《小雅》，曰：「美哉！思而不貳，怨而不言，其周德之衰乎？猶有先王之遺民焉。」為之歌《大雅》，曰：「廣哉，熙熙乎！曲而有直體，其文王之德乎？」……見舞《象箾》《南籥》者，曰：「美哉！猶有憾。」見舞《大武》者，曰：「美哉！周之盛也，其若此乎？」見舞《韶濩》者，曰：「聖人之弘也，而猶有慚德，聖人之難也。」見舞《大夏》者，曰：「美哉！勤而不德，非禹其誰能修之？」見舞《韶箾》者，曰：「德至矣哉！大矣，如天之無不幬也，如地之無不載也，雖甚盛德，其蔑以加於此矣。觀止矣！若有他樂，吾不敢請已！」

魯國樂工在這裡給季札演奏和表演的周樂，主要有「二南」、《邶風》《鄘風》《衛風》《鄭風》《齊風》《大雅》《小雅》《大武》《大夏》《韶濩》，等等。這些周樂都是周代禮樂文化中的雅樂[53]。周代的雅樂雖然包含審美的成分，也能給人以審美的享受，但是大多數雅樂旋律平直簡單，節奏舒緩散漫，音調和諧優柔。因為對於周代統治者來說，雅

---

53 周初的雅樂體系主要以「六代舞」為主體，隨著周代禮樂制度的進一步發展，雅樂的範圍也擴大到包括所有周代詩歌在內的大、小《雅》詩和《頌》詩，到了西周中後期，周代的雅樂範圍進一步擴大，十五國風也進入了雅樂系統。《周禮・春官・太師》記載太師教國子「風、賦、比、興、雅、頌」等。《儀禮・鄉飲酒禮》中使用「二南」頻繁。這也說明部分「國風」進入了周代的雅樂系統。（參見王秀臣：《周代禮制的嬗變與雅樂內涵的變化》，《社會科學輯刊》2005年第4期。

樂的重要性並不在於它具有多少審美愉悅性，而是要作為統治者的統治工具，是用來作為教化人民、馴服人民的手段。因此，季札在觀賞周樂時，雖然多次發出「美哉」的讚歎，但他始終不忘用道德評判的尺度來牽制美。他所認為的美或贊同的美，並不是純審美意義上的美，而是一種與國事、盛德密切相關的美。「樂」不僅僅是作為純藝術觀賞的對象，而是帶有濃厚的政治、倫理、道德的氣息，既是美的，也是善的。因此，在季札看來，某些周樂儘管能夠盡美，但往往不能盡善，比如，《周南》《召南》「美哉！始基之矣，猶未也」，就是說《周南》《召南》二者已經「盡美」了，但未「盡善」，當然它也表現「善」了，只是未「盡善」；《象箾》《南籥》是「美哉！猶有憾」，也是未能「盡善」。只有既「盡善」又「盡美」的「樂」（藝術）才能達到完美的境地，才是周代禮樂文化所推崇的最高藝術形態。季札認為《韶箾》「德至矣哉」，就達到了這種美善統一的境地，所以他說：「觀止矣！若有他樂，吾不敢請已！」季札對周樂作出「美善統一」的評價，這是周樂表現出來的一種美學精神，而這種美學精神正是西周至春秋時期禮樂文化中藝術創作上的「美善相樂」的藝術精神在藝術作品中的一種美學體現。

　　《國語・楚語上》也記載了一段楚大夫伍舉和楚靈王論美善的文字：

> 靈王為章華之臺，與伍舉升焉，曰：「臺美夫！」對曰：「吾聞國君服寵以為美，安民以為樂，聽德以為聰，致遠以為明，不聞其以土木之崇高彤鏤為美，而以金石匏竹之昌大囂庶為樂；不聞其以觀大、視侈、淫色以為明，而以察清濁為聰也。先君莊王為匏居之臺，高不過望國氛，大不過容宴豆，木不妨守備，用不煩官府，民不廢時務，官不易朝常……今君為此臺

也，國民罷焉，財用盡焉，年穀敗焉，百官煩焉，舉國留之，數年乃成。願得諸侯與始升焉，諸侯皆距，無有至者。而後使大宰啟疆請於魯侯，懼之以蜀之役，而僅得以來。使富都那豎贊焉，而使長鬣之士相焉，臣不知其美也。夫美也者，上下、內外、小大、遠近皆無害焉，故曰美。若周於目觀則美，縮於財用則匱，是聚民利以自封而瘠民也，胡美之為？夫君國者，將民之與處；民實瘠矣，君安得肥？且夫私欲弘侈，則德義鮮少，德義不行，則邇者騷離，而遠者距違。天子之貴也，唯其以公侯為官正，而以伯子男為師旅。其有美名也，唯其施令德於遠近，而小大安之也。若斂民利以成其私欲，使民蒿焉忘其安樂，而有遠心，其為惡也甚矣，安用目觀？」

楚國地處漢水流域，是個遠離宗周的南方國家，但它也是宗周的一個地方諸侯國。《史記‧周本紀》說：「昭王之時，王道微缺，昭王南巡狩不返，卒於江上。其卒不赴告，諱之也。」《古本竹書紀年》中亦載：「昭王十六年，伐楚荊，涉漢，遇大兕。」經過周王朝數次的大規模征伐，楚國最終也臣屬於周王朝，成為周王朝統治時期南方最強大的諸侯國。楚國的文化具有地方特色，但它在政治上臣屬於周王朝，其文化形態勢必受到影響，特別是楚國的官方文化深受周代禮樂文化的影響。周代禮樂文化的文化精神和藝術精神也深深地影響著楚國的文化藝術的精神。當楚靈王在章華建成了雄偉華麗的靈臺，並登臺大加稱頌「臺美」時，他的大臣伍舉就此發表了一通議論。這是中國歷史上最早的、最著名的關於美與善之關係的論述。在伍舉看來，美不僅僅是形式上的「土木之崇高彤鏤」，「金石匏竹之昌大囂庶」；也不僅是審美個體感官上得到的「觀大、視侈、淫色」，更主要的是其形式中要具有道德內容，要「服寵」「安民」「聽德」「致遠」；等

等。一句話，「夫美也者，上下、內外、小大、遠近皆無害焉，故曰美。」「美」是什麼？「美」就是「無害」，而「無害」就是「善」。因此，美不是純自然的形態，不是純感官的享受，而是與善密切相關。總之，伍舉認為，美與倫理道德相關，美要與善統一，要「美善相樂」。而這種美學精神正是周代禮樂文化中藝術創作上的「美善相樂」的藝術精神在作品上最直接的體現。

西周中期至春秋中後期的禮樂文化中，美與善緊密地聯繫在一起，美善統一，在美學上表現出「美善統一」的美學精神，在藝術創作上體現為「美善相樂」的藝術精神。所以《禮記・樂記》說：「樂者，非謂黃鐘、大呂、絃歌、干揚也，樂之末節也，故童者舞之。鋪筵席，陳尊俎，列籩豆，以升降為禮者，禮之末節也。」就批判那種認為禮和樂只徒具外在形式美，而不需要內在善的觀點。只有那種具有內在的善與外在的美相統一的禮樂才是完美的，這樣的禮樂才具有既有內美又有外美的美。《論語・八佾》曰：「子謂《韶》：『盡美矣，又盡善也。』謂《武》：『盡美矣，未盡善也』。」《武》樂是歌頌周武王伐紂滅商之戰功的樂舞。這種樂舞場面闊大宏偉，氣勢磅礴雄壯，藝術形式上給人以審美感性的愉快和享受，但是它表現的內容卻是周武王依靠武功得天下，儘管他是以有道伐無道，但畢竟充滿著濃重的血腥味，未能達到至善至美的境地。因此，《武》樂是「盡美矣，未盡善也」。顯然，這與《武》樂的創作時間和創作目的有關。《武》樂是在西周初期，為表現周武王伐紂滅商的武功而創作的，因此，樂舞中充滿著狂熱的戰爭激情和對武王戰功的崇拜，未能在內容上「盡善」，明顯地體現出西周初期藝術創作上那種「質野情濃」的藝術精神。《韶》樂是歌頌舜帝德昭天下的樂舞。《禮記・樂記》曰：「韶，繼也。」「繼」，即繼承之意，舜帝繼承堯志，以禪讓得天下，又以禪讓傳天下，以美德服人，是至善的也是至美的。《韶》樂的樂舞場面

宏大，鐘鼓齊鳴，動作舒緩，聲調平和，內容與形式完美統一，令人陶醉，因此是盡美的，也是盡善的，可謂「美善相樂」。需要說明的是，《韶》樂雖然是虞舜時代的樂舞，但在進入周代雅樂系統時，可能經過周代樂師的改造，無論是其內容還是其形式，都完全符合周代的禮樂規範和周代貴族統治者的審美要求。正因為如此，季札在觀賞《韶》樂後讚美到：「德至矣哉！」「觀止矣！若有他樂，吾不敢請已！」孔子在欣賞到《韶》樂後，竟如癡如醉，「三月不知肉味」[54]，全身心地沉浸在美的享受中。當然，在西周至春秋時期的禮樂文化中，在美學上重視內容和形式的完美統一，在藝術創作上強調美善相樂，這是符合藝術的規律的。但是過度地強調美善相樂或美善統一，就會出現以善作為美的根本標準甚至唯一標準的絕對現象，其極端化的結果就是：只要是善的，就是美的；美就是善，善就是美，美與善同一了。比如，《禮記‧學記》說：「君子知至學之難易而知其美惡，然後能博喻。」《禮記‧大學》亦說：「故好而知其惡，惡而知其美者，天下鮮矣。」都是直接把美與惡對舉，實際上應是善與惡對舉，這就相當於把美與善等同了。這種極端化的美善同一的觀點，過分強調善，那麼審美作為藝術的本質屬性這一點，就會被泯滅掉，而這是不符合藝術規律的。

綜上所述，在西周中期至春秋中後期的禮樂文化中，在藝術創作上體現出一種「美善相樂」的藝術精神，這種藝術精神是中國早期的典型的藝術精神之一。就對待美與善的關係的態度上，它與西方古代的藝術精神表現出巨大的差異。西方藝術精神側重於追求外在的真、形式的和、色彩的美，如對雕像維納斯純粹肉體線條美的崇拜，對自然情愛的謳歌，對特洛伊戰爭中英雄人物的歌頌，則是不帶有任何道

---

54 《論語‧述而》。

德理想和社會意義的審美追求。而中國藝術精神則與此不同，它表現出對內在的善、情理的和、人格的美的強烈追求，哪怕是一首山水詩，一幅花鳥畫，一支小樂曲都傳遞著一定的社會情感和道德意志。藝術不僅僅只是具有表達情感、愉悅情懷的形式美，更主要的是「聲音之道與政通矣」，功利性或善成了衡量藝術價值的準繩。[55]周來祥說：「古典和諧理想，總是要求真善美和諧、勻衡地整合在一起，但由於中西藝術的側重點不同，偏於表現的藝術，強調美善結合，偏於再現的藝術，強調美真統一。中國古典藝術是偏於表現的，中國古典美學也是偏於倫理學和心理學的美學。它總是把美同人、社會、倫理道德聯繫起來，強調美善結合。」[56]正道出了中西藝術精神對美善關係的本質區別。「美善相樂」的藝術精神一直是中國古代審美藝術顯現的一個極為顯著的特點，究其根源則最早可以追溯到周代禮樂文化中藝術創作上的「美善相樂」的藝術精神上。

第四節　趨情致美
——春秋末期至戰國末葉的藝術創作

　　春秋末期至戰國末葉，是中國歷史上自夏代就開始的奴隸制社會，經過漫長的歷史發展向封建制社會轉型的大變革時期。在這一時期，由於鐵器的廣泛使用和農業上牛耕的大量普及，生產力大幅度提高，社會迅速發展，文明大步跨越。奴隸制社會體制結構開始解體，封建制生產關係取代奴隸制生產關係將成為歷史的必然。激烈的轉化

---

55 參見柳肅：《禮的精神——禮樂文化與中國政治》，長春，吉林教育出版社，1990，第146頁。
56 周來祥：《古代的美近代的美現代的美》，長春，東北師範大學出版社，1996，第113-114頁。

過程，狂風暴雨般地席卷著整個中原大地，引起整個社會的大動盪。諸侯大國的爭霸戰爭，愈演愈烈，處於大國夾縫中生存的一些小國朝不保夕，隨時可能被兼併。攻城掠地，戰火連年，伏屍百萬。司馬遷在《史記・六國年表》中說，戰國時代是「海內爭於戰功矣……務在強兵並敵，謀詐用而從衡短長之說起。矯稱蜂出，誓盟不信，雖置質剖符猶不能約束也。」《莊子・在宥》說：「今世殊死者相枕也，桁楊者相推也，刑戮者相望也。」《孟子・離婁上》說：「爭地以戰，殺人盈野；爭城以戰，殺人盈城，此所謂率土地而食人肉，罪不容於死。」等等，正是當時社會現實的真實寫照。

在這樣的社會轉型時期，激烈的社會動盪必然促使意識形態內思想解放潮流的興起。這一思想解放潮流非常突出地表現在理性精神、無神論思想和懷疑論思想的興起和發展上。過去西周時期和春秋初期對天命的遵從和對至高無上的鬼神的崇拜，初露出動搖的苗頭，現在則已發生了根本的動搖。人的自我意識逐漸地從原始宗教束縛中覺醒，人的理性精神日益凸顯出來，人的自我價值日益得到尊重和實現。《左傳・昭公十八年》記載：夏五月，有大火星出現在黃昏時的天空中，後來刮起了大風，宋、衛、陳、鄭四國都發生了火災。鄭國人請求聽從大夫裨灶用玉器來祭祀以避災的意見，鄭大夫子產對此不以為然，說：「天道遠，人道邇，非所及也，何以知之？灶焉知天道？是亦多言矣，豈不或信？」子產認為，天道遠，人道近，兩者不相關，怎能由天道而知人道呢？他把裨灶說中火災的原因歸結為裨灶說多了，偶然說中罷了，結果鄭國沒再祭祀，也沒再發生火災。這一時期，不僅神的地位發生了根本性的動搖，君民關係也發生深刻的變化，民的地位大大提高，甚至提高到至上的地位。《孟子・盡心下》說：「民為貴，社稷次之，君為輕。」就把歷來處於社會最下層的民眾地位提高到社會的最上層，甚至超過了君王的地位，這是史無前例

的。墨家代表人物墨子也提出「兼相愛，交相利」[57]的人與人之間相
處的原則。他反對屠殺奴隸，對奴隸主殺殉提起強烈的控訴：「天子
殺殉，眾者數百，寡者數十。將軍大夫殺殉，眾者數十，寡者數
人。」[58]總之，春秋末期至戰國末葉，隨著社會的迅速發展和思想解
放潮流的興起，人的自我意識逐漸覺醒，人的地位和價值日益提高和
凸顯。

　　在這樣的一種社會環境中，周代禮樂文化和禮樂制度賴以生存的
文化土壤業已流失殆盡，禮樂文化和禮樂制度的政治文化精神逐漸喪
失，在複雜的「國際紛爭」中和思想解放的潮流中，周代禮樂制度已
然全面走向崩潰。在科學文化領域，由於當時社會生產力的迅猛發展
和社會分工帶來手工業和商業的進一步發展，科學、文化、藝術的發
展和繁榮有了更堅實的物質基礎。過去貴族統治階級壟斷的教育也被
私學教育部分地取代，越來越多的社會下層人民獲得了教育機會，因
而產生了一大批專門進行精神生產的知識分子。因此，思想解放潮流
的興起，周代禮樂文化的衰退，社會發展的迅猛進步，知識分子的大
量湧現，等等這一切，都為春秋末期至戰國末葉的審美思潮的發展帶
來新的變化。

　　首先，在這一時期，審美的道德化束縛被全面突破，愛美之風大
為盛行，人們極力追求感官上的審美享受和個人消遣娛樂的快適，這
比以往任何時期都要表現得更為突出和普遍。這時期人們的道德觀念
日益淺薄，那些嚴守傳統道德的人反而顯得迂腐和過時。而上述現象
早在春秋後期就已產生，孔子曾深有感觸地說：「吾未見好德如好色
者也。」[59]孔子為什麼這麼說呢？我們只要聯繫他言說此話的背景，

---

57 《墨子・兼愛中》。
58 《墨子・節葬下》。
59 《論語・子罕》。

就會深知其中的原因。《史記・孔子世家》記載：

> 靈公夫人有南子者，使人謂孔子曰：「四方之君子不辱欲與寡
> 君為兄弟者，必見寡小君。寡小君願見。」孔子辭謝，不得已
> 而見之。夫人在絺帷中。孔子入門，北面稽首。夫人自帷中再
> 拜，環佩玉聲璆然……居衛月餘，靈公與夫人同車，宦者雍渠
> 參乘，出，使孔子為次乘，招搖市過之。孔子曰：「吾未見好
> 德如好色者也。」於是醜之，去衛，過曹。

南子是衛靈公夫人，有淫名，以美貌名聞天下。孔子拜見她時，她在
細葛布做的帷帳之中，影影綽綽；南子還禮時，身上的玉佩也發出丁
丁零零的清脆悅耳的聲音，結果弄得孔子不能自若。後來「靈公與夫
人同車」出行，又讓「孔子為次乘」，「招搖市過之」。這一切都說明
春秋後期，周代的禮樂制度喪失殆盡，一些違「禮」現象大量出現，
人們完全突破了倫理道德的束縛，去追求官能上的審美享受，愛美
（包括美色）之心遠遠勝過了修德之心。孔子正是在這種複雜的心情
下，站在維護和恢復「周禮」、修德修心的立場上，才發出這樣的無
可奈何的感歎：「吾未見好德如好色者也。」（我從沒見過喜愛德行如
同喜愛美色一樣的人呢！）《論語・微子》曰：「齊人歸女樂，季桓子
受之，三日不朝，孔子行。」齊國人贈送善歌舞的美女給季桓子，季
桓子沉迷於女樂的表演中，一連幾天都不上朝，孔子為此而辭行。這
些都說明了春秋戰國之際審美思潮發展的新變化，西周和春秋時期的
「美善相樂」的審美觀念，現在已經被「唯美」「至美」的審美觀念
所取代。戰國時期，這種愛美之風更為盛行，《荀子・非相》說：

> 今世俗之亂君，鄉曲之儇子，莫不美麗姚冶，奇衣婦飾，血氣

　　態度擬於女子；婦人莫不願得以為夫，處女莫不願得以為士，
　　棄其親家而欲奔之者，比肩並起。

在戰國這個混亂的時代，擾亂社會秩序的男子，鄉野裡的輕薄男子，
打扮得漂亮妖豔，奇裝異服，神情態度像女子；而這樣的人，婦人願
意他成為自己的丈夫，少女希望他成為自己的未婚夫，拋家私奔他的
人，比比皆是。這正是戰國時期的愛美之風盛行的真實寫照。《荀
子・樂論》也有類似的描述：「亂世之征，其服組，其容婦，其俗
淫，其志利，其行雜，其聲樂險，其文章匿而採⋯⋯治世反是也。」
也準確地說明了戰國這個混亂時代的審美特徵：人們服飾豔麗，打扮
妖豔，女人是如此，連男人也跟著如此；社會風俗淫亂，人們唯利是
圖，行為惡劣，音樂上表現出喜歡邪僻，文章上表現出內容邪惡、辭
采華麗，總之，各個方面都表現出新奇豔麗之美來。這些都說明，戰
國時代的審美風尚的主流是「唯美」、「至美」。

　　其次，與愛美之風盛行相聯繫的是這一時期的審美思潮中還出現
縱情的現象。在這一時期，由於長期以來人們一直在情感表達上受到
周代傳統禮樂文化的道德倫理束縛和壓制，現在一旦突破，不再受到
或較少受到這種束縛，在情感表達上就更為自由和放達。人們通過情
感上的自由宣洩和抒發，獲得心理上的平衡，並從中得到愉快和美的
享受。《荀子・非十二子》中說：

　　縱情性，安恣睢，禽獸行，不足以合文通治；然而其持之有
　　故，其言之成理，足以欺惑愚眾，是它囂、魏牟也。

荀子站在儒家的倫理道德立場上，對戰國時人它囂和魏牟等人的縱情
態度進行嚴厲的非難。這就可以從側面了解到，戰國時人確實張揚和

放縱情感，這是春秋前期和西周時期所無法比擬的。但是，戰國時代儒家節情的思想始終對縱情派進行排斥和打壓。因此，戰國時代的縱情現象並沒有在社會上大肆盛行，直到魏晉時期，縱情觀才盛行於世，不過戰國時代的縱情現象表現得還是相當突出。《列子‧楊朱》說：「楊朱曰：百年，壽之大齊。得百年者千無一焉。設有一者，孩抱以逮昏老，幾居其半矣。夜眠之所弭，晝覺之所遺，又幾居其半矣。痛疾哀苦，亡失憂懼，又幾居其半矣。量十數年之中，逌然而自得亡介焉之慮者，亦亡一時之中爾。則人之生也奚為哉？奚樂哉？為美厚爾，為聲色爾。」又說：「恣耳之所欲聽，恣目之所欲視，恣鼻之所欲向，恣口之所欲言，恣體之所欲安，恣意之所欲行。」這裡，列子借楊朱之口說，人的一生是短暫的，除去嬰兒、睡眠、老年和痛疾哀苦、亡失憂懼，真正歡樂的日子並不多，所以人生要盡情地滿足「恣耳」、「恣目」、「恣鼻」、「恣口」等各種情慾要求。顯然，這是典型的縱情論思想。列子是戰國時代的人，《莊子》中多次提到他，還有專篇《列禦寇》。《呂氏春秋‧不二》稱「子列子貴虛」。《漢書‧藝文志》著錄《列子》八篇。據有的學者考證，今本《列子》是後人偽作，其《楊朱》篇也是魏晉時人的偽作。我們姑且這麼認為。那麼，我們要問，為什麼以追求縱情適意的生活而著稱的魏晉人，要偽託戰國時人來作這篇文章呢？對此我們認為，這是因為戰國時代和魏晉時代在縱情這一點上頗為相似。這就從一個側面恰好說明，戰國時代也是一個解放情感、張揚情感的時代。彭亞非說：「周人重視情，並不等於主張情感的放縱，可是春秋之後，這種現象確實是存在的⋯⋯我們從春秋以後周人在飲酒上的失控也可感覺到這一點。我們知道，周立國時禁酒，可至春秋時酒禁實際上已除。戰國時人更是好狂飲，常縱酒，以至於不得不以號令為禁。」[60]這是對春秋後期和戰國時期的

---

60 彭亞非：《華夏審美風尚史》第2卷，鄭州，河南人民出版社，2000，第317頁。

時代特徵很深刻的認識。《列子‧楊朱》中就記有這樣的事例：鄭大夫子產有兩個兄弟，其兄名朝，其弟名穆，「朝好酒，穆好色。朝之室也聚酒千鐘，積麴成封，望門百步糟漿之氣逆於人鼻。方其荒於酒也，不知世道之安危……穆之後庭比房數十，皆擇稚齒婑媠者以盈之。方其耽於色也，屏親昵，絕交遊，逃於後庭，以畫足夜；三月一出，意猶未愜。」這就說明，春秋後期以降，貴族階級沉溺於酒色之中，對情感的放縱達到了相當高的程度。總之，春秋末期至戰國時期，由於周代禮樂制度的衰退，人的自我意識的覺醒，理性精神的進一步解放，這一切使得這一時期個體的情感得到解放和放縱。與此之前的時代相比，這是一個「主情」「縱情」的時代。

　　既然春秋末期至戰國時期的審美思潮發生巨大的變化，「縱情」「愛美」成為審美意識的主流，那麼這一變化必然給這一時期的文學藝術的發展帶來新的變化。這種新的變化體現在這一時期的藝術創作上，就是審美的倫理道德化被全面突破，創作主體的情感更加能夠自由抒發，藝術創作更趨向於一種純審美性，不再受道德倫理的牽制。藝術作品更能表情達意，更具有藝術感染力。《莊子‧田子方》中記載了一則「宋元君畫史」的故事。那位畫史為宋元君作畫，姍姍來遲，不拘禮法，領旨受命後就返回自己的處所，袒胸露體，率性而作，盡情地揮毫潑墨。宋元君稱他為「真畫者」。可以說，「趨情致美」是這一時期藝術創作上的一個顯著特點，也是春秋末期至戰國末葉藝術創作中體現出的一種藝術精神。這種藝術精神尤其體現在春秋末期至戰國末葉的新聲、新樂的創作上。由於這些新聲的創作擺脫了傳統禮樂思想的束縛，拋棄了倫理道德對樂舞的制約和規定，以追求耳目視聽享受為目的，因此極具有藝術感染力。從上層的奴隸主國君到下層的新興的封建主，都對傳統的中正平和的雅樂感到厭煩，而對悅耳悅目的新聲、新樂表示極大的興趣。《韓非子‧十過》中就有這

樣的記載：

> 昔者，衛靈公將之晉，至濮水之上，稅車而放馬，設舍以宿，夜分，而聞鼓新聲者而說之，使人問左右，盡報弗聞。乃召師涓而告之曰：「有鼓新聲者，使人問左右，盡報弗聞，其狀似鬼神，子為我聽而寫之。」師涓曰：「諾。」因靜坐撫琴而寫之。師涓明日報曰：「臣得之矣，而未習也，請復一宿習之。」靈公曰：「諾。」因復留宿，明日而習之，遂去之晉。晉平公觴之於施夷之臺，酒酣，靈公起曰：「有新聲，願請以示。」平公曰：「善。」乃召師涓，令坐師曠之旁，援琴鼓之。未終，師曠撫止之，曰：「此亡國之聲，不可遂也。」平公曰：「此道奚出？」師曠曰：「此師延之所作，與紂為靡靡之樂也，及武王伐紂，師延東走，至於濮水而自投，故聞此聲者必於濮水之上。先聞此聲者其國必削，不可遂。」平公曰：「寡人所好者音也，子其使遂之。」師涓鼓究之。平公問師曠曰：「此所謂何聲也？」師曠曰：「此所謂清商也。」公曰：「清商固最悲乎？」師曠曰：「不若清徵。」公曰：「清徵可得而聞乎？」師曠曰：「不可，古之聽清徵者，皆有德義之君也，今吾君德薄，不足以聽。」平公曰：「寡人之所好者音也，願試聽之。」師曠不得已，援琴而鼓。一奏之，有玄鶴二八道南方來，集於郎門之垝；再奏之，而列；三奏之，引頸而鳴，舒翼而舞，音中宮商之聲，聲聞於天。平公大說，坐者皆喜。平公提觴而起，為師曠壽。反坐而問曰：「音莫悲於清徵乎？」師曠曰：「不若清角。」平公曰：「清角可得而聞乎？」師曠曰：「不可，昔者黃帝合鬼神於西泰山之上，駕象車而六蛟龍，畢方並轄……鳳皇覆上，大合鬼神，作為清角。今主君

德薄，不足聽之，聽之，將恐有敗。」平公曰：「寡人老矣，
所好者音也，願遂聽之。」師曠不得已而鼓之。一奏之，有玄
雲從西北方起；再奏之，大風至，大雨隨之，裂帷幕……晉國
大旱，赤地三年。平公之身遂癃病。

衛靈公和晉平公都是春秋末期的奴隸主君主。這段文字對他們「好
音」的描述披上了一層神秘的神話傳說的面紗，撩開這層神秘的面
紗，從他們對新聲的欣賞態度中，我們可以看出當時人們已經不滿足
於對傳統雅樂的欣賞，而追求一種與雅樂中正平和的情感和美感不同
的曲調。衛靈公在濮水之上「聞新聲而說之」，召師涓「聽而寫之」，
並「願請以示」晉平公。晉平公一再聲稱「寡人所好者音也」，越是
悲的曲調，越是不顧樂師的竭力勸諫，幾次三番地堅持要求樂師為他
演奏，哪怕「聽之將恐有敗」，付出巨大的代價，也「願遂聽之」。為
什麼他們如此喜愛和癡迷於這些新聲和悲曲呢？就是因為這些新聲和
悲曲是創作者把自己的真切情感、人生體驗和審美感受滲透在作品之
中，因而能感人至深，給人以審美的享受。西周時期和春秋前期的雅
樂（藝術）也滲透有作者的情感，但是這種情感受到節制，是「哀而
不傷」，「哀」的情感還沒有到「傷」的程度，這是符合中正平和的原
則的。過去被排斥在美感之外的「傷」的情感，現在卻極具感染力。
悲傷的情感愈是滲透到曲調中，曲調愈是顯得悲哀；曲調愈是悲哀，
愈是感人至深，這是與人的心理感受有關，而悲到極點，也就美到了
極點。可見，從春秋末期起，直到戰國末葉，藝術創作上就注重創作
者的情感的滲入和藝術的審美性。「趨情致美」是這一時期藝術創作
上體現出的一種典型的藝術精神。

　　春秋末期至戰國末葉，不僅在藝術創作上體現出「趨情致美」的
藝術精神，而且在樂器的製造上，也體現出這種藝術精神。《國語・

周語下》中說：

> （周景王）二十三年，王將鑄無射，而為之大林。單穆公曰：
> 「不可……且夫鐘不過以動聲，若無射有林，耳弗及也。夫鐘
> 聲以為耳也，耳所不及，非鐘聲也……是故先王之制鐘也，大
> 不出鈞，重不過石。律度量衡於是乎生，小大器用於是乎出，
> 故聖人慎之。今王作鐘也，聽之弗及，比之不度，鐘聲不可以
> 知和，制度不可以出節，無益於樂，而鮮民財，將焉用之！夫
> 樂不過以聽耳，而美不過以觀目，若聽樂而震，觀美而眩，患
> 莫甚焉……」王弗聽，問之伶州鳩。對曰：「……臣聞之，琴
> 瑟尚宮，鐘尚羽，石尚角，匏竹利制，大不逾宮，細不過羽。
> 夫宮，音之主也，第以及羽。聖人保樂而愛財，財以備器，樂
> 以殖財，故樂器重者從細，輕者從大。是以金尚羽，石尚角，
> 瓦、絲尚宮，匏、竹尚議，革、木一聲……今細過其主，妨於
> 正；用物過度，妨於財；正害財匱，妨於樂。細抑大陵，不容
> 於耳，非和也。聽聲越遠，非平也。妨正匱財，聲不和平，非
> 宗官之所司也。」……王不聽，卒鑄大鐘。二十四年，鐘成，
> 伶人告和。王謂伶州鳩曰：「鐘果和矣。」對曰：「未可知
> 也。」……二十五年，王崩，鐘不和。

周景王是春秋末期的周天子，景王時期的東周王室已經很衰微，內憂
外患，王朝統治的大廈搖搖欲墜，但是貴族統治階級的享受要求卻有
增無減。景王二十三年時，他打算鑄造合於「無射」音律的樂器，建
成一套八枚以上具有八度以上音域的編鐘，[61]以滿足自己的奢聽新樂

---

61 參見于民：《春秋前審美觀念的發展》，北京，中華書局，1984，第156頁。

的審美欲求，結果遭到大臣單穆公和樂官伶州鳩的反對。單穆公認
為，「樂不過以聽耳，而美不過以觀目」，先王制鐘「大不出鈞，重不
過石」，符合中正平和的律度要求；而今王制鐘「聽之弗及，比之不
度，鐘聲不可以知和」，已經和先王制鐘的標準和要求不同了。實際
上，周景王和先王制鐘出現不同，其原因是周景王制鐘的目的完全是
滿足自己的審美需求，「致美」是制鐘的最高原則，而不管它是否符合
合中正平和的律度等。一套八枚以上具有八度以上音域的編鐘演奏起
來，其樂調更具有美感和藝術感染力，更能給人以美的享受。一九七
八年三月，戰國初期的曾侯乙墓在湖北省隨縣城關鎮被發現，在隨後
的發掘中，出土了大量的樂器。這些樂器分為打擊樂器、彈撥樂器和
吹奏樂器三類，有編鐘、編磬、鼓、瑟、琴、笙、排簫、篪等共一百
多件，其中尤以編鐘、編磬的數量較多。編鐘一架，有鐘六十五件，
分上、中、下三層八組，演奏工具8件；編磬一架，有磬三十二件，
分上、下兩層懸掛，每層十六件。[62]如此數量眾多、種類繁多的樂器
說明春秋戰國時期，中國的音樂藝術已經達到很高的水準，那時就已
經具有了旋宮轉調的十二半音及八度音程、七聲音階，能夠演奏複雜
的和聲和複調樂曲了。春秋戰國時期的演奏樂曲曲調優美，節奏和
諧，具有極強的美感和藝術感染力。這當然與這一時代擺脫傳統的禮
樂制度和禮樂思想的束縛，對藝術的審美性的追求密切相關。

　　《禮記・樂記》中也載有一段魏文侯「聽樂」及他和子夏論樂的
文字：

　　　　魏文侯問於子夏曰：「吾端冕而聽古樂，則唯恐臥。聽鄭衛之
　　　　音，則不知倦。敢問古樂之如彼，何也？新樂之如此，何

---

62 湖北省博物館編：《曾侯乙墓》上冊，北京，文物出版社，1989，第75頁。

也?」子夏對曰:「今夫古樂,進旅退旅,和正以廣,弦匏笙
簧,會守拊鼓,始奏以文,復亂以武,治亂以相,訊疾以雅,
君子於是語,於是道古,修身及家,平均天下,此古樂之發
也。今夫新樂,進俯退俯,奸聲以濫,溺而不止,及優、侏
儒,獿雜子女,不知父子,樂終不可以語,不可以道古,此新
樂之發也。今君之所問者樂也,所好者音也。夫樂者,與音相
近而不同。」

魏文侯是戰國初期魏國的創始人,在位五十一年,他曾尊孔子的學生
子夏為師。這裡,魏文侯說他穿著玄端服,戴著官冕恭敬地聽古樂,
生怕打瞌睡,而聽鄭衛的音樂,卻不知疲倦。為什麼會這樣呢?魏文
侯不解個中緣由,子夏給他作了解釋。從子夏的解釋中,我們可以看
到:古樂的舞蹈動作整齊劃一,缺少變化;古樂演奏時使用各種樂器
有嚴格的順序,以擊鼓開始,以擊鐃結束,千篇一律,情感表達也適
中平和,沒有高昂和低落。因此,古樂形式上,缺少變化,容易使人
產生厭倦的情緒,不能給人以美感;在內容上,古樂要「道古,修身
及家,平均天下」,要承載一定的倫理道德內涵。而新樂(鄭衛之
音)的舞蹈動作、舞蹈姿勢卻沒有一定的規定,彎腰屈體,可以根據
情感的需要任由表演者自由變化和發揮,因而極富有美感;新樂的歌
和曲也充滿情感,自由抒唱,極具藝術感染力。這是因為新樂不是以
「道古」為目的,新樂的創作就是為了宣洩情感,給人以純審美的享
受。「鄭音好濫淫志,宋音燕女溺志,衛音趨數煩志,齊音敖闢喬
志。此四者,皆淫於色而害於德。」鄭衛之音創作的目的就是為了滿
足人們對聲色的享受欲求,使人獲得情感上的愉悅。這就難怪魏文侯
「端冕而聽古樂,則唯恐臥。聽鄭衛之音,則不知倦」。可見,新樂
(鄭衛之音)在藝術創作時,更注重創作主體情感的表達,在藝術形

式上更趨向於審美性，因而極具有藝術感染力，使人欣賞時感覺耳目一新，獲得審美的享受。[63]

　　總之，春秋末期至戰國末葉，是中國奴隸制崩潰瓦解，逐步向封建制過渡的時期。由於生產工具的改進，尤其是鐵器的廣泛使用，社會生產力大為發展。舊有的生產關係不能再適應新生產力的發展要求，但又不願立即退出歷史的舞臺，這就產生激烈的衝突。激烈的社會動盪是這一時期最典型的時代特徵。在這種社會政治形勢中，周代的禮樂制度和禮樂文化已經失去了它生存的土壤環境，雅樂（藝術）的衰退也就成了歷史的必然。人的意識也逐漸覺醒，一股新的思想解放潮流蓬勃興起。這一切必然給春秋末期至戰國末葉的審美思潮的發展帶來新的變化，「縱情」和「愛美」是這一時期審美意識的主流，審美不再作為倫理道德的附庸和工具，感官上的審美享受和快適成為人們的審美追求。這就必然給這一時期的藝術創作帶來新的變化，表現出一些新特點，它明顯地不同於此前藝術創作上的特點。對此，我們可以用「趨情致美」一詞來概括。總之，「趨情致美」是這一時期藝術創作上的特點，也是這一時期藝術創作上體現的典型的藝術精神。

---

63 《孟子・梁惠王下》：「莊暴見孟子，曰：『暴見於王，王語暴以好樂，暴未有以對也。』曰：『好樂何如？』孟子曰：『王之好樂甚，則齊國其庶幾乎！』他日見於王曰：『王嘗語莊子以好樂，有諸？』王變乎色，曰：『寡人非能好先王之樂也，直好世俗之樂耳。』」這裡，齊宣王也說：「非能好先王之樂也，直好世俗之樂耳。」可見，春秋戰國時期，愛好「新聲」（世俗之樂）不是個別的現象，而是普遍的現象，這也足見「新聲」確實能滿足人們審美的需要，使人獲得情感上的愉悅。

第十二章
周代禮樂文化中的藝術風格

　　以上我們從藝術創作角度考察了周代禮樂文化中的藝術精神，勾勒了從西周到戰國末葉不同時期藝術創作的特點。在這一章裡，我們將探討周代禮樂文化中的藝術風格問題，探求周代藝術不同時期的風格特徵及其形成原因。從獰厲之美到中和之美，再到素樸、清新之美，周代藝術精神隨著時間的推移，展現出自己多彩的風姿。

第一節　神秘、猙獰之美
——西周初期的藝術風格

　　我們在第十一章第一節中討論過西周初期禮樂文化中藝術創作上體現的藝術精神。在這一時期的藝術創作上，充滿著生命的激情、豐富的想像和野性的質樸，我們用「質野情濃」一詞來概括這一特點。「質野情濃」也是這一時期藝術創作上體現出來的藝術精神。正是西周初期這種「質野情濃」的藝術創作精神，滲透在藝術創作中，在其藝術作品中就表現出一種獨特的藝術風格。這是西周初期藝術上具有獨特風格的直接原因，其深層原因我們後文再論述。那麼，西周初期的藝術上有什麼樣的獨特風格呢？我們認為，這一時期的藝術總體上體現出一種莊嚴神秘、猙獰崇高之美。這種猙獰神秘之美也是西周初期禮樂文化中的藝術上體現的一種藝術精神。不過我們討論這種藝術風格，還得從西周之前時代的藝術風格說起，尤其是商代的藝術風

格，因為西周初期藝術上體現的莊嚴神秘、猙獰崇高之美，實際上是承續了商代藝術上的莊嚴神秘、猙獰崇高的風格特徵。（當然，商代藝術上的這種風格也是其藝術創作上「質野情濃」的藝術精神在創作中體現的結果，商代藝術創作上「質野情濃」的藝術精神，我們在第十一章第一節中已經討論過）。從商代到周代，雖然進入了一個新的歷史時期，王權、政權發生了嬗遞。但是，西周初期，周代在短時期內還不能形成自己的文化藝術體系，而且文化藝術也具有較強的傳承性、延續性。因而，西周初期的文化藝術承續了商代的文化藝術，商代的某些藝術風格在西周初期還在延續著，特別是商代藝術上表現的莊嚴神秘、猙獰崇高的風格，在西周初期的藝術上表現得還很明顯。

商代藝術上的莊嚴神秘、猙獰崇高的風格主要表現在商代的樂舞藝術和造型藝術上。在商代的樂舞藝術中，最能體現這種風格的是當時占主導地位的各種祭祀樂舞，如《桑林》《大濩》之舞等。[1]《桑林》是商湯時期商族後人祭祀其先妣簡狄和玄鳥圖騰的樂舞。《左傳・襄公十年》載，殷商後裔宋平公在楚丘設享禮招待晉悼公，並請求表演《桑林》之舞。樂舞開始時，樂師舉著旌旗入場，晉悼公竟被嚇得退入廂房，待撤去旌旗後，才勉強參加完享禮，後來為此還大病一場。從《左傳》記載的這件事來看，《桑林》之舞可能具有一種陰森、神秘和恐怖的風格特徵，以致表演時使晉悼公感到恐懼害怕。這種樂舞很可能春秋時還在宋國的燕享、祭祀等活動中經常表演。《大濩》是歌頌商代開國君主湯王伐桀的功績的樂舞，商代重大祭祀活動中常用這種樂舞，甲骨卜辭中多次提到它。進入西周時期，它還成為周代貴族舉行祭祀、慶典、朝聘等活動時所用的「六大舞」之一。但

---

1 李心峰：《從藝術種類與藝術風格看中國三代藝術的發展軌跡與輝煌成就——中國三代藝術的意義再論》，《雲南藝術學院學報》2003年第1期。

是，這些樂舞藝術由於其自身的非物質性，不易留存，關於它的文獻
資料又很缺少，它的莊嚴、神秘的藝術風格，我們今天就很難確切
地知曉了。除卻樂舞藝術，商代的造型藝術，如青銅藝術、玉器藝
術、雕刻藝術、建築藝術等，也都體現出莊嚴神秘、猙獰崇高的藝術
風格。值得慶幸的是這些造型藝術，如青銅禮器、青銅兵器等，今
天還部分保存了下來，成為我們了解商代藝術風格的寶貴的實物資
料。下面我們先來認識一下商代青銅藝術的莊嚴神秘、猙獰崇高的風
格特徵。

　　一九七六年，在河南安陽殷墟婦好墓中出土了一件晚商時期的青
銅兵器——「婦好」銅鉞。這件銅鉞呈斧形，鉞刃為弧形，銅鉞龐大
而威武。鉞身兩面上部都飾有浮雕的虎撲人頭紋，人頭處在兩虎口中
間。人頭呈圓臉尖頜，大鼻小嘴，雙眼稍陷，兩耳朝前。虎側身而
撲，兩眼圓睜，大口猛張，作欲吞噬狀。銅鉞中部刻有「婦好」的銘
文。[2]像這樣鑄有猙獰可怖紋飾的銅鉞，還有一九六五年山東益都蘇
埠屯一號商墓出土的「亞醜」銅鉞。此鉞體積龐大。鉞面用鏤空和浮
雕的技法鑄出猙獰的人面形象，彎眉，圓眼，長鼻，小耳，大扁嘴，
張口露齒。鉞身一面有「亞醜」二字銘文。[3]商代是個縱酒的朝代，
在商代的青銅禮器中，酒器最多，這可以從商王和貴族陪葬品中酒器
居多上得到見證。其中最著名的是現藏於國外博物館的「虎食人
卣」。此卣通高三十五點七公分，重五點○九千克。卣身呈一虎形，
虎肩端有一提梁，以雲雷紋襯地，上飾長形夔紋。在提梁兩端，還有
伸出的浮雕獸首。虎頭寬大，尖耳豎起，圓目彎眉，大鼻翹起，巨齒

2　李澤奉、劉如仲主編：《銅器鑒賞與收藏》，長春，吉林科學技術出版社，1994，第
　　95頁。

3　李澤奉、劉如仲主編：《銅器鑒賞與收藏》，長春，吉林科學技術出版社，1994，第
　　97頁。

獠牙，張口欲食人狀，顯得極為兇狠。虎的前爪抱持一小人，虎口下的小人與虎相對而抱，手扶虎肩，腳踏虎的後爪之上。小人長髮披肩，雙眉緊鎖，目瞪口呆。在其人肩部飾有菱形紋，背部飾有獸面紋。虎背上部有一橢圓形的器口，上面附蓋，蓋面以雲雷紋為地，上飾捲曲夔紋，蓋上立以小鹿為鈕。[4]此卣造型奇特，形象怪誕，虎欲食人頭，令人觸目驚心，給人以一種恐怖感，又使人覺得異常神秘。商代的盉，也是一種酒器，主要作調節酒的濃淡或酒的溫度之用。在安陽殷墟中曾出土一件晚商方盉。此盉有四足，蓋頂上有一個開口，一端有一斜伸出去的管形流。盉蓋上飾有饕餮紋，管流上飾有夔龍紋，提梁做成虎頭形，大耳豎立，圓眼大睜，獠牙巨齒，其勢兇狠。[5]

從商代的這些青銅藝術來看，在其造型上，顯出怪誕奇特的特徵，如「虎食人卣」，大張其口的虎形獸欲吞食人頭，令人感到恐怖神秘；晚商的方盉，其提梁也是做成一形象兇狠的虎頭形狀。在其紋飾上，主要以形象怪誕的饕餮紋（獸面紋）為主，如「婦好」銅鉞上就飾有虎撲人頭紋，兩虎口欲吞噬一人頭，其狀猙獰可怖。「亞醜」銅鉞上的紋飾也是一個猙獰的人面形象。晚商的方盉的蓋頂上飾有饕餮紋。饕餮紋，是自宋代以來金石學上對商周青銅器上的怪異獸面紋飾的統稱。

商代先民們鑄造眾多如此怪異的青銅器，當然有它的實用目的，它並不是作為純粹的審美對象，而是作為誠惶誠恐頂禮崇拜的宗教禮器。但是這些在動輒就進行兇殘殺戮的奴隸制時代產生的，凝聚著那一時代兇殘、恐怖的歷史本性的青銅藝術，今天看來卻具有很高的藝

4　李澤奉、劉如仲主編：《銅器鑑賞與收藏》，長春，吉林科學技術出版社，1994，第86-87頁。

5　李澤奉、劉如仲主編：《銅器鑑賞與收藏》，長春，吉林科學技術出版社，1994，第46頁。

術審美價值。它們是人類藝術史上絕無僅有的最偉大的藝術傑作，是
那一時代的人們豐富的藝術想像和高超的藝術技巧凝聚的結晶。這些
青銅藝術品以其奇特怪誕的藝術造型、猙獰可怖的饕餮紋飾，給人以
恐怖、神秘、震撼之感，卻具有一種猙獰、神秘之美，從而具有永久
的藝術魅力。李澤厚在論及青銅饕餮紋飾之美時說：「各式各樣的饕
餮紋樣及以它為主體的整個青銅器其它紋飾和造型，特徵都在突出這
種指向一種無限深淵的原始力量，突出在這種神秘威嚇面前的畏怖、
恐懼、殘酷和兇狠。你看那些著名的商鼎和周初鼎，你看那個獸
（人？）面大鉞，你看那滿身布滿了的雷紋，你看那與饕餮糾纏在一
起的夔龍夔鳳，你看那各種變異了的、並不存在於現實世界的各種動
物形象，例如那神秘的夜的使者──鴟梟，你看那可怖的人面鼎……
它們遠不再是仰韶彩陶紋飾中的那些生動活潑愉快寫實的形象了，也
不同於儘管神秘畢竟抽象的陶器的幾何紋樣了。它們完全是變形了
的、風格化了的、幻想的、可怖的動物形象。它們呈現給你的感受是
一種神秘的威力和獰厲的美。」[6]總之，商代的藝術體現出一種莊嚴
神秘、猙獰崇高的藝術風格。

　　到了周初，商代藝術上的這種風格還在延續著，尤其在西周初的
青銅藝術和樂舞藝術中，這種猙獰、神秘之美還體現得很明顯。[7]這
在周代禮樂文化興起之時，這種猙獰、神秘之美也是其藝術上體現的
一種典型的藝術精神。下面我們來看看西周初年的青銅藝術品中體現
出的這種猙獰、神秘之美。一九七六年，陝西扶風出土了一件西周昭

6　李澤厚：《美學三書》，合肥，安徽文藝出版社，1999，第43-44頁。

7　于民說：「青銅饕餮自周初以後，隨著殷代統治氏族的統治地位的轉化，在審美特
　　性上也發生了變化，但整個獸形圖飾及其神秘色彩依然存在，因為產生它的經濟政
　　治條件基本上還存在。」（於民：《春秋前審美觀念的發展》，北京，中華書局，1984，
　　第105頁）這也說明，周代的青銅藝術承續了商代青銅藝術的風格特點。

王時的青銅器——折觥。此觥（酒器）通高二十八點七公分，長三十八公分，重六點七千克。折觥造型詭異，樣式奇特，集多種神獸於一身，觥蓋的前端是一曲角鼓目、口露利齒的羊頭狀怪獸，獸額上立著一小獸，獸首後面有一條緊緊相隨的伏龍。觥蓋上面正中間有一條若斷若續的扉棱，恰似時隱時現的龍脊。龍脊之後是上翹捲曲的龍尾，伏龍兩旁還各有一條回首卷尾的夔。蓋後部是一具巨角豎立的饕餮。此觥的流部及口沿下是兩隻身體扭曲的顧首夔紋，腹部被一匹碩大的饕餮整個布滿，圈足上是瘦長的顧夔。觥體後部有提梁，提梁是由怪獸、鷙鳥、象鼻組成的。此觥的內壁上刻有銘文，表明是周昭王時的銅器。[8]折觥的造型奇特，紋樣怪誕，整體看上去，很像一頭蹲伏欲撲的怪獸。還有一件西周早期的青銅器——㝬古尊，也有著怪異的造型和紋飾。此尊為圓口方尊，圓口大敞，方腹方足，器形偏低，四角出扉棱。頸飾蕉葉紋，葉內填刻變形饕餮，蕉葉之下為鳥紋。肩飾夔紋，夔回首顧盼，四角突出一象頭，長鼻高卷，利齒上翹，令人感到驚異的是，象頭上赫然長著獸角。尊腹上鑄有饕餮紋。圈足上飾有相對的兩鳥，鳥昂首曳尾。此尊內壁刻有「㝬古作旅」四字銘文。[9]㝬古尊造型奇異，紋飾怪誕，它將饕餮、夔、鳥、象等多種神異動物集於一身，這在西周初期的青銅器中，很是怪異獨特。利簋是目前已知最早的西周重器，是武王伐紂克商歷史事件的見證物。利簋的主體裝飾也以獸面紋為主，口沿下還飾有半浮雕的獸首，兩隻器耳也是獸首裝飾。整個器形總體上給人以一種神秘、恐怖之感。[10]西周初期的何

8　李澤奉、劉如仲主編：《銅器鑒賞與收藏》，長春，吉林科學技術出版社，1994，第120頁。

9　李澤奉、劉如仲主編：《銅器鑒賞與收藏》，長春，吉林科學技術出版社，1994，第111頁。

10　李澤奉、劉如仲主編：《銅器鑒賞與收藏》，長春，吉林科學技術出版社，1994，第19頁。

尊、象耳夔紋罍、令方彝、鳥紋卣等青銅藝術品也是以造型奇特、紋飾怪異而著名。總之，從西周初期的這些青銅藝術品來看，其形制怪誕奇特，像「折觥」和「𣪓古尊」都是集多種神獸動物於一身，「𣪓古尊」的象頭上還赫然長著獸角，這些動物面目可憎，看上去恐怖而神秘；其紋飾也怪異可怖，多以饕餮紋和夔紋為主，還間以其它奇異的紋飾，令人感到驚異而畏懼。敏澤說：「這種森嚴、神秘、恐嚇性的造型藝術及其紋飾，正是商周青銅器和建築藝術的最基本的特徵。」[11]正是這些青銅藝術具有這種森嚴、神秘、恐怖性的造型和紋飾，使其自身具有一種猙獰、神秘之美。[12]可見，西周初期禮樂文化中的藝術上體現出一種莊嚴神秘、猙獰崇高的藝術風格。

　　西周初期藝術上的莊嚴神秘、猙獰崇高的藝術風格還體現在樂舞藝術上。可惜這些樂舞藝術不能像青銅藝術那樣以實物的形式保存下來，對其莊嚴神秘、猙獰崇高的藝術風格，我們今天只能從有關文獻資料中略窺一斑。周代的樂舞藝術以雅樂為主，雅樂為周天子及諸侯等在舉行祭祀、朝覲、軍事、會盟、聘問、饗宴等重大儀式活動中所用。雅樂體系中又以「六代樂舞」（六大舞）為主，其中《大咸》是唐堯時代的樂舞。《大咸》又稱《咸池》，最初是黃帝時代的樂舞，在

---

11 敏澤：《中國美學思想史》第1卷，上海，復旦大學出版社，2010，第28頁。

12 郭沫若曾把中國青銅器時代分成四個時期：濫觴期（大率當於殷商前期）、勃古期（殷商後期及周初成、康、昭、穆之世）、開放期（恭、懿以後至春秋中葉）和新式期（春秋中葉至戰國末年）。他所說的中國青銅器的勃古期正處在殷代至西周初期。這一時期的青銅器「為向來嗜古者所寶重。其器多鼎而鬲罕見，多『方彝』⋯⋯形制率厚重。其有紋繢者，刻鏤率深沉，多於全身雷紋之中施以饕餮紋，夔鳳、夔龍、象紋等次之⋯⋯饕餮、夔龍、夔鳳，均想像中之奇異動物⋯⋯彝器上之象紋，率經幻想化而非寫實。故此時期之器物，美言之，可云古味盎然，惡言之，則未脫野蠻畛域⋯⋯舊時有謂鐘鼎為祟而毀器之事，蓋即緣於此等形象之可駭怪而致。」（郭沫若：《青銅時代・彝器形象學試探》，北京，科學出版社，1957，第319-320頁）

唐堯時代經過樂師的改造，成了唐堯的樂舞。《咸池》之樂就具有這種神秘、恐怖之美，體現出一種莊嚴神秘、猙獰崇高的藝術風格。當然，對此我們不可能通過實物資料來獲證，不過從《莊子‧天運》篇中黃帝和其大臣討論《咸池》之樂的神話傳說中，我們還是約略窺見一斑。《莊子‧天運》中說：

北門成問於黃帝曰：「帝張《咸池》之樂於洞庭之野，吾始聞之懼，復聞之怠，卒聞之而惑；蕩蕩默默，乃不自得。」

帝曰：「汝殆其然哉！吾奏之以人，徵之以天，行之以禮義，建之以太清。四時迭起，萬物循生；一盛一衰，文武倫經；一清一濁，陰陽調和，流光其聲；蟄蟲始作，吾驚之以雷霆；其卒無尾，其始無首；一死一生，一僨一起；所常無窮，而一不可待。汝故懼也。」

「吾又奏之以陰陽之和，燭之以日月之明；其聲能短能長，能柔能剛，變化齊一，不主故常；在谷滿谷，在阬滿阬；塗郤守神，以物為量。其聲揮綽，其名高明。是故鬼神守其幽，日月星辰行其紀。吾止之於有窮，流之於無止。子欲慮之而不能知也，望之而不能見也，逐之而不能及也；儻然立於四虛之道，倚於槁梧而吟。心窮乎所欲知，目窮乎所欲見，力屈乎所欲逐，吾既不及已夫！形充空虛，乃至委蛇。汝委蛇，故怠。」

「吾又奏之以無怠之聲，調之以自然之命，故若混逐叢生，林樂而無形；布揮而不曳，幽昏而無聲。動於無方，居於窈冥；或謂之死，或謂之生；或謂之實，或謂之榮；行流散徙，不主常聲。世疑之，稽於聖人。聖也者，達於情而遂於命也，天機不張而五官皆備，無言而心說，此之謂天樂。故有焱氏為之頌曰：『聽之不聞其聲，視之不見其形，充滿天地，苞裹六

　　極。』汝欲聽之而無接焉，而故惑也。」

　　「樂也者，始於懼，懼故祟；吾又次之以怠，怠故遁；卒之於
　　惑，惑故愚；愚故道，道可載而與之俱也。」

從這段文字來看，《咸池》之樂初聽令人感到恐懼害怕，再聽又使人
覺得緩怠，最後聽完之後，又使人心蕩神怡，陷入一片迷茫之中。為
什麼會有這樣的感受呢？因為《咸池》之樂是「奏之以人，徵之以
天，行之以禮義，建之以太清」，具有一種崇高的藝術風格。「從音樂
上講，是以驚雷般的鼓聲開始，無頭無尾，一生一死，一起一伏，無
常無窮，所以令人『懼』。再繼之以剛柔相濟變化無極的樂曲，表現
鬼神幽冥、日月行紀，高不可及，滿坑滿谷，乃至委蛇，所以令人
『怠』。第三段的音樂則是無形而昏幽、無聲而窈冥的表現大化流
行，天道剛健的宇宙情懷的內容，充滿天地，包裹六極，所以令人
『惑』。」[13]《莊子・至樂》也說《咸池》之樂，「張之洞庭之野，鳥
聞之而飛，獸聞之而走，魚聞之而下，人卒聞之，相與還而觀之。」
可見，《咸池》之樂，神乎其神，玄而又玄，使人聽起來感到恐懼、
緩怠和迷惑，但卻具有一種神秘、恐怖之美，體現出一種莊嚴神秘、
猙獰崇高的藝術風格。

　　《咸池》雖然是黃帝或唐堯時代的樂舞，但是在西周初年，周人
制禮作樂，進入周代雅樂系統時，很可能經過周代樂師的改造，而且
成了周代貴族子弟必修的科目之一。《周禮・春官・大司樂》中說：
「大司樂掌成均之法，以治建國之學政，而合國之子弟焉……以樂舞
教國子舞《雲門》《大卷》《大咸》《大磬》《大夏》《大濩》《大

---

13 羅藝峰：《禮樂精神發凡並及禮樂的現代重建問題》，《中央音樂學院學報》1997年
　　第2期。

武》。」因此，《咸池》（或《大咸》）必定符合周代貴族統治階級的要
求，它在一定程度上也是周初樂舞藝術的一個代表。《咸池》之樂體
現出一種莊嚴神秘、猙獰崇高的藝術風格，這也就說明周初藝術具有
一種莊嚴神秘、猙獰崇高的藝術風格。

如果《咸池》之樂還不足以說明周初的藝術具有一種莊嚴神秘、
猙獰崇高的藝術風格的話，那麼我們再來看看「六代樂舞」中的《大
武》之樂吧！因為《大武》是周初創制的歌頌周武王伐紂之豐功偉績
的樂舞，最能代表周初樂舞藝術的藝術風格。《禮記・樂記》中載有
一段託名孔子和賓牟賈關於《大武》的論述：

> 子曰：「居，吾語汝。夫樂者，象成者也。揔干而山立，武王
> 之事也。發揚蹈厲，大公之志也。《武》亂皆坐，周、召之治
> 也。且夫《武》始而北出；再成而滅商；三成而南；四成而南
> 國是疆；五成而分，周公左，召公右；六成復綴以崇。天子夾
> 振之，而駟伐，盛威於中國也。分夾而進，事蚤濟也。久立於
> 綴，以待諸侯之至也。」

從孔子和賓牟賈關於《大武》的討論中，我們可以知曉《大武》共有
「六成」，「六成」相當於今天歌舞劇的「六幕」。第一幕「始而北
出」，象徵著武王聯合諸侯大軍討伐商紂王前做的準備；第二幕「再
成而滅商」，象徵著周人用武力滅商的進程；第三幕「三成而南」，象
徵著周人滅商後又向南積極用兵；第四幕「四成而南國是疆」，象徵
著南方各國都歸入周朝；第五幕「五成而分，周公左，召公右」，象
徵著周公、召公輔助周武王分陝而治；第六幕「六成復綴以崇」，舞
隊重新排列，舞者重新回到原來的位置上。在這六幕中，第一、二、
六幕明顯地表現出一種神秘崇高之美。第一幕起始時，擊鼓手用激烈

的、粗重的動作連續地長時間地敲擊戰鼓，鼓點密集，鼓聲震天動地，給人以一種壯烈崇高之感。長鼓敲擊之後，卻不見一個舞者出現於舞場中，又使人感到一種神秘。直到很長時間後，舞隊才從北面徐徐而出，之後又「揔干而山立」，即舞者手持盾牌，巍然不動地靜立在舞位上，更讓人覺得莊嚴神秘。第二幕，「發揚蹈厲」，舞者以迅猛的舞蹈動作開始，全身心地投入到舞隊表演中去。舞蹈過程中，舞隊排列成方陣，舞者手執武器作衝殺刺伐的舞姿動作。音樂的節奏加快，變得急促，尤其是戰鼓聲震天動地，人聲鼓聲相雜，斧光盾影交相輝映。整個舞蹈場面宏大，氣勢恢宏，給人一種振奮崇高之感。第六幕，一切又恢復到原初的狀態，舞者又回到原初的舞位上，巍然不動，神情肅穆，以示對周天子的崇敬。因此，整個場面使人感到莊嚴、肅穆和神秘。可見，《大武》之樂確實給人一種崇高、莊嚴、神秘的審美感受，這就說明周初藝術具有一種莊嚴神秘、猙獰崇高的藝術風格。這種猙獰、神秘之美也是周初藝術中體現出的一種典型的藝術精神。

　　了解了周初藝術具有這種莊嚴神秘、猙獰崇高的藝術風格，那麼我們要追問，周初藝術為什麼會具有這種藝術風格呢？對此，我們認為有兩個方面原因使周初藝術形成這種藝術風格。

　　其一，這與夏商時代及西周初期宗教的神秘有著密切的關係。宗教是人類社會特有的現象，它產生的絕對確切的年代，我們已經無從知曉，但它是在原始社會的一定階段上才出現的，這卻是肯定的。恩格斯在《自然辯證法》中說：「我們只能在我們時代的條件下去認識，而且這些條件達到什麼程度，我們才能認識到什麼程度。」[14]原始社會的生產力極其低下，思維水準不發達。原始先民們在面對大自

14　《馬克思恩格斯選集》第4卷，北京，人民出版社，1995，第2版，第337-338頁。

然的狂風暴雨、電閃雷鳴、山呼海嘯、天崩地裂、月轉星移、晦明交
替等自然現象時，常常感到困惑和迷茫，在和大自然的鬥爭中也感到
自身力量的渺小，從而對大自然產生一種依賴感、恐懼感和神秘感。
因此，原始先民們對大自然頂禮膜拜，充滿著崇敬之情，常常舉行一
定的儀式，祈求大自然給予人類以恩惠，這樣原始宗教就慢慢地產生
了。馬林諾夫斯基說：「對於蠻野人，一切都是宗教，因為蠻野人恆
常都是生活在神秘主義與儀式主義的世界裡面。」[15]所以從原始宗教
產生的那一刻起，恐懼感、神秘感就伴隨著它而產生，成為它的一個
顯著的特徵。

　　夏、商二代的巫術、宗教氣息特別濃厚，巫術、宗教活動在人們
的生活中佔據著重要的地位，巫師還擔任王朝命官，享有很高的政治
地位和經濟待遇。到了西周初期，夏商時代的巫術、宗教氣息還繼續
殘留著（關於這一點，我們在第十二章第一節裡已作過論述，這裡不
再贅述）。而藝術與巫術、宗教的關係頗為密切，自始就是同胎共
育，共生共長的。藝術和宗教的本質都是為了表達人類情感的需要而
產生的。正是這種共同的情感紐帶使二者自誕生之時起，就緊密地聯
繫在一起。宗教想像和幻想為藝術提供發生發展的肥沃土壤，宗教情
感使藝術有了個體的感性生命並賦予其具體內容；而藝術又為宗教情
感的表達提供了一個最好的載體和途徑。[16]三代時期的巫術、宗教氣
息特別濃厚，致使當時的整個政治、思想和藝術都籠罩於其中，政
治、宗教和藝術是密切聯繫的。馬承源說：「在商、周時代，政治、
宗教和藝術是結合在一起的。在青銅禮器上施以各種怪誕的圖像，當

---

15 〔英〕馬林諾夫斯基：《巫術科學宗教與神話》，李安宅編譯，上海，上海文藝出版
　　社，1987，第10頁（據商務印書館1936年初版影印）。
16 陳榮富：《宗教禮儀與古代藝術》，南昌，江西高校出版社，1994，第14-15頁

然有利於神權的統治，有助於天命論的宣揚。」[17]這句話準確地說明了這一時期的政治、宗教和藝術之間的密切關係。張光直也說：「商周青銅器上的動物紋樣，實際上是當時巫覡通天的一項工具。這裡我們不妨把這個主張更加擴張，把它當做商周藝術的一般特徵，並且指出這種為通天工具的商周藝術品，也正因此而是商周統治階級的一項政治工具。」[18]這實際上也在說明，商周時期的藝術、宗教與政治是「三位一體」的。商周青銅器上的紋飾大多由抽象的圖騰紋飾、饕餮紋、夔紋、龍紋、鳳紋等構成，「既體現了形式美的規律性，又是特殊理念與宗教情感的混合體，成為融巫術、審美為一體的文化符號。」[19]商周的樂舞藝術是舉行巫術活動和宗教儀式的重要組成部分，樂舞是溝通人神，營造人神共樂氣氛的重要媒介。周代的雅樂「六大舞」無一不是為祭祀所用，「乃奏黃鐘，歌大呂，舞《雲門》，以祀天神；乃奏大蔟，歌應鐘，舞《咸池》，以祭地示；乃奏姑洗，歌南呂，舞《大磬》，以祀四望……乃奏無射，歌夾鐘，舞《大武》，以享先祖」。[20]可見，商周時期的青銅藝術和樂舞藝術與巫術、宗教的關係密切。

　　既然宗教從它產生的那時起，恐懼感、神秘感就伴隨著它而同時產生，而三代時期（周代指周初）的巫術、宗教氣息又如此濃厚，藝術與巫術、宗教的關係又如此密切，那麼巫術、宗教的神秘感、恐懼感必然會對藝術產生深深的影響，使這一時期的藝術也帶有一種神秘、恐怖的氣息。因此，西周初期的藝術具有一種莊嚴神秘、猙獰崇高的藝術風格，其中一點正是巫術、宗教具有的神秘性、恐怖性投注

17　馬承源：《中國古代青銅器》，上海，上海人民出版社，1982，第33-34頁。

18　張光直：《中國青銅時代》，北京，生活·讀書·新知三聯書店，1999，第457頁。

19　羅堅：《從「神人以和」到「禮樂之和」》，《民族藝術》2001年第2期。

20　《周禮·春官·大司樂》。

於藝術之中的結果。

其二，周初禮樂文化中藝術上的莊嚴神秘、猙獰崇高的藝術風格的形成，還與三代時期君主專制下王權、神權統治的需要密切相關。我們知道，隨著人類社會的發展和進步，原始社會解體，「大同世界」瓦解，人類開始步入充滿血腥、暴力和殺戮的階級社會，而三代時期是中國歷史上最野蠻、最殘酷、最充滿血腥的時期。我們僅以商代殺殉為例，就能說明這一點。殷墟的發掘表明，不僅墓道墓室內有人殉和人祭，墓室周圍及附近地區也有大量的人殉和人祭。侯家莊的殷陵主要分東、西兩區，西區六大墓便有殉葬者兩千四百多人，東區三座大墓也有殉葬者一千多人，除此之外，在主墓西側還有數十排「員」字形輔墓，計有殉葬者數千人。所以，侯家莊的殷陵殉葬者合起來，共有四五千人左右，這可是個龐大的數字。它與西元前三五〇〇年的巴比倫王烏爾墓中只有五十九位殉葬者相比，真是具有天壤之別。[21] 人類就是這樣踩著自己同類的頭顱和血跡繼續向前邁進。正如恩格斯所說：「人類是從野獸開始的，因此，為了擺脫野蠻狀態，他們必須使用野蠻的、幾乎是野獸般的手段，這畢竟是事實。」[22] 三代時期的統治就是這種野蠻的、血腥的統治，那時擺在統治階級面前的最主要的矛盾，就是奴隸主貴族階級與奴隸階級之間的矛盾。如何去解決這種矛盾，統治階級找到了兩種最好的方法和手段，一種硬的，一種軟的。硬的方法和手段便是實行武力的鎮壓和殺戮，軟的方法和手段便是實行精神上的恐嚇和威懾。而當時最先進的質料——青銅在這裡擔當了重要的作用。一方面，青銅可以製造青銅兵器進行武力鎮壓和殺戮，這點我們暫不討論；另一方面，青銅可以鑄造青銅禮器進

---

21 郭沫若：《奴隸制時代》，北京，中國人民大學出版社，2005，第63-64頁。

22 《馬克思恩格斯選集》第3卷，北京，人民出版社，1995，第2版，第524頁。

行思想意識統治，即進行精神上的恐嚇和威懾。

那麼統治階級如何利用青銅禮器對被統治階級進行思想意識統治，實行精神上的恐嚇和威懾呢？首先，他們把青銅禮器與宗教祭祀聯繫起來，青銅禮器最初是作為祭器來使用的，這樣，宗教的神秘和威嚴自然使得青銅禮器也同樣具有神聖性和威嚴性，具有威懾人心的作用。後來青銅禮器慢慢成為奴隸主貴族身分的象徵，有著強烈的階級等級性。從商周墓葬出土的青銅禮器的數量、品質來看，它是與奴隸主貴族的身分地位成正比的。因此，青銅禮器無論作為宗教祭器，還是作為貴族權力和地位的象徵物，都不是下層奴隸階級所能擁有的，對他們來說，青銅禮器始終都具有一種威懾人心的神聖性和神秘性。其次，統治階級在青銅禮器的造型上和紋飾上大做文章。在造型上，青銅器常常採用極度誇張、變形的手法，集多種神異動物於一身，人頭與獸口結合在一起，使人一觸目，就會驚心，產生一種恐懼感和陰森感。這是因為對異己力量進行精神控制，若採用人們習以為常的、寫實的動物造型，就難以達到良好的威懾效果；在紋飾上，青銅器的主題紋飾常採用與祖先崇拜和圖騰崇拜密切相關的圖案紋飾。這些圖案紋飾經過極度的抽象變形，與現實產生一定的距離，但是又充滿著幻想和想像，指向現實中某種威猛兇殘、令人恐懼的實物。如青銅器上的饕餮紋，就突出它的面部特徵：圓睜的怒目，張開的大口，豎立的尖耳，令人畏懼的犄角。[23]這樣就能給人以一種神秘感、恐怖感。統治階級正是以此來威懾、恐嚇奴隸及其它被統治階級，達

23　《周禮・冬官・梓人》：「凡攫殺援噬之類，必深其爪，出其目，作其鱗之而。深其爪，出其目，作其鱗之而，則於視必撥爾而怒。苟撥爾而怒，則於任重宜，且其匪色必似鳴矣。爪不深，目不出，鱗之而不作，則必頹爾如委矣。苟頹爾如委，則加任焉，則必如將廢措，其匪色必似不鳴矣。」可見，那時人們已經掌握了如何突出飛禽走獸的兇猛可怖的特徵了，饕餮紋就是兇禽猛獸的兇猛、殘酷特徵的進一步簡化和集中的結果。

到穩固統治的目的。馬承源說：「商和周初青銅器動物紋飾都是採取
誇張而神秘的風格。即使是馴服的牛、羊之類的圖像，也多是塑造得
猙獰可怕。這些動物紋飾巨睛凝視，闊口怒張，在靜止狀態中積聚著
緊張的力，好像在一瞬間就會迸發出凶野的咆哮。在祭祀的煙火繚繞
之中，這些青銅圖像當然有助於造成一種嚴肅、靜穆和神秘的氣氛。
奴隸主對此尚且作出一幅恭恭敬敬的樣子，當然更能以此來嚇唬奴隸
了。」[24]這是非常深刻的看法。李澤厚也說：「它（饕餮形象）一方面
是恐怖的化身，另一方面又是保護的神祇，它對異氏族、部落是畏懼
恐嚇的符號；對本氏族、部落則又具有保護的神力。這種雙重性的宗
教觀念、情感和想像便凝聚在此怪異獰厲的形象之中。」[25]這就說
明，青銅饕餮對商代及周初時人有著重要的意義。商周青銅饕餮，一
方面使人聯想到至高無上的統治者——神以及神的威嚴、神秘，從而
產生一種恐懼感和敬畏感；另一方面，它表現出的恐怖性、神秘性對
奴隸和統治階級內部的下層具有一種巨大的威懾力量，從而起到確定
嚴格的等級秩序和穩固統治的目的。商周青銅饕餮是商周奴隸社會的
產物，是商周王朝奴隸主貴族王權、神權統治的需要而產生的。商周
的樂舞藝術規模宏大、場面壯觀，也充滿著神秘性、威嚴性，給人以
神秘、崇高之感，它也是與商周王朝奴隸主貴族王權、神權統治的需
要密切相關。一句話，商代及周初禮樂文化中莊嚴神秘、猙獰崇高的
藝術風格的形成，與商周時期君主專制下王權、神權統治的需要密切
相關。

　　總之，人類從充滿和諧、平等的原始社會邁進充滿血腥暴力的階
級社會，在藝術上，過去彩陶文化中那種生動、和諧、開朗的藝術風

---

24 馬承源：《中國古代青銅器》，上海，上海人民出版社，1982，第34-35頁。
25 李澤厚：《美學三書》，合肥，安徽文藝出版社，1999，第45頁。

格，消失殆盡，並完全被一種森嚴、恐怖和神秘的藝術風格所取代。
在商代，這種藝術風格表現得特別明顯，到了周初，雖然王權、政權
發生了劇烈的變化，但是這種莊嚴神秘、猙獰崇高的藝術風格還是承
續了下來。它一方面是那個野蠻時代的宗教的神秘性在藝術中的直接
體現；另一方面又是商周奴隸主專制下王權、政權、神權統治發展的
需要，是奴隸主貴族階級精神意識的集中反映與階級本性的本質表
現。因此，在周初禮樂文化興起之時，其樂舞藝術顯得威嚴、神秘；
其青銅藝術造型奇特，紋飾怪異。總體上來說，這些藝術都表現出一
種猙獰、神秘之美，這種以猙獰、神秘為美也是周初禮樂文化興起時
藝術上體現的一種典型的藝術精神。

第二節　中和之美
——西周中期至春秋中後期的藝術風格（上）

　　中華民族有著悠久的歷史、燦爛的文化，中國古典藝術也取得舉
世矚目的成就。中國古典藝術種類繁多，風格流派各異，表現出來的
美學精神和藝術精神也異彩紛呈，但是總體上看，它卻呈現出一種中
正平和、溫潤含蓄的藝術風貌。這種中正平和、溫潤含蓄的藝術風貌
體現出來的藝術精神和美學精神就是一種「中和之美」。「中和之美」
也一直在中國藝術史和美學史上佔據著主流的地位。那麼，這種中和
之美的根源又在何處呢？我們認為，它最早可以追溯到周代禮樂文化
盛極時期的藝術上以「中和」為美的藝術精神上。西周中期至春秋中
後期，是周代禮樂文化最鼎盛及由盛而衰的時期。在這一時期的藝術
創作上，體現出一種美善相樂、情理相濟的藝術創作精神。正是這種
藝術創作精神滲透在藝術創作之中，使得這一時期的藝術表現出一種
獨特的藝術風格，即這一時期的藝術總體上體現出一種「中和之

美」。以「中和」為美也是西周中期至春秋中後期禮樂文化中的藝術
上體現出的一種藝術精神。那麼這一時期的藝術為什麼會體現出這種
藝術精神呢？其直接的原因當然是這一時期的藝術上美善相樂、情理
相濟的藝術創作精神使然；其深層的原因就要追溯到產生這種藝術精
神的社會根源、時代氛圍和文化精神了。

　　我們知道，中華民族是個歷史悠久的古老的民族，其古代文明發
祥於黃河流域和長江流域。這裡土地肥沃，物產豐富，適宜於農耕，
基本上能夠滿足人們的生產生活需要。但是，這裡也常發生各種各樣
的自然災害，尤其是旱澇災害，這一點我們可以從女媧補天、夸父追
日、鯀禹治水等上古時代的神話傳說中得到見證。湯因比就認為，黃
河流域是古代中國文明的起源地，「人類在這裡所要應付的自然環境
的挑戰要比兩河流域和尼羅河的挑戰嚴重得多」。[26]因此，那時的先民
們需要同各種自然災害作艱苦的鬥爭，他們必須依靠集體的力量共同
去抵禦才能繼續生存下去。因此，中華民族的先民們很早就懂得群體
和諧、共同合作對於民族生存的重要作用。他們在和大自然作不斷的
物質交換的過程中，也懂得人類必須要與大自然和諧相處，才能獲得
大自然的回報，因此，也渴望著能和大自然有一種和諧的關係。中華
民族的先民們懂得人與自然、人與社會之間關係和諧的重要意義，也
渴望著能有這種和諧關係。這一點我們可以從「和」字的本義上得到
見證。「和」在甲骨文中就曾出現，歷來人們對它的解釋並不一致。
「和」字在甲骨文中寫作「龢」，許慎在《說文解字》中釋「和
（龢）」為「調也，從龠，禾聲。讀與和同。」羅振玉持許慎觀點，
認為「和（龢）」為「調和」之意。漢初的《爾雅‧釋樂》說：「大笙

26　〔英〕阿諾德‧湯因比：《歷史研究》，曹未風等譯，上海，上海人民出版社，1997，
　　第92頁。

謂之巢，小者謂之和。」這裡「大笙」與「小者」相對，郭沫若據此
認為「和（龢）」為小笙，即為一種編管樂器的稱謂。如果這兩種解
釋可靠的話，那麼「和（龢）」當與音樂有關。當代學者修海林認
為，漢人對「和（龢）」字所作的解釋，估計是衍化、引申了的含義
而不是原初本義；郭沫若釋「和（龢）」為編管樂器的說法，也缺乏
文獻和文物的實證。那麼，「和（龢）」字本義到底是什麼呢？修海林
認為，從甲骨文「龢」字的文化原型來看，恰似一幅早期農業社會中
氏族村落生活的景觀圖：典型的坡型屋頂（「ᐱ」）代表相對固定的居
住點；人們以耕植勞動（「禾」）為主要生產方式與生存手段；籬柵
（「ϯ」）恰是居民安居樂業生活狀況的象徵。因此，從「和（龢）」
字的文化內涵上說，它意味著人與自然、人與社會之間關係的諧和，
其中浸染著原始先民居於籬柵之內安居樂業、怡然自樂的心理諧和
感。[27]對於修海林的這種解釋，我們認為它有一定的道理。這裡想要
補充的一點是，「和（龢）」字的甲骨文不僅是早期農業社會中氏族村
落生活的景觀圖，更主要的是體現了原始先民們對和諧、安定生活的
嚮往。他們渴望著有一間草房、一個籬柵，過上安居樂業的耕植生
活，渴望著人與人、人與社會、人與自然之間能夠和諧相處。在這種
觀念支配下，就產生了「和諧」的思想。因此，「和諧」的思想自古
以來就根植在中華民族的深層的心理結構中，成為一種歷史的積澱，
後代哲學上的「中和」思想的產生就是以此為思想淵源的。「致中
和，天地位焉，萬物育焉。」[28]就是說，如果達到了中和的境界，天
地萬物的位置就擺正了，就可以各安其位，各得其所，繁榮昌盛，興
旺發達。

27　修海林：《中國古代音樂美學》，福州，福建教育出版社，2004，第91-96頁。

28　《禮記・中庸》。

　　那麼原始先民群體如何和諧相處，建立秩序穩定的社會關係呢？這要依賴於原始「禮樂文化」。原始「禮樂文化」是在原始先民們長期的社會生活實踐中逐漸產生的，它規範著、維護著社會群體的和諧穩定的關係。到了夏商時期，「禮樂文化」已經初具規模。周人建國以後，在繼承前代禮樂文化的基礎上，有所損益，建立了一套系統的禮樂制度，禮和樂自此滲透到周人社會生活的方方面面。大到國家大事，小到日常生活，禮樂幾乎無處不在。周人就是依靠強化禮樂文化來鞏固其宗法等級秩序，維護其階級統治的，周代的禮樂文化也因此達到最鼎盛。無疑，禮樂文化是周統治者找到的維護其「和諧」統治的最好的方法和手段。但是我們說，「禮」作為一種約束性的外在行為規範，常常與人的內在自然本性處於一種對峙的狀態，特別是當禮逐漸演變為一種森嚴、冷漠的禮規制度而對人性進行壓制時，這種對峙就會被激發，甚至會產生混亂，這就與統治階級的求「和」的初衷相背離了。而「樂」正好可以彌補「禮」的這一缺陷。正如陳來所說：「中國古人早就意識到必須有一種方式緩解等級制度的內在緊張，這樣一種方式必須以與『禮』不同的特性來補充禮，必須是一種能夠增益親和關係的東西，他們認為這個東西就是『樂』。」[29]樂不是外在的強制，而是內在的導引，它是以感性的藝術形式作用於人的內在情感，實現社會群體情感上的交流與和諧。由於它不與人的自然性和本性相對峙，因而最具有「合同」的實效。禮和樂相需為用，密切配合，在優美動人的樂舞藝術表演中，森嚴冷漠的禮規在潛移默化中最終被人們自覺地接受，因此能夠建立一個和諧穩定的統治秩序。所以《禮記‧樂記》說：「是故樂在宗廟之中，君臣上下同聽之，則莫

---

29 陳來：《古代宗教與倫理——儒家思想的根源》，北京，生活‧讀書‧新知三聯書店，1996，第276頁。

不和敬；在族長鄉里之中，長幼同聽之，則莫不和順；在閨門之內，父子兄弟同聽之，則莫不和親。」同聽「和樂」，就會產生「和敬」「和順」「和親」的良好效果，這正是統治階級所希求的。

　　周代禮樂文化特別是西周中期至春秋時期的禮樂文化注重禮樂並重，相需為用，貫穿於其中的是一種「致中和」的文化精神。所謂「中」就是不偏不倚，無過之也無不及，恰到好處，即朱熹所說：「中者，不偏不倚、無過不及之名。」[30]所謂「和」，就是事物之間、人際之間關係和諧融洽。馮友蘭說：「『和』便是協調分歧，達成和睦一致。」[31]簡而言之，「中和」就是適度、協調、和諧，就是後來儒家所說的「中庸」。這種文化精神和「樂」本身具有「和」的精神深深地影響著這一時期的藝術精神，[32]「中和之美」成為這一時期藝術上的審美追求，也是這一時期藝術上體現的風格特徵。

　　從現存典籍來看，關於「中和之美」最早的闡述是《尚書‧舜典》中帝舜和樂官夔的一段對話：

> 帝曰：「夔！命汝典樂，教胄子，直而溫，寬而栗，剛而無虐，簡而無傲。詩言志，歌永言，聲依永，律和聲。八音克諧，無相奪倫，神人以和。」夔曰：「於！予擊石拊石，百獸率舞。」

---

30 〔宋〕朱熹：《四書章句集注》，北京，中華書局，1983，第17頁。

31 馮友蘭：《中國哲學簡史》，北京，新世界出版社，2004，第152頁。

32 周人認為「樂」本身就具有「和」的精神，因為「樂」是效法宇宙自然而生的，體現了自然的和諧精神。《禮記‧樂記》說：「地氣上齊，天氣下降，陰陽相摩，天地相蕩。鼓之以雷霆，奮之以風雨，動之以四時，煖之以日月，而百化興焉。如此，則樂者天地之和也。」宇宙萬物生生不息，井然有序，和諧運轉。「大樂與天地同和」，樂之「和」正是宇宙自然和諧運轉的表現。因此，「和，樂之本也」（《呂氏春秋‧察傳》），「樂」本身就具有「和」的精神。

在這段話中，首先，「律和聲」、「神人以和」兩次提到「和」，「八音克諧」一次提到「諧」。「律和聲」和「八音克諧」是「典樂」時要使音樂舞蹈的音調節奏配合和諧；「神人以和」是利用歌舞營造一種人神共娛共樂的氣氛，從而使人和神能夠溝通自由和諧。其次，帝舜要求夔教導貴族子弟要「直而溫，寬而栗，剛而無虐，簡而無傲」，即「為人正直而溫和；處事寬厚而明辨；情性剛毅而不暴虐；態度寬簡而不傲慢」，也表現出中正和諧的意識。可見，「中和之美」的審美意識產生的時間很早，但是這時它還處於一種感性化的層面，先民們只是本能地意識到和諧的樂律是美的，並起到和諧人神的作用，但還沒有上升到理性的高度。只有到周代禮樂文化鼎盛的時期，「致中和」的文化精神深刻影響著藝術精神，「中和之美」才成為藝術上的自覺的審美追求。這一時期的藝術才表現出「中和之美」的風格特徵。

《左傳‧襄公二十九年》記載，吳國公子季札聘問魯國，請求觀賞「周樂」，因為這時周代的禮樂制度在其它許多諸侯國已經遭到破壞，只有魯國還完整地保存有「周樂」，於是主人讓樂工為季札演奏各國的「風」樂、「雅」樂和「頌」樂：

> 請觀於周樂。使工為之歌《周南》《召南》，曰：「美哉！始基之矣，猶未也。然勤而不怨矣。」……為之歌《小雅》，曰：「美哉！思而不貳，怨而不言，其周德之衰乎？猶有先王之遺民焉。」為之歌《大雅》，曰：「廣哉，熙熙乎！曲而有直體，其文王之德乎？」為之歌《頌》，曰：「至矣哉！直而不倨，曲而不屈，邇而不逼，遠而不攜，遷而不淫，復而不厭，哀而不愁，樂而不荒，用而不匱，廣而不宣，施而不費，取而不貪，處而不底，行而不流。五聲和，八風平，節有度，守有序，盛德之所同也。」

從這段文字來看，樂工每奏一曲，季札都要作出評價。對於「風」樂和「雅」樂，季札主要從「美」和「善」的角度來評價，不同程度地肯定其「美善統一」，而對於「頌」樂，則主要肯定其具有「中和之美」。他說「頌」樂剛勁而不放肆，柔曲而不卑弱；緊密而不侷促，悠遠而不散漫；變化多端而不過多，反覆重疊而不厭倦；哀傷而不憂愁，歡樂而不過度；使用而不匱乏，寬廣而不顯露；施給而不減少，收取而不增多；靜止而不留滯，流動而不氾濫。[33] 他連用了數對平行的、具有對立關係的句子來稱讚「頌」樂。這種「A 而非 A±」的句式，依據的是一種「中庸」的哲學尺度，強調的是「溫柔敦厚」「中和之美」。[34] 就「哀而不愁，樂而不荒」來說，「哀」和「樂」是對立的情感關係，「頌」樂在表達「哀」、「樂」的情感時，恰到好處。「哀」用「不愁」來制約；「樂」用「不荒」來制約。因此，「哀」和「樂」都成了適度中節的情感，既沒有過分的哀傷，也沒有過分的淫樂。正如李澤厚所說：「從一開始，華夏美學便排斥了各種過分強烈的哀傷、憤怒、憂愁、歡悅和種種反理性的情慾的展現，甚至也沒有像亞里斯多德那種具有宗教性的情感洗滌特點的宣洩──淨化理論。中國古代所追求的是情感符合現實身心和社會群體的和諧協同，排斥偏離和破壞這一標準的任何情感（快樂）和藝術（樂曲）。」[35]「頌」樂在處理各種對立關係時，無過之也無不及，恰到好處，而且「五聲和，八風平，節有度，守有序」，即五聲和諧，八音協調，節奏有度，鳴奏有序。因此，季札稱其美是「至矣哉」！而這種美正是一種「中和之美」。周樂中的「雅頌」之樂也確實具有一種「中和之美」，節奏適中，音調和諧，旋律柔和。《禮記‧樂記》就說：「故聽其《雅》

---

33 譯文參見李夢生：《左傳譯注》，上海，上海古籍出版社，2004，第874頁。
34 李澤厚：《美學三書》，合肥，安徽文藝出版社，1999，第238頁。
35 李澤厚：《美學三書》，合肥，安徽文藝出版社，1999，第239頁。

《頌》之聲，志意得廣焉；執其干戚，習其俯仰詘伸，容貌得莊焉；行其綴兆，要其節奏，行列得正焉，進退得齊焉。故樂者，天地之命，中和之紀，人情之所不能免也。」《詩‧周頌‧有瞽》是一首合樂祭祖的「頌」樂：「有瞽有瞽，在周之庭。設業設虡，崇牙樹羽。應田縣鼓。鞉磬柷圉。既備乃奏，簫管備舉。喤喤厥聲，肅雝和鳴，先祖是聽。我客戾止，永觀厥成。」就描寫了一個鐘鼓齊鳴、簫管合奏、肅雝和鳴的合樂場面。而周樂對於那些狂放、刺激、大喜大悲之類的聲樂和歌舞都是禁止的。《周禮‧春官‧大司樂》曰：「凡建國，禁其淫聲、過聲、凶聲、慢聲。」即是此意。總之，西周中期至春秋中後期禮樂文化中的藝術上體現出一種「中和之美」的風格特徵。

　　《左傳‧昭西元年》記載一段晉侯與醫和的對話，也論及到「中和之美」：

> 晉侯求醫於秦。秦伯使醫和視之，曰：「疾不可為也。是謂：『近女室，疾如蠱。非鬼非食，惑以喪志。良臣將死，天命不祐。』」公曰：「女不可近乎？」對曰：「節之。先王之樂，所以節百事也，故有五節，遲速本末以相及，中聲以降，五降之後，不容彈矣。於是有煩手淫聲，慆堙心耳，乃忘平和，君子弗聽也。物亦如之，至於煩，乃舍也已，無以生疾。君子之近琴瑟，以儀節也，非以慆心也。」

晉侯身體生病了，求醫於秦伯，秦伯便派來醫和給他看病。醫和診斷後指出晉侯生病，乃是沉迷於聲色所致，並就先王之樂發表了一通議論。醫和認為，先王之樂是用來節制百事的，有五聲作為節制，有快慢本末來調節，從中和之聲下降，降於五聲就不再彈了。再彈就會「煩手淫聲，慆堙心耳，乃忘平和」，最後導致「生疾」。「夫樂者，

樂也，人情之所不能免也。樂必發於聲音，形於動靜，人之道也……
故人不耐無樂。」[36]「樂」是人情獲得快樂所不可缺少的，但是
「樂」要「節之」，「先王之樂，所以節百事也。」先王之樂追求的是
五聲的和諧、節奏的快慢適度，使人的心理平衡和平和，而不是使人
心志佚蕩。先王之樂實際上是既滿足人的情感快樂的需要，但又節制
它，從而保持在「中和」的狀態。《禮記・樂記》中也說：

> 是故先王本之情性，稽之度數，制之禮義。合生氣之和，道五
> 常之行，使之陽而不散，陰而不密，剛氣不怒，柔氣不懾。四
> 暢交於中而發作於外，皆安其位而不相奪也。

就是說，先王制樂是根據人的性情，考察音律的度數，並以禮義來節
制。這樣的樂就能合乎陰陽二氣的和諧，遵循五行運轉的規律；樂作
時聲音飛揚但不散漫，樂結時聲音沉靜但不鬱結，有陽剛之氣但不粗
暴，有陰柔之氣但不畏懼。這樣的四種精神融會於樂中而演奏出來，
宮、商、角、徵、羽五聲，就能各得其所而互不侵奪。可見，先王之
樂具有一種「中和之美」，而這裡的「先王之樂」主要指周樂，即是
說周樂具有一種「中和之美」。如備受孔子稱讚的《韶》樂，是「盡
美矣，又盡善也」[37]，就具有一種「中和之美」。再如《關雎》《卷耳》
《葛覃》等這些進入周樂的詩歌也具有「中和之美」。《儀禮・鄉飲酒
禮》說：「乃合樂：《周南》，《關雎》《葛覃》《卷耳》；《召南》，《鵲
巢》《采蘩》《采蘋》。工告樂正曰：『正歌備。』樂正告於賓，乃
降。」從這段文字來看，周代貴族在舉行「鄉飲酒禮」時要演奏《關

36　《禮記・樂記》。

37　《論語・八佾》。

睢》《卷耳》等詩樂,據《儀禮》記載,這些詩樂也在舉行「燕禮」
「鄉射禮」上演奏。可惜這些詩歌的曲調沒有保存下來,我們今天已
無法確切地知曉其原初的風貌,但是從這些詩歌的歌詞來看,它們確
實具有一種「中和之美」。如《關睢》是一首愛情詩,描寫一個貴族
青年熱戀著一個採集荇菜的女子。當那位青年求愛不成時,情緒低
落,感到悲傷,但沒有過度,成為無限的哀傷;當他求愛成功時,情
緒高漲,感到歡樂,但是沒有歡樂過度,成為放縱的淫樂。可見,
《關睢》無論表達「哀情」還是「樂情」都很適度,符合「中和」的
原則,它也就具有一種「中和之美」,像《葛覃》《卷耳》《鵲巢》等
詩也是如此。

西周中期至春秋中後期周代禮樂文化中體現的「中和」思想以及
這一時期藝術上體現的「中和之美」,對後來儒家的審美思想產生了
深遠的影響。以孔子為代表的儒家所推崇的「溫柔敦厚」「廣博易
良」的行為風格正是「中和之美」的具體體現。《禮記・經解》中記
有一段傳說是孔子所說的話:

> 孔子曰:「入其國,其教可知也。其為人也,溫柔敦厚,《詩》
> 教也;疏通知遠,《書》教也;廣博易良,《樂》教也。絜靜精
> 微,《易》教也;恭儉莊敬,《禮》教也;屬辭比事,《春秋》
> 教也……其為人也,溫柔敦厚而不愚,則深於《詩》者也。」

依照孔子所說,進入一個國家,可以看出這個國家對國民的教化情況
怎樣,如果民風民情(包括為人)溫和淳厚,那是《詩》教的結果。
可見「溫柔敦厚」本是指儒家的行為風格和人格理想,要求君子要性
情柔順、和顏悅色、溫文爾雅。這其實也是周代統治階級對貴族子弟
的教育要求。《周禮・春官・大司樂》曰:「以樂德教國子中、和、

祗、庸、孝、友，以樂語教國子興、道、諷、誦、言、語，以樂舞教
國子舞《雲門》《大卷》……」就是說，要用樂德教育貴族子弟具備
忠誠、剛柔得當、恭敬、有原則、孝順父母、友愛兄弟等良好德行。
在孔子看來，君子的「溫柔敦厚」的德行是《詩》教的結果，那麼，
反過來，教育君子的《詩》也就必然要求有「溫柔敦厚」的品質。這
就要求詩（藝術）要用含蓄蘊藉的言辭和比興寄託的方法來委婉曲折
地表達思想情感，無論是吟詠情性，還是怨刺朝政，都要在統治階級
能夠接受和允許的範圍內進行，要合乎中正平和的原則。後來的儒家
對「溫柔敦厚」的解釋都是把它當成作詩的原則了。如孔穎達《禮記
正義》釋該句云：「溫謂顏色溫潤，柔謂情性和柔。《詩》依違諷諫，
不指切事情，故雲溫柔敦厚是《詩》教也。」就是如此。儒家要求詩
歌（藝術）要具有「溫柔敦厚」之美，實際上也就是要求藝術要具有
一種「中和之美」。這正是周代禮樂文化體現的「中和」文化精神和
「中和之美」的藝術精神對儒家藝術精神產生影響的結果。

　　總之，西周中期至春秋中後期是周代禮樂文化最鼎盛並由鼎盛走
向衰退的時期。這一時期的禮樂，作為禮樂制度，是周代奴隸社會的
一項根本制度，擔負著維護周代社會等級制度和社會穩定的重任；作
為道德規範，貫穿在周代社會生活的方方面面。周代禮樂文化非常強
調禮和樂相需為用，禮和樂互補互重。這就使得周代禮樂文化突出地
表現出一種「致中和」的文化精神。這種文化精神深深地影響著周代
禮樂文化中的藝術精神。周初藝術中那種猙獰、神秘的風格特徵在這
一時期的藝術中慢慢消失褪去，代之而起的是一種「中和之美」的風
格特徵。謝崇安說：「西周中期以後的藝術風格就是追求中庸平淡的
和諧，它既體現了周人敬德重民的守成思想，同時也是過去的神秘宗
教和神聖王權衰落的表現。」[38]這是符合事實的論斷，他所說的「中

---

38 謝崇安：《商周藝術》，成都，巴蜀書社，1997，第242頁。

庸平淡的和諧」就是「中和之美」。這種「中和之美」，既是倫理的，
又是審美的，是「至善」與「至美」的統一。它被後來的儒家所繼
承，並具體化為「溫柔敦厚」的詩教觀。中國數千年來的古典藝術儘
管有過千姿百態的風格流派，但主流藝術始終在這種詩教觀的規範下
生長和發展，「中和之美」始終是中國古典藝術的審美理想。因此，
中國的古典藝術總體上表現出一種中正平和、含蓄蘊藉、委婉圓潤的
風格特徵，成為世界文化藝術寶庫中一顆具有東方民族藝術特色和藝
術魅力的璀璨的明珠。童慶炳從文論的角度也說：「如果說西方文論
主要根植於衝突情境，以衝突的解決為美的話，那麼中國的古典文論
就根植於中和情境。以中和為美，是中國文論的一大民族文化個
性。」[39]這是非常深刻的認識。的確，就審美欣賞來說，具有「中和
之美」的藝術也確實能夠給人的心理和生理上帶來愉悅，得到美的享
受；失去「中和之美」的藝術，可能會造成人的心理上和生理上的損
害，更談不上具有美了。如二十世紀八〇年代中期，西方國家流行的
節奏強烈和宣洩情感的迪斯可舞、搖擺舞和霹靂舞等傳入中國，一時
在年輕人中大為盛行，但這種所謂的「現代舞」是西方後工業社會快
節奏生活的產物，是空虛、壓抑和焦慮的後現代生活的一種歇斯底里
式的宣洩。從藝術審美角度來看，它只是給人以一時感官上的刺激，
可能暫時迎合一部分人的審美趣味，也許一時火爆流行，但它不符合
審美欣賞應有的要求，最終會隨著時間的推移，遭到歷史無情的淘
汰。但是，我們也應該看到，「中和之美」的藝術精神和審美理想也
有它的局限性：（一）如過分強調藝術的「溫柔敦厚」的一面，就會
使藝術成為道德教化的附庸，削弱了藝術自身的獨特魅力，藝術家的
情感活動也受到倫理道德的束縛，不能自由發揮和盡情表達，這就可
能為了追求「善」，而失去了「美」和「真」；（二）過分強調藝術的

---

39 童慶炳：《中國古代文論的現代意義》，北京，北京師範大學出版社，2001，第53頁。

「中和之美」，也會忽視藝術的「偏至之美」，中國古典藝術中很少有大喜大悲、震撼人心的作品出現，與此不無關係。這也是中國藝術缺少像古希臘悲劇和喜劇那樣作品的原因之一，中國的戲劇藝術總是遵循著善有善報、惡有惡報的人生哲學原則，故事雖曲折離奇，結局終歸要人為地團圓美滿，這就會顯得做作、欠真實；（三）過分強調藝術要具有「中和之美」，也會使原本豐富多彩的藝術種類和風格流派變得單一，就會使原本琳琅滿目的藝術寶庫變得單調乏味。因此，對於周代禮樂文化中藝術上體現的以「中和」為美的藝術精神及其對後代藝術的深遠影響，我們要在充分肯定它的基礎上，也要認識到它的不足和局限。

第三節　素樸之美
——西周中期至春秋中後期的藝術風格（下）

上文我們就西周中期至春秋中後期禮樂文化中藝術上體現的「中和之美」的風格特徵進行了論述。除了這種「中和之美」的風格特徵外，這一時期的藝術還體現出一種「素樸之美」，這點無論在其樂舞藝術，還是在其造型藝術中，都有較明顯的體現。這種「素樸之美」也是這一時期禮樂文化中藝術上體現的一種藝術精神。那麼為什麼這一時期的藝術上會體現出一種素樸之美呢？這當然與周代禮樂文化的「致中和」的文化精神密切相關，也與這一時期藝術上以「中和」為美的藝術精神有關。不過，筆者認為，最為重要的還是與周代禮樂文化中尚質貴樸的文化現象和文化精神有密切關係。正因為周代禮樂文化中尚質貴樸的文化現象和文化精神深深地影響著這一時期的藝術精神，使得這一時期的藝術上體現出一種素樸之美。下面我們先來談談周代禮樂文化中尚質貴樸的文化現象和文化精神。

周代禮樂文化中尚質貴樸的文化精神，首先在其祭祀制度中體現出來。因為祭祀是周代禮樂文化的核心內容之一，自然最能體現尚質貴樸的文化精神。《禮記·郊特牲》中有一段對祭祀所用之物的描述：

> 恒豆之菹，水草之和氣也：其醢，陸產之物也。加豆，陸產也；其醢，水物也。籩豆之薦，水土之品也，不敢用常褻味而貴多品，所以交於神明之義也，非食味之道也。先王之薦可食也，而不可耆也。卷冕路車，可陳也，而不可好也。《武》壯，而不可樂也；宗廟之威，而不可安也；宗廟之器可用也，而不可便其利也。所以交於神明者，不可以同於所安樂之義也。酒醴之美，玄酒明水之尚，貴五味之本也；黼黻文繡之美，疏布之尚，反女功之始也；莞簟之安，而蒲越、稿鞂之尚，明之也；大羹不和，貴其質也；大圭不琢，美其質也；丹漆雕幾之美，素車之乘，尊其樸也，貴其質而已矣。所以交於神明者，不可同於所安褻之甚也，如是而後宜。鼎俎奇而籩豆偶，陰陽之義也。黃目，鬱氣之上尊也，黃者中也，目者，氣之清明者也，言酌於中而清明於外也。祭天掃地而祭焉，於其質而已矣。醯醢之美，而煎鹽之尚，貴天產也。割刀之用，而鸞刀之貴，貴其義也：聲和而後斷也。

這段話主要對周代禮樂文化的祭祀制度中所用的祭祀之物進行描述，內容很豐富，涉及的祭祀所用之物也很多。但是從所描述的祭祀用物來看，很容易發現周代的祭祀制度中貫穿著一種尚質貴樸的文化精神。「大羹不和，貴其質也；大圭不琢，美其質也；丹漆雕幾之美，素車之乘，尊其樸也，貴其質而已矣。」祭祀用的羹湯是用不加任何調料、白水煮的肉湯，這是珍視其本質；天子祭祀所用的圭玉並不細

加雕琢，這是喜愛其寶質；天子所坐之車既有塗飾丹漆、雕刻華美之
車，也有裝飾素樸之車，而天子去郊祭時卻常常乘坐素車，這是以素
樸為尊，以儉質為貴。《禮記·禮器》中也有類似的表達[40]。可見，周
代祭祀制度中確實以質樸為尊為貴，具有一種崇尚質樸的精神。

　　周代祭祀制度中，祭祀用酒的排列位次也體現出這種尚質貴樸的
文化精神。「酒醴之美，玄酒明水之尚，貴五味之本也。」《禮記·禮
器》中也說：「醴酒之用，玄酒之尚。」「酒醴」（或「醴酒」）自然指
甘醇美味的好酒，那麼「玄酒」「明水」是指什麼呢？實際上，二者
稱謂不同，實指一物，均指清淡之水。人們在飲用時以釀造的甘醇美
味的好酒為美，但在祭祀時卻以清水為貴，把清水擺放在好酒之上，
「玄酒」的地位反而比「醴酒」的地位高。這是周禮祭祀制度中強調
「貴本」「貴質樸」的精神使然。「玄酒」是「五味之本」，是最為
「質樸」的，自然最為尊貴。因為在沒有「五味」（五種酒）之初，
先有水，水是「五味之本」，最為「貴」。因此，在周禮祭祀中，清水
的地位反而比好酒的地位高。那些酒味越濃的好酒越是處在次等的地
位，酒味越淡的次酒越是處在至尊的地位。《禮記·禮運》曰：「故玄
酒在室，醴、醆在戶，粢醍在堂，澄酒在下。」《禮記·坊記》亦
曰：「醴酒在室，醍酒在堂，澄酒在下。」玄酒沒有酒味，最淡薄，
卻處於室中。從醴酒開始，到醆、粢醍、澄酒，酒味由淡而濃，反而
它們所處的位次卻由高而下。澄酒是一種紅赤色而清澄的酒，最為醇
美，卻放置在遠離祭祀中心的堂下。這正是周代祭祀制度中「尚質貴
樸」的文化精神在祭祀用酒上的反映。周代祭禮中「玄酒」的地位最
高，這在周初的祭祀中就已經出現。《史記·周本紀》中記有武王伐

---

40 《禮記·禮器》說：「有以素為貴者，至敬無文，父黨無容，大圭不琢，大羹不和，
　大路素而越席，犧尊疏布鼏，樿勺，此以素為貴也。」

紂克商後舉行社祭的一段文字:「……（武王）既入,立於社南大卒之左,〔左〕右畢從。毛叔鄭奉明水,衛康叔封布茲,召公奭贊采,師尚父牽牲……武王又再拜稽首,乃出。」武王克商後要舉行盛大隆重的社祭,「毛叔鄭奉明水」以祭,這就說明「明水」（清水）在祭祀中處於最尊貴的地位。

周代祭祀制度中還崇尚「天產」的祭品。「醯醢之美,而煎鹽之尚,貴天產也。」醯醢是指醋和肉醬,是根據人的口味人為製成的,自然美味可口,而煎鹽是海水自然曬成的天然鹽塊,談不上美味可口。人們在宴饗時以「醯醢」為美,但在祭祀時卻以「煎鹽」為貴,把煎鹽擺放在「醯醢」之上。這是為什麼呢?因為周禮「貴天產」,而「煎鹽」是「天產」的,自然地位比「醯醢」高。周禮祭祀中所用的「天產」的祭品種類很多,如葅菜之類就是如此。「恒豆之葅,水草之和氣也:其醢,陸產之物也。加豆,陸產也;其醢,水物也。」祭祀所用的葅菜之類都是水中得到和美之氣自然生長的菜蔬製成的;與之相配的肉醬都是陸地上自然生長的野獸的肉調配的,甚至直接採集來的野菜也可以作祭祀先公先王之用。《左傳・襄公二十八年》說:「濟澤之阿,行潦之蘋藻,寘諸宗室,季蘭屍之,敬也。」就是把從野外採集來的蘋、藻之類的野菜,放在宗廟中作為祭品,季蘭作為屍祭接受了它,而這卻被認為是很恭敬的事。《詩・召南・采蘋》更是用形象、生動的語言描述了這一過程:「於以采蘋?南澗之濱。於以采藻?於彼行潦。於以盛之?維筐及筥。於以湘之?維錡及釜。於以奠之?宗室牖下。誰其屍之?有齊季女。」一位年輕的女子從南山的溪水邊、路邊的溝水間採來蘋菜、水藻,用筐盛,用鍋煮,送到宗廟天窗下,作為祭祀先祖的祭品。《禮記・昏義》中也說:「是以古者,婦人先嫁三月……教以婦德、婦言、婦容、婦功。教成祭之,牲用魚,之以蘋藻,所以成婦順也。」古代女子出嫁前三月,要在祖廟

或宗廟中接受各種教育，學成後還要向祖先報告而舉行祭禮，用魚做祭祀用牲，用蘋菜、藻菜做祭祀用的菜羹。周代祭祀中頻繁地使用「天然」的祭品，這就說明了周禮中「貴天產」，其實質是周代祭祀制度中「尚質貴樸」的文化精神在周禮祭品上的反映。

　　周代的祭祀制度中，尚玄酒，貴天產，還尚腥血，貴氣臭。《禮記·郊特牲》曰：

　　　　郊血，大饗腥，三獻爓，一獻孰，至敬不饗味，而貴氣臭也。

郊祭是祭天，用犧牲的鮮血；宗廟中合祭祖先用犧牲的鮮肉；祭祀社稷神、五祀神要行三獻之禮，使用開水煮過的半生半熟的牲肉；祭祀各路小神要行一獻之禮，使用熟透的牲肉。從祭天到祭祖先、祭社稷、祭五祀，再到祭各路小神，祭祀對象的地位越來越低，而祭品從腥血到鮮肉、半生半熟肉，再到熟肉，卻越來越美味。為什麼會這樣呢？這是因為越是受人尊敬崇拜的神靈，其享用的祭品越是遠離人間的美味美食，至尊至敬的神靈不以人間的美味美食為貴，而以犧牲的鮮血、鮮肉為貴。可見，周代祭祀中「貴氣臭」、貴生肉，這正是周禮中「尚質貴樸」的文化精神的典型體現。《禮記·樂記》曰：「大饗之禮尚玄酒而俎腥魚。大羹不和，有遺味者矣。」《禮記·禮運》亦曰：「作其祝號，玄酒以祭，薦其血毛，腥其俎，孰其殽，與其越席，疏其布冪，衣其澣帛，醴、醆以獻，薦其燔炙。」都是在說明腥魚、毛血等作為祭品在祭祀中的重要地位。《詩·小雅·信南山》對此有生動形象的描述：

　　　　祭以清酒，從以騂牡，享於祖考，執其鸞刀，以啟其毛，取其
　　　　血膋。

> 是烝是享，苾苾芬芬，祀事孔明，先祖是皇，報以介福，萬壽
> 無疆！ [41]

意思是說，在神靈面前斟上酒，再獻上赤黃大公牛，以供祖先來享
受，操起鋒利的金鸞刀，割開公牛頸下毛，取其牛血與脂膏……周代
祭祀制度不但祭品尚質貴樸，就是祭祀所用的祭器也是如此。「割刀
之用，而鸞刀之貴，貴其義也」「黼黻文繡之美，疏布之尚，反女功
之始也」「莞簟之安，而蒲越、稿鞂之尚，明之也。」就是說，割刀
鋒利，便於切割，但在祭祀中卻用古樸的鸞刀；繪繡黼黻紋飾的布帛
雖然很美，但在祭祀中卻使用粗布；莞草、細竹編製的席子便於安
臥，但在祭祀中還是使用蒲草和禾稈編製的粗席。可見，周代的祭器
也崇尚和珍重古樸、簡陋的器物。這正是周代祭祀制度中尚質貴樸的
文化精神在祭器上的反映。

周代禮樂文化（主要指西周中期至春秋中後期的禮樂文化）中的
尚質貴樸的文化精神還很明顯地體現在周代的用樂制度中。《禮記・
樂記》中說：

> 是故樂之隆，非極音也。食饗之禮，非致味也。《清廟》之
> 瑟，朱弦而疏越，壹倡而三歎，有遺音者矣。

《荀子・禮論》也說：

> 《清廟》之歌，一倡而三歎也，縣一鐘，尚拊之膈，朱弦而通

---

[41] 《詩・小雅・楚茨》中也有這樣的描述：「濟濟蹌蹌，絜爾牛羊，以往烝嘗。或剝
或亨，或肆或將。祝祭於祊，祀事孔明。先祖是皇，神保是饗。『孝孫有慶，報以
介福，萬壽無疆！』」

越也，一也。

《清廟》是《詩·周頌》中的一篇，是周代後人祭祀文王於宗廟的樂章。[42]據王國維《天子諸侯士大夫用樂表》考證，《清廟》不僅是天子舉行祭祀時的用樂，還是天子視學養老禮、天子大饗禮、天子大射禮、兩君相見禮的用樂。[43]如《禮記·祭統》中說：「夫大嘗，升歌《清廟》，下而管《象》，朱干玉戚以舞《大武》，八佾以舞《大夏》。」《禮記·文王世子》說：「天子視學，大昕鼓徵……登歌《清廟》，既歌而語。」《禮記·仲尼燕居》中也說：「兩君相見……揖讓而升堂，升堂而樂闋（《清廟》）。下管《象》《武》……升歌《清廟》，示德也。」可見，《清廟》之樂被廣泛地用於周代禮樂制度的許多禮儀場合。那麼，《清廟》之樂是什麼樣的樂曲呢？從上面引文中可知，《清廟》之樂是用「朱弦而疏越」的瑟來演奏的。「朱弦」，是指用水煮過並染成紅色的熟絲製成的琴弦，據說這樣的琴弦彈奏的聲音較低沉；「疏越」，是指瑟的底部小孔稀疏（越：瑟底的小孔），瑟底的小孔稀疏，發出的聲音就遲緩。既然演奏《清廟》之瑟是「朱弦而疏越」，演唱又「一倡而三歎」，那麼《清廟》之類的古樂聲音必定低沉而遲緩，節奏平和而緩慢，歌唱悠揚而舒緩，這與當時那些節奏輕快、曲調動聽的「新聲」、「俗樂」相比較，就顯得古老而又質樸。從欣賞的角度來看，它往往不如「新聲」、「俗樂」吸引聽眾，甚至使人聽時昏昏欲睡。這就難怪魏文侯「端冕而聽古樂，則唯恐臥」了。但是《清廟》之類的古樂卻被廣泛地用於周代的祭祀、朝會、宴饗等許多重要場合。這就充分說明周代的用樂制度也尚質貴樸。

42　《詩·周頌·清廟》：「於穆清廟，肅雝顯相。濟濟多士，秉文之德。對越在天，駿奔走在廟。不顯不承，無射於人斯。」

43　王國維：《釋樂次》，見《觀堂集林》卷二，北京，中華書局，1959，第104頁。

　　由此可見，周代的祭祀制度和用樂制度都體現出一種尚質貴樸的文化精神。那麼為什麼會出現這種情況呢？我們認為至少有兩個方面原因。

　　其一，周代祭祀制度和用樂制度中尚質貴樸的文化精神與周禮不忘本、報本的精神有關。

> 禮也者，報也。（《禮記‧樂記》）
>
> 君子反古復始，不忘其所由生也。（《禮記‧祭義》）
>
> （社祭）大報本反始也。（《禮記‧郊特牲》）
>
> 禮也者，反本修古，不忘其初也……是故先王之制禮也，必有主也。（《禮記‧禮器》）

《禮記‧禮器》孔穎達疏曰：「主謂本與古也。即初不可忘，故先王制禮，必有反本修古之法也。」這些都很清楚地說明周禮具有貴本、不忘本、反本的文化精神。所以鄒昌林說：「古禮自身內在地包含有『本』和『古』的根源，古人制禮的目的，就是為了通過『本』與『古』的根源，使後人不忘其初始的情況。」[44]我們知道，周族在伐紂滅商之前，還是一個以家族公社為組織形式的氏族社會，在建邦立國進入奴隸制階級社會以後，過去那種原始社會的生活離他們並不遙遠，遠古時代的生活還記憶猶新：沒有宮室，冬天就住在洞穴裡，夏天就住在窩巢裡；餓了就採集野果野菜或獵狩鳥獸來充饑；沒有絲麻布帛，就用羽毛或獸皮來遮擋身體；敬獻鬼神時也只是敲打著簡陋的土鼓，用清水、野菜、鮮血和生肉當祭品。因此，當周人建立起自己的政權，過上「幸福」、「美滿」的生活後，他們仍「不忘其初」，「報

---

44 鄒昌林：《中國禮文化》，北京，社會科學文獻出版社，2000，第72頁。

本反始」，就在祭祀活動中繼承了遠古先民們的飲食生活方式，沿襲了他們敬獻鬼神的祭祀方式，並以此來表達對過去生活的懷念和對上帝祖先神靈的崇敬之情。因此，在周禮中就出現了崇尚質樸的現象。

其二，這種尚質貴樸的文化精神還與周禮祭祀對自身的要求有著密切關係。周人在現實生活中可以享有「優裕」的生活條件，暢飲美酒，飽食佳餚，奢聽新樂，但在各種祭祀活動中卻不能這樣做。因為，祭祀的對象是遠離世俗、不食人間煙火、高高在上的上帝和祖先神靈等。因此，不能把人間現實生活中凡人享受的物品用來敬獻神靈，否則即為不恭不敬，就不能得到上帝和祖先的保祐。《禮記·祭義》說：「齊齊乎其敬也，愉愉乎其忠也，勿勿諸其欲其饗之也！」《禮記·禮器》也說：「洞洞乎其敬也！屬屬乎其忠也！勿勿乎其欲其饗之也！」為了表示對神靈的恭敬和虔誠，就需要用天然的、最初的飲食做祭品；用簡陋的、粗糙的器具做祭器；用古老質樸的古樂做祭祀用樂。同時這樣做也能把神靈和凡人的區別加以擴大和強調，從而更增加神靈的神秘性、威嚴性和神聖性。因此，周禮祭祀對自身的要求就決定其具有尚質貴樸的精神。

周代禮樂文化（主要指西周中期至春秋中後期的禮樂文化）中突出地表現出尚質貴樸的文化現象，體現出尚質貴樸的文化精神。正是這種尚質貴樸的文化現象和文化精神深深地影響著周人的審美意識和審美觀念，使得周人重視事物的本質美、素樸美，因而也深深地影響著這一時期的藝術精神。「素樸之美」成為這一時期藝術上的審美追求，也是這一時期藝術上體現的風格特徵。比如，這一時期的樂舞藝術和青銅藝術就具有一種素樸之美。在樂舞藝術中，大多數天子諸侯士大夫的所用之樂都如同《清廟》之類的古樂一樣，聲音低沉而遲緩，節奏平和而緩慢，歌唱悠揚而舒緩，具有一種素樸之美。像用於周禮中許多重要禮儀場合的《鹿鳴》《四牡》《皇皇者華》《魚麗》《南

有嘉魚》《南山有臺》等詩樂也是如此。

這一時期的青銅藝術也體現出這種素樸之美。從出土的周代的青銅禮器來看，到了西周中期以後，其風格特徵發生了明顯的變化。青銅器的造型與花紋，均趨向簡單素樸。像過去那種怪異可怖的造型和紋飾的青銅器明顯減少，青銅饕餮紋飾在銅器上已經不再占主要位置，慢慢地下降為銅器的柱腳、底座的紋飾。銅器上主要位置的紋飾變成了重環紋、瓦紋、鱗紋等幾何紋飾，甚至素面無紋。銅器上長篇銘文增多，其內容有紀念先祖先宗、賞賜奴隸土地、征伐紀功、官職任命等。因此，這一時期的青銅器整體風格上顯得簡樸凝重、素樸無華。[45]郭沫若歸納中國青銅器時代的第三個時期——開放期（恭、懿以後至春秋中葉）的青銅器的特徵時說：

> 開放期之器物，鼎鬲簠簋多有之……形制率較前期簡便。有紋繢者，刻鏤漸浮淺，多粗花。前期盛極一時之雷紋，幾至絕跡。饕餮失其權威，多縮小而降低於附庸部位，如鼎簋等之足。夔龍夔鳳等，化為變相夔紋，盤夔紋，變相盤夔紋，而有窮曲紋起而為本期紋繢之領袖。[46]

郭沫若認為，開放期的青銅器形制簡單，紋飾也單純，過去那種繁冗複雜的饕餮紋下降為附庸的地位，代之以變相夔紋、盤夔紋、窮曲紋等。這是非常深刻的認識。彭亞非也說：「到西周中期（大約自周穆王以後），周朝的青銅禮器發生了明顯的變化。整體風格變得簡樸凝重，具體表現則是花紋簡省，工藝粗糙，多有記述事功、祖先福澤或

---

45 杜迺松、杜潔珣：《步入青銅藝術宮殿》，北京，人民教育出版社，1989，第37頁。
46 郭沫若：《青銅時代‧彝器形象學試探》，北京，科學出版社，1957，320頁。

王室恩典的長篇銘文。」[47]我們以這一時期著名的銅器毛公鼎和矢人盤為例來說明這一問題。毛公鼎是西周宣王時的銅器，現藏於臺北「故宮博物院」，清道光年間出土於陝西省岐山縣周原。此鼎通高五十三點八公分。從形制上看，此鼎器形作大開口，半球狀深腹，三隻蹄形足，口沿上豎立形制高大的雙耳。從紋飾上看，此鼎不再以猙獰可怖的饕餮紋作主要裝飾，除了鼎腹上部飾以重環紋帶，環大小相間，圓橢相隨，其餘皆素面無紋。全器表面裝飾十分整潔，顯出整齊肅穆、樸實無華的風格特點。腹內上自口沿，下至腹底，有銘文三十二行，四九七字，是目前所見青銅器上最長的銘文。銘文書體嚴謹、勻稱，內容是關於周王對毛公冊命的記錄。[48]再來看矢人盤，矢人盤，又稱散氏盤，是西周後期的青銅器。盤高二十一點五公分，口徑五十六公分。矢人盤形制為圓形，淺腹，圈足較高。腹上有兩耳，腹足飾有夔紋和饕餮紋形象。整個盤體顯得典雅素樸，優美自然。盤內底鑄有銘文十九行，三百餘字。銘文內容是關於貴族矢劃田給貴族散氏情況的記錄。[49]可見，西周中期以後，青銅藝術總體上體現出一種整潔肅穆、素樸無華的風格特徵。

　　總之，西周中期至春秋中後期的禮樂文化中，祭祀是其核心內容之一。在這一時期的祭祀制度和用樂制度中都表現出一種尚質貴樸的文化現象，貫穿於其中的是一種尚質貴樸的文化精神。這種尚質貴樸的文化現象和文化精神深深地影響著這一時期的藝術精神。從樂舞藝術和青銅藝術來看，「素樸之美」是這一時期藝術上表現出來的總體

---

47 彭亞非：《華夏審美風尚史》第2卷，鄭州，河南人民出版社，2000，第450頁。

48 李澤奉、劉如仲主編：《銅器鑒賞與收藏》，長春，吉林科學技術出版社，1994，第104頁。

49 杜迺松、杜潔珣：《步入青銅藝術宮殿》，北京，人民教育出版社，1989，第104-105頁。

風格特徵，以素樸為美也是這一時期藝術上體現的藝術精神。當然，我們說這一時期的藝術上具有一種「素樸之美」，只是就總體上而言，並不是說這一時期的藝術就沒有「繁飾美」。實際上，周代禮樂文化中的藝術也具有「繁飾美」，只是不占主流地位而已。《禮記・禮器》說：「禮有以文為貴者。天子龍袞，諸侯黼，大夫黻，士玄衣纁裳；天子之冕，朱綠藻十有二旒，諸侯九，上大夫七，下大夫五，士三：此以文為貴也。」天子、諸侯、大夫、士的衣服上都繡著色彩各異、精美絕倫的圖案，他們戴的冕上也懸佩有紅綠色絲繩穿的玉串。這裡就明顯地表現出一種「繁飾美」（當然，這只是就廣義上的藝術而言）。周代禮樂文化中尚質貴樸的文化精神和這一時期藝術上體現的以素樸為美的藝術精神，對後世的藝術精神和美學精神產生了深遠的影響。我們常常把後世藝術上追求的「素樸之美」的精神根源追溯到道家那兒，其實，真正的根源可以追溯到周代禮樂文化尚質貴樸的文化精神和這一時期藝術上體現的以素樸為美的藝術精神之上。因為，我們總是認為道家反對禮樂文化，其「素樸之美」的思想根本不會根源於周代禮樂文化了。其實，這種認識是有問題的。實際上，道家與周代的禮樂文化有著一定的淵源關係。道家的創始人老子不就是周朝的「守藏室之史」嗎，據說孔子還向他問禮[50]。周代的禮樂文化的精神能不對道家的思想產生影響嗎？老子幻想人類要回到「小國寡民」的原始狀態中去[51]，不是與周代禮樂文化尚質貴樸，追懷過去的精神很相似嗎？對此我們回答是肯定的。只不過道家（尤其是莊子）認識到周代禮樂文化有著束縛人性的弊端的一面，從而反對和摒棄周

---

50 《史記・老子韓非列傳》曰：「孔子適周，將問禮於老子。」

51 《老子・八十章》：「小國寡民：使有什伯之器而不用，使民重死而不遠徙。雖有舟車，無所乘之；雖有甲兵，無所陳之。使民復結繩而用之。甘其食，美其服，安其居，樂其俗。鄰國相望，雞犬之聲相聞，民至老死，不相往來。」

代的禮樂文化，但道家骨子裡還是深受周代禮樂文化尚質貴樸精神的影響，從而發揚了其「素樸美」的思想；而儒家則繼承了周代的禮樂文化傳統，但在藝術思想上卻用「繁飾美」來調和「素樸之美」，提出「文質彬彬」[52]的美學思想，再到後來（如戰國後期、特別是漢代）則推崇「繁飾美」了。因此，我們說後代藝術上追求的「素樸美」，其最終根源可以追溯到周代的禮樂文化上。這需要專文討論，在此不再贅述。

第四節　清新、絢麗之美
——春秋末期至戰國末葉的藝術風格

當歷史的車輪駛進春秋末期至戰國時期，中國的歷史也進入一個嶄新的時期。在這一時期，中國古代社會開始由奴隸制社會向封建制社會轉型，而這是一個艱難的過程，因為舊的奴隸主貴族階級並不心甘情願地退出歷史的舞臺，而新興的封建地主階級又迫不及待地渴求登上歷史的舞臺，二者之間必然產生激烈的衝突，這就勢必引起整個社會的大動盪。而社會存在決定社會意識，激烈的社會動盪必然促使意識形態領域內發生劇烈的變化。因此，在這樣的社會背景和時代氛圍中，無神論思想、懷疑論思想蓬勃興起和發展，人的自我意識也逐漸地從宗教束縛中覺醒，人的理性精神和自我價值也日益凸顯。思想意識領域的新變化，必然使這一時期的審美意識和審美風尚也產生新的變化。縱情和愛美之風的盛行就是這種新變化的最突出的表現。因此，這一時期的審美完全突破了周代禮樂制度的束縛，不再作為道德倫理的附庸，追求個人情感上的愉悅和感官上的快適成為審美的主要

---

52 《論語・雍也》。

目的。這種審美上的變化必然影響到藝術創作上的變化。「趨情致美」是這一時期藝術創作上的特點，也是體現在藝術創作中的一種藝術精神。正是這種「趨情致美」的藝術精神滲透在這一時期的藝術創作上，使藝術創作突破過去那種倫理道德的束縛，更加注重創作主體的情感抒發，創作過程更趨向於一種純審美性的表達。這就使得這一時期的藝術作品，完全從過去那種雍容典雅、溫柔敦厚的中和美和古樸美中擺脫出來，表現出一種清新活潑、絢麗多姿之美，給人以一種不同於過去的全新的審美感受。因此，我們可以說，春秋末期至戰國時期的藝術總體上表現出一種清新活潑、絢麗多姿的藝術風格。而以清新活潑、絢麗多姿為美，也是這一時期藝術上體現的一種藝術精神。當然，我們這樣來說，只是就這一時期總體藝術風格而言，如果細加區分，這一時期的藝術風格又有前後兩個不同的階段，春秋末期至戰國前期的藝術更傾向於表現出清新活潑的風格特徵，而戰國中晚期的藝術則更傾向於表現出絢麗多姿的風格特徵。下面我們分別予以論述。

一　清新活潑的藝術風格（春秋末期至戰國前期）

春秋末期至戰國前期的藝術，總體上表現出一種清新活潑的藝術風格，[53]這一點我們可以從這一時期的樂舞藝術和造型藝術上得到見證。在這一時期的樂舞藝術中，古老的宮廷雅樂已經變得僵化，並隨著周代禮樂文化的衰退，逐漸退出歷史的舞臺，取而代之的是俗樂或新聲的興起。修海林說：「春秋戰國時期，音樂生活發生的重大變化

---

53 李心峰：《從藝術種類與藝術風格看中國三代藝術的發展軌跡與輝煌成就──中國三代藝術的意義再論》，《雲南藝術學院學報》2003年第1期。

是，相對於過去的樂在宮廷，現在是樂在民間；相對於過去行樂在禮，現在是行樂在情；相對於過去樂從雅聲，現在是樂從『新聲』（即以鄭衛之音為代表的民間音樂甚至包括夷俗之樂）。」[54]這是很精當的概括。那些內容上多為男女戀歌的俗樂或新聲突破了周代禮樂思想體系的束縛，以輕快活潑的節奏旋律，表達一種自由熱烈的情感，體現出一種清新活潑的藝術風格。《詩經》「國風」中就有一部分「風」詩，與「雅」「頌」詩的緩慢、平和、肅穆的風格迥然有別，往往表現出一種清新、活潑、生動的風格特徵。而《詩經》中的「風」詩大多產生於東周初至春秋中期，那麼在此之後的春秋末期至戰國時期，各地產生的大量民歌俗曲豈不是更具有一種清新活潑的風格，給人以耳目一新的審美享受嗎？春秋末年，民間俗樂不僅盛行於民間，而且還逐漸地進入宮廷，取代了宮廷雅樂的地位，成為貴族階級樂於審美欣賞的對象。晉平公是春秋末期的奴隸主君主，他一再聲稱自己「好音」。所謂「好音」，就是愛好新聲俗曲。《國語‧晉語八》：「平公說新聲」，「說」通「悅」，就是說晉平公喜歡聽以鄭衛之音為代表的「新聲」。《呂氏春秋‧遇合》中記有這樣一件事：「客有以吹籟見越王者，羽角宮徵商不謬，越王不善，為野音而反善之。」越王是春秋末期時人，特別愛好音樂，客人就為他吹奏符合律呂的雅樂，他覺得不好聽，客人為他吹奏鄉調野曲，他反而非常喜歡。為什麼會出現這種情況呢？這當然與新聲、俗曲具有清新活潑的藝術風格，給人以一種全新的審美享受密切相關。這裡順便提一下，春秋後期的新聲或俗樂的興起，除了與適宜於產生它的民間世俗的文化土壤關係密切外，還與這一時期的許多宮廷樂師流落民間有關。《論語‧

---

54 修海林：《古樂的沉浮——中國古代音樂文化的歷史考察》，濟南，山東文藝出版社，1989，第31頁。

微子》說:「大師摯適齊,亞飯干適楚,三飯繚適蔡,四飯缺適秦,鼓方叔入於河,播鼗武入於漢,少陽師、擊磬襄入於海。」從這段話裡可知,魯國的宮廷樂師在國家朝政和禮樂制度遭到破壞的情況下,紛紛逃離魯國,流落到各地,這就為樂舞藝術的傳播起到一定的促進作用。這些宮廷樂師精通樂律,熟諳樂藝,流落到民間期間,很有可能對民間俗樂進行選擇、加工和改造,從而促進民間俗樂的興起和發展,當他們再次回到宮廷時,又可能把俗樂新聲帶回宮廷和貴族家庭,擴大俗樂新聲的傳播。魯國的宮廷樂師是如此,其它國家的樂師很有可能也是如此。因此,我們說春秋中後期的新聲或俗樂的興起和發展,與各國的宮廷樂師流落到民間不無關係。

春秋末期至戰國前期的造型藝術也表現出一種清新活潑的風格,尤其在這一時期的青銅器藝術中體現得很明顯。春秋末期的青銅器蓮鶴方壺就是其中最著名的一例。蓮鶴方壺一九二三年出土於河南新鄭李家樓。此壺高一一八公分,口長三十點五公分,整體呈橢方形,有蓋。壺耳為兩條伏龍,爬伏於陡立的壺壁上。壺體上的紋飾和前期的紋飾相差不大,似盤結糾纏的龍螭紋,龍螭浮凸,連綿不絕。最妙的是蓋頂的裝飾,與前期很不相同。蓋頂如一朵盛開的蓮花,有兩重花瓣,向四面張開,瓣葉鏤空,蓮瓣正中鑄有一隻婷婷玉立的仙鶴,展其雙翅,引頸欲鳴,衝天而立,姿態婀娜。[55]從壺蓋頂端的這隻清新俊逸、展翅欲飛的白鶴來看,它正是春秋晚期的青銅藝術從商周時代那種原始宗教、半神話狀態、禮器藝術中脫穎而出的一個標誌,體現出這一時期青銅藝術的靈巧多變、生動活潑的風格。郭沫若說:「(此壺)而於蓮瓣之中央復立一清新俊逸之白鶴,翔其雙翅,單其一足,

---

55 李澤奉、劉如仲主編:《銅器鑒賞與收藏》,長春,吉林科學技術出版社,1994,第131-132頁。

微隙其喙作欲鳴之狀，余謂此乃時代精神之一象徵也。」[56]馬承源也
說：「……尤其是壺頂蓮瓣中立鶴展翅欲飛的姿態，頗為生動和寫
實，這和商、周青銅器的裝飾花紋基本上是靜態的肅穆的格調，形成
鮮明的對比。春秋晚期社會變動相當劇烈，蓮鶴方壺體現了新時期的
藝術構思。」[57]這就說明春秋末期的藝術趣味、藝術理想、藝術風格
出現了一個嶄新的面貌。下面我們再來看一例。一九六三年，湖南衡
山出土了一件春秋晚期時的青銅器——蠶桑紋尊。此尊通高二十一公
分，口徑十五點五公分。尊呈圓形，侈口，短頸，鼓腹，圈足。此尊
的表面飾有桑葉和春蠶紋，這種紋飾在此前的青銅器中很少見到。在
幾片闊大的桑葉上布滿了許多滾圓可愛的春蠶，它們正在蠕動著，吞
噬著桑葉。這些春蠶姿態各異，很是獨特。更讓人叫絕的是，在此尊
的口沿上群蠶湧動，蠶頭高昂，嗷嗷待哺，充滿著一片生機。[58]可
見，這件蠶桑紋尊的造型單純、輕靈，不再如此前的銅器那樣怪異，
也沒有採用神異的動物造型；其紋飾也不再是饕餮紋、夔紋、龍紋，
而是採用春蠶食桑紋。蠶紋在此前的青銅紋飾中也出現過，但像這樣
的生動活潑，給人以全新感覺的蠶紋，卻不曾出現過。郭沫若在《彝
器形象學試探》一文中曾把中國青銅器時代分成四個時期，他所說的
「新式期」在時間上就相當於春秋中葉至戰國時期。他描述「新式
期」的青銅器特徵時說：

> 新式期之器物，於前期所有者中，鬲甗之類罕見，須亦絕跡，
> 有敦簠諸器新出，而編鐘之制盛行。形式可分為墮落式和精進

---

56 郭沫若：《殷周青銅器銘文研究》，北京，科學出版社，1961，第115-116頁。

57 馬承源：《中國古代青銅器》，上海，上海人民出版社，1982，第114頁。

58 李澤奉、劉如仲主編：《銅器鑒賞與收藏》，長春，吉林科學技術出版社，1994，第
　135頁。

式兩種……精進式,則輕靈而多奇構,紋繢刻鏤更淺細,前期之粗花一變而為極工整之細花……附麗於器體之動物,多用寫實形,而呈生動之氣韻。古器至此期,儼若荒廢之園林,一經精靈之吹歔而突見奇花怒放。[59]

郭沫若所說的「新式期」的銅器特徵完全可以在蠶桑紋尊身上得到印證。蠶桑紋尊形制「輕靈而多奇構」,「附麗於器體之動物」──春蠶,也「多用寫實形,而呈生動之氣韻」,蠶桑紋尊的紋飾也「紋繢刻鏤更淺細」。因此,蠶桑紋尊無論在造型上還是在紋飾上,都體現出一種清新活潑、輕靈奇巧之美。這種清新活潑、輕靈奇巧之美,正是春秋末期至戰國初期的藝術體現出的一種風格特徵,以清新活潑、輕靈奇巧為美也是這一時期藝術上體現的一種典型的藝術精神。

那麼為什麼春秋末期以後的青銅器藝術體現出這種清新活潑的藝術風格呢?我們認為主要有三點原因。

其一,春秋時期,由於社會政治經濟發生劇烈的變革,奴隸制解體,平民的力量開始興起,尤其是春秋末期,民本思想進一步發展,人的理性精神得到進一步高揚,人們要求打破傳統的呼聲日益高漲,商周時期的那種籠罩在人們心靈上的宗教神秘主義氣息逐漸消散。正如李澤厚所說:「懷疑論、無神論思潮在春秋已蔚為風氣,殷周以來的遠古巫術宗教傳統在迅速褪色,失去其神聖的地位和紋飾的位置。再也無法用原始的、非理性的、不可言說的獰厲神秘來威嚇、管轄和統治人們的身心了。所以,作為那個時代精神的藝術符號的青銅饕餮也『失其權威,多縮小而降低於附庸地位』了。」[60]因此,青銅饕餮紋也就慢慢地完成了它的歷史使命,消失褪盡,代之而起的是與時代

---

59 郭沫若:《青銅時代・彝器形象學試探》,北京,科學出版社,1957,321頁。
60 李澤厚:《美學三書》,合肥,安徽文藝出版社,1999,第52頁。

精神相一致的輕鬆活潑的紋飾和造型。

其二，春秋中後期，尤其在春秋末期，由於周代禮樂文化的衰退，禮樂制度再也不能繼續實行下去。原本作為宗廟重器和象徵著統治階級身分地位的青銅器，是不允許私自鑄造的，必須由王室賜給王臣青銅並得到准許後才能鑄造。但是此時，鑄器情況發生了極大的變化，許多諸侯國打破傳統的鑄器規範，都私自鑄造了大量的青銅器。從出土的青銅器來看，不僅有諸侯、卿大夫所鑄的青銅器，連卿大夫的家臣也鑄有青銅器。[61]當然，這也與春秋中後期的金屬冶煉技術的提高有關。春秋以前，青銅冶煉技術不高，產量有限，只有王室才能擁有青銅。而這一時期不但青銅的產量增加了，而且鐵器取代了一部分青銅製品，如兵器，如此便有更多的青銅用來鑄造過去只有王室才能擁有的青銅禮器。因此，春秋末期，青銅器得到前所未有的普及，進入了普通貴族的家庭生活中，恰如「舊時王謝堂前燕，飛入尋常百姓家」，各諸侯貴族在青銅器的製造和使用上，極其放縱和奢華。青銅器不再作為王權的象徵和恐嚇被統治者的手段，它也失去了它的神秘性、威嚴性和可怖性。因此，青銅器的造型和紋飾也就必然不同於過去了。

其三，商周時期的青銅器主要是王室所鑄，其目的是借助青銅器來顯示王權的威嚴、穩固，是作為王權、政權的象徵，所以無論其造型還是紋飾都顯得森嚴、可怖、神秘。即使是王室賜青銅給某個王臣鑄器，王臣鑄器也必須按照禮制的要求，不能隨心所欲地鑄造。但是春秋中後期，禮制的突破，青銅器的普及，各貴族可以按照自己的嗜好要求和目的來鑄器。青銅器原先作為禮器的特性慢慢消失，最終轉變為生活器和工藝品。「而日用化和工藝品化的結果，是一方面其實用性增強，而同時其工藝上也趨於更加考究和精緻，更加重視其審

---

61 彭亞非：《華夏審美風尚史》第2卷，鄭州，河南人民出版社，2000，第450頁。

美裝飾性。」[62]工藝審美成了鑄造銅器的主要追求，這就必然使青銅器的造型和紋飾發生根本性的改變，一種與過去銅器所具有的凝重、莊嚴、單調迥然有異的清新、活潑、開放的風格，也就必然形成了。

二 絢麗多姿的藝術風格（戰國中後期）

戰國中後期的社會變革更加劇烈，民本思潮、思想解放潮流更加高漲，藝術得到進一步的發展。這一時期的藝術在春秋末期至戰國初期的清新開放的藝術的基礎上進一步發展，總體上表現出一種絢麗多姿的藝術風格，[63]當然這一時期具有清新活潑之美的藝術還是不在少數，甚至有些藝術既具有一種清新俊逸之美，又具有一種絢麗多姿之美。一九七七年，在河北平山出土了一件戰國中晚期青銅器——樹形燈。此器就具有一種清新活潑之美。樹形燈，顧名思義器形呈樹形，其伸出的枝端與樹幹頂端共有燈盤十五盞。此器既具有實用性，又具有裝飾美。燈樹上飾有數種動物：樹幹上端有一條螭龍盤纏，枝間有兩隻啁啾小鳥，還有八隻正在戲耍的頑猴，樹下有兩個赤膊男子正在仰頭拋食喂猴。最為有趣的是，樹上兩隻小猴單臂懸掛，伸手乞討，情態甚是滑稽可愛。[64]從此器的造型和裝飾來看，它充分體現了戰國時期清新、生動、寫實的藝術風格。樹上小鳥在啁啾，頑猴在戲耍，還有那樹下飼者在拋食，無不充滿了生活的情趣和氣息，表現出一種清新活潑的美來。而這在商周時代的銅器中幾乎是不可能有的。

---

62 彭亞非：《華夏審美風尚史》第2卷，鄭州，河南人民出版社，2000，第451頁。

63 李心峰：《從藝術種類與藝術風格看中國三代藝術的發展軌跡與輝煌成就——中國三代藝術的意義再論》，《雲南藝術學院學報》2003年第1期。

64 李澤奉、劉如仲主編：《銅器鑒賞與收藏》，長春，吉林科學技術出版社，1994，第141-142頁。

　　戰國中後期的藝術，總體上體現出一種絢麗多姿的藝術風格。對
此我們還是從這一時期的樂舞藝術和造型藝術上來討論。從樂舞藝術
來看，戰國中後期人們更加放縱於樂舞藝術的審美享受中，這一時期
的樂器和樂舞種類大為增加，如過去的樂器主要是鐘、鼓、磬等，此
時出現新的絲絃和吹管樂器。由於「絲竹之聲」婉轉清亮，細膩柔
和，所以很受人們歡迎。《商君書·畫策》說：「是以人主處匡床之
上，聽絲竹之聲，而天下治。」人主聽絲竹之聲而治天下，可能誇大
了絲竹的功能作用，但它說明「絲竹之聲」在時人生活中的重要作
用；金石之樂也競相成為各國宮廷王侯和達官貴族的奢華追求。如大
型打擊樂器——編鐘，在西周時期，為三件一肆；在西周後期至春秋
時期，發展為八至九件一肆；而在戰國時期，竟然發展為十三至十四
件一肆。[65]《墨子·公孟》說：「或以不喪之間，誦《詩》三百，弦
《詩》三百，歌《詩》三百，舞《詩》三百。若用子之言，則君子何
日以聽治？庶人何日以從事？」墨子所說的在「不喪之間」，人們就
弦詩舞樂，並非誇大其詞。春秋戰國時期，貴族階級只有在遇有喪事
和重大災變時，才會「徹樂」、「去樂」。《禮記·曲禮下》說：「大夫
無故不徹縣。士無故不徹琴瑟。」為此，墨子對當時人們普遍地縱情
於弦詩舞樂之中深感憂慮，以至於發出「君子何日以聽治？庶人何日
以從事？」的質問，並提出「非樂」的主張，反對縱情於聲樂之中。
戰國時期人們普遍地縱情於歌兒舞樂的審美享受之中，這就深深地影
響著當時的樂舞藝術的發展。戰國中後期的俗樂、新聲更加繁榮，表
現出絢麗多姿之美。《呂氏春秋·侈樂》說：「亂世之樂與此同。為木
革之聲則若雷，為金石之聲則若霆，為絲竹歌舞之聲則若噪。以此駴
心氣、動耳目、搖盪生則可矣，以此為樂則不樂。」這些若雷若霆若

---

65 杜迺松、杜潔珣：《步入青銅藝術宮殿》，北京，人民教育出版社，1989，第139頁。

噪的木革金石絲竹之聲，駭人心氣，動人耳目，若從周代禮制的要求
來看，則完全不符合其「中和之美」「溫柔敦厚」的審美要求，但是
它卻給戰國時期的樂舞藝術帶來新的生氣和活力，表現出一種絢麗多
姿之美。戰國中後期的民間樂舞也取得極大的成就，尤其是楚國的民
間樂舞更是表現出繁榮的局面。楚國由於它獨特的地理位置和文化氛
圍，它的宗教、藝術和風俗都表現出自己獨特的風格特徵。楚國巫風
盛行，鄉野民間在舉行祭祀儀式時，總是伴以樂舞來娛悅諸神。這些
樂舞多以優美的神話為背景，充滿著浪漫、神奇的情調，從而具有一
種絢麗多姿之美。而這種絢麗多姿之美正是戰國中後期的樂舞藝術體
現出的風格特徵。

　　戰國中後期的造型藝術也體現出一種絢麗多姿的風格，甚至有些
藝術既體現出一種清新俊逸的風格，又體現出一種絢麗多姿的風格。
這在戰國中後期的青銅藝術中體現得最為明顯。於民說：「（青銅紋
飾）到了春秋末年之後，便一反過去，發生了巨大的變化，以人物為
主代替了以獸形為主，寫實代替了虛構，生動活潑的圖景代替了呆滯
僵化的形式，人間平易的氣味代替了天上神秘的嚴威，瑰麗精巧的造
型代替了單調的紋色。」[66]於民這裡所說的，春秋末年之後青銅紋飾
上所發生了這些巨大的變化特徵，準確地來說，是在戰國時期發生
的。戰國中後期的青銅紋飾，確如於民所說，以寫實性的鑲嵌裝飾圖
案描繪了宴樂、射箭、採桑、攻戰、狩獵等場面，真實、形象、生動
地再現了戰國時期貴族階級的現實生活情景。如現藏於故宮博物院的
「水陸攻戰紋銅壺」就是這樣的一件青銅器。這件銅壺上的畫面分成
三個層次。上層為競射圖和採桑圖。競射圖上的人物正在表演射箭，
這大概是君王貴族在舉行射禮；採桑圖上的婦女正在採桑，大概是貴

66 于民：《春秋前審美觀念的發展》，北京，中華書局，1984，第105頁。

族婦女在舉行蠶桑之禮；中間層是宴樂武舞和弋射的圖景。宴樂武舞
圖表現的是貴族在舉行宴樂的情景，圖中人或敲擊鐘磬、或擂鼓、或
拿著矛起舞。弋射圖表現的是人們在舉行弋射練習的情景，那些持弓
弋射的人姿態各異，神情畢現；下層是陸上和水上的攻戰圖，它可能
表現的是進行軍事演練的情景。[67]總之，在當時「禮崩樂壞」的歷史
大變革時期，諸侯權貴們不再受禮樂制度的約束，從而僭越了天子的
禮制，享受著天子的禮樂生活。他們追求奢靡鋪張的生活，相互誇富
鬥奢，炫耀攀比。這件銅壺上的圖案紋飾就是對當時宮苑生活的真實
寫照，表現的內容和場面在《儀禮》和《禮記》中可以見到。畫面的
構圖精巧，內容豐富多彩。畫面中的人物形象生動，衣著華麗，體態
婀娜多姿。因此，「水陸攻戰紋銅壺」既體現出一種清新生動之美，
又體現出一種絢麗多姿之美。李澤厚說：「這種美在於，宗教束縛的
解除，使現實生活和人間趣味更自由地進入作為傳統禮器的青銅領
域。手法由象徵而寫實，器形由厚重而輕靈，造型由嚴正而『奇
巧』，刻鏤由深沉而浮淺，紋飾由簡體、定式、神秘而繁複、多變、
理性化。到戰國，世間的征戰，車馬、戈戟等等，統統以接近生活的
寫實面貌和比較自由生動、不受拘束的新形式上了青銅器……你看那
夔紋玉佩飾，你看那些浮雕石板，你看那頎長秀麗的長篇銘文，儘管
它們仍屬祭祀禮器之類，但已毫不令人懼畏、惶恐或崇拜，而只能使
人驚訝、讚賞和撫愛。那四鹿四龍四鳳銅方案、十五連盞銅燈，製作
是何等精巧奇異，真不愧為『奇構』，美得很。」[68]這段話深刻而準確
地概括了戰國時期青銅藝術的全新的變化和特點。

　　戰國中後期的繪畫藝術也體現出這種絢麗多姿的風格特徵。我們

67　謝崇安：《商周藝術》，成都，巴蜀書社，1997，第137頁。
68　李澤厚：《美學三書》，合肥，安徽文藝出版社，1999，第53頁。

知道，戰國時期的繪畫藝術取得了較高的藝術成就。從《莊子·田子方》中的「宋元君畫史」的故事可知，這一時期已經有了專門的畫史或畫師。專業的畫師促進了這一時期繪畫藝術的發展。因此，繪畫藝術表現在許多方面，如諸侯權貴的宮廷廟宇繪有壁畫，青銅器和漆器上繪有精美的裝飾性圖案，最讓後人驚歎的是這一時期的帛畫達到了很高的藝術水準。一九四九年，長沙陳家大山楚墓出土了一幅《人物龍鳳帛畫》。此帛畫描繪了一身著錦繡袍的貴婦人，在龍和鳳的引領下欲升仙離去的情景。那婦人細腰、舒袖、長裙拖地，雙手合掌作祈禱的姿勢，面部表情恬靜安詳，似乎在想像著天國的美好，希冀著離去。一九七三年，長沙子彈庫楚墓也出土一幅主題與前幅畫相類似的帛畫——《人物御龍帛畫》。此帛畫上描繪著一個戴高冠、掛長劍、神態自若的男子，以龍作舟向太空遨遊，龍身底下還有繚繞的雲氣和自在的遊魚，畫面大概表現的是墓主在神靈引導下登天升仙的情景。[69]這兩幅帛畫既用寫實的、流暢的線條勾勒出生動逼真的人物形象，又用浪漫的、充滿想像的手法營造了一個神奇的、縹緲的神話世界。神話與現實、浪漫與寫實在這裡交織融會於一個神奇浪漫的藝術世界裡，自然具有一種絢麗多姿之美。戰國中後期的絲織品和絲繡品的彩飾圖案也體現出這種絢麗多姿的風格特徵。一九八二年，湖北江陵城西北郊的戰國中晚期的楚墓出土了大量的絲織品和絲繡品。絲織品的種類繁多，有絹、紗、綈、錦、絛、素羅、彩條紋綺等。絲織品上的圖案豐富多彩，精美絕倫，既有各種變化多端的幾何紋飾，也有姿態萬千的動物紋飾，而且色彩繁多，五彩繽紛，令人目不暇接。絲繡品上的圖案主要為龍和鳳鳥，有蟠龍飛鳳紋、對龍對鳳紋、舞鳳逐龍紋、龍鳳相搏紋等。這些龍鳳紋飾形態各異，變化萬千，圖案構圖緊

---

69 謝崇安：《商周藝術》，成都，巴蜀書社，1997，第111頁。

湊、充實，繡線顏色多樣，配置協調，給人以富貴華麗之感。[70]可
見，這些絲織品和絲繡品的紋飾圖案也具有一種絢麗多姿的風格。

　　總之，春秋末期至戰國時期是中國歷史上比之先前更加動盪的歷
史時期，社會制度和意識形態領域都發生了深刻的變化。各諸侯間激
烈的兼併戰爭帶來了一個自由競爭的社會環境，諸子百家的自由爭鳴
也使人們更多地關注和思考現實世界和人類自身，這一切促進了當時
社會的發展和繁榮，也促進了藝術領域的百花齊放。這一時期的藝術
一掃此前商周藝術的宗教神秘氣息和禮樂文化盛極時藝術上受到的種
種倫理道德的束縛，藝術家的個性情感和自由創造的精神得到前所未
有的抒發。更多的現實生活內容進入藝術創作的領域，藝術的世俗化
傾向越來越明顯。藝術不再作為宗教和倫理道德的附庸，而是越來越
成為純粹的審美活動。因此，較之以前，這一時期的藝術也發生了深
刻的變化，尤其在藝術風格上，體現出一種清新活潑、絢麗多姿的風
格特徵，商周藝術的猙獰、神秘之美和周代禮樂文化盛極時藝術上的
中和、素樸之美，也消失殆盡。以清新、絢麗為美也是春秋末期至戰
國時期禮樂文化衰落時期的藝術上體現的一種藝術精神。對此我們可
以從這一時期的青銅藝術、樂舞藝術、繪畫藝術和絲繡藝術上得到很
明確的見證。

---

70 湖北省荊州地區博物館編：《江陵馬山一號楚墓》，北京，文物出版社，1985，第
　　57頁。

第十三章
周代禮樂文化中的藝術表現

在周代禮樂文化系統中，詩歌、音樂、舞蹈固然是藝術精神的主要承擔者，然而在其它種種儀式、器物、文化符號之中也同樣浸透了禮樂文化的藝術精神。從某種意義上說，周代的禮樂文化就是政治、倫理、藝術三位一體的獨特文化形式。

第一節　祭祀與象徵

一　「觀物取象」與「意從象出」

黑格爾曾把藝術分成象徵型藝術、古典型藝術和浪漫型藝術三種類型，並認為幾乎世界上一切民族最古老的藝術都是象徵藝術，象徵是一切藝術的開始。他說：「『象徵』無論就它的概念來說，還是就它在歷史上出現的次第來說，都是藝術的開始，因此，它只應看做藝術前的藝術，主要起源於東方。」[1]黑格爾認為象徵是一切藝術的開始，這種觀點並不是十分準確。從世界上許多地區發現的原始岩畫和少數原始民族還留存的原始歌謠來看，用象徵藝術來概括它們並不準確，反而用寫實藝術來概括卻更為恰當。因此，象徵藝術並不是人類藝術史上最早的藝術，它是人類歷史發展到一定程度時才出現的藝術

1　〔德〕黑格爾：《美學》第2卷，朱光潛譯，北京，商務印書館，1979，第2版，第9頁。

類型。不過，黑格爾認為象徵藝術主要起源於東方，大致來說確是如此，但遺憾的是他把古代的埃及、波斯和印度作為象徵藝術的發源地，而沒有把眼光投向古老的東方大國──中國，去考察中國古代的燦爛的藝術文化，從而使他的象徵理論失去了不少光彩。因為上古時代中國的藝術文化也具有典型的象徵性，卻被他忽視了。所以陳良運說：「黑格爾把他的視線投向古代的埃及、波斯和印度，發現這些國家存在的是『不自覺』的象徵。當他論及『自覺的象徵』時，目光便轉回了歐洲，在《伊索寓言》《聖經》以及奧維德、莎士比亞、歌德等人的著作中援引例證。很可惜，這位偉大哲人的目光，被巍峨的喜馬拉雅山擋住了，他不知道上古時代的中國，已有一部運用『象徵』方法來闡釋宇宙和人生的經典，那就是《周易》。」[2]《周易》是中國上古時代燦爛文化的結晶，其具有象徵性已是學界共識，同樣中國上古時代的藝術也是典型的象徵性藝術。

當然，黑格爾關於象徵藝術的某些論斷值得商榷，但他認為象徵藝術產生的時間非常之早，而且主要起源於東方，這一觀點卻是千真萬確的。比如，中國上古時代的商周藝術就是典型的象徵藝術，是這一觀點最好的注腳和證明。

那麼中國商周時代為什麼會形成象徵型藝術呢？我們認為，這與商周時代的象徵性思維密切相關。我們知道，夏商二代是巫術文化盛行的時代，到了周代，雖然巫術活動明顯地減少了，但是巫術活動的思維方式還繼續存留。而巫術活動的思維方式最主要的就是象徵性思維方式。比如，古代先民們在舉行巫術或圖騰活動時，常常跳起原始舞蹈，他們頭戴一定的裝飾，作出一定的動作以象徵和模仿祖先神靈或圖騰物，並舉行許多象徵性儀式來溝通人神，通過巫術象徵來表達

2　陳良運：《周易與中國文學》，南昌，百花洲文藝出版社，1999，第36頁。

對神靈的崇敬和其它特定的觀念。我們今天在《周易》這部記錄上古時代巫術文化思想的卜筮之書中，還很明顯地看到這種象徵性思維方式。可以說，《周易》的思維方式就是象徵性思維方式。《周易‧繫辭下》說：

> 古者包犧氏之王天下也，仰則觀象於天，俯則觀法於地，觀鳥獸之文，與地之宜，近取諸身，遠取諸物，於是始作八卦，以通神明之德，以類萬物之情。

《周易‧繫辭上》又說：

> 聖人有以見天下之賾，而擬諸其形容，象其物宜，是故謂之象。

古代先民們直觀天地自然萬物，「近取諸身，遠取諸物」、「擬諸其形容，象其物宜」，從自然萬物中抽取出「物象」，這就是「觀物取象」。「觀物取象」的「象」不是對自然萬物的直接模仿，而是在直觀中進行概括出來的，具有象徵性、暗示性的象徵性符號。「觀物取象」的目的是洞察和領悟大自然的深微之理，並把它抽象成具有普遍性的價值和意義。對於這些深微之理和意義，難以用語言或其它手段準確地表達出來，還要借助於「觀物取象」得來的「象」來把它們表達出來，這就是「意從象出」。這個思維過程可以簡要地概括為一個圖示：自然萬物之象→普遍抽象之意→符號化之象→具體形象之意。很顯然，這種思維方式就是象徵性思維方式。因此，包犧氏製作八卦就是以自然界中的具體事物來作為「神明之德」「萬物之情」「天下之賾」的象徵。八卦的乾、坤、震、巽、坎、離、艮、兌等卦象，也就是天、地、雷、風、水、火、山、澤等自然物象的象徵。所以，唐代

孔穎達《周易正義‧坤‧初六》疏曰：「凡《易》者，象也，以物象而明人事，若《詩》之比喻也。或取天地陰陽之象以明義者，若《乾》之『潛龍』『見龍』，《坤》之『履霜』『堅冰』『龍戰』之屬是也。如此之類，《易》中多矣。」孔穎達強調的「明義」中的「義」是一種對事物本質的抽象和概括出來的東西，但是要「明義」，即把這種對事物的本質抽象和概括出來的「義」表達出來，不是用概念的形式來說明，而是借助「象」來顯現或暗示，很顯然這是一種象徵。王弼在《周易略例‧明象》中更是作了簡明的概括：「觸類可為其象，合義可為其徵。」幾乎用了「象徵」一詞。總之，《周易》的思維方式就是象徵性思維方式。《周易》借助八經卦和各爻組成了各種卦象，這些卦象都是由象徵性符號組成。可以說，《周易》所展示的體系就是一個象徵性體系。

《周易》分為《易經》和《易傳》兩個部分。《易經》純屬卜筮之書，《漢書‧藝文志》說：「及秦燔書，而《易》為筮卜之事，傳者不絕。」它形成於殷末周初。而《易傳》是對《易經》的解釋和發揮，主要形成於戰國後期或更晚時期。《周易》的產生和發展貫穿於整個有周一代，自然，《周易》對周代的社會生活產生很大的影響。在周代，《周易》頗為流行，周人用它來占卜，預知未來的吉凶。《國語‧晉語四》記載的「重耳親筮」一事就是如此。晉公子重耳在秦國準備回國時，親自卜筮看能否「尚有晉國」，卜筮得到的結果是屯卦，變至豫卦。筮人據此解釋說「不吉利」。而重耳隨從司空季子根據《周易》解釋說：「吉。是在《周易》，皆利建侯。」意思是說，這是一個吉卦，卦象顯示出「利於封建諸侯」的好兆頭，這是「得國」的象徵。司空季子的解釋打消了重耳回國的顧慮，增強了他建功立業的決心，最終成就了一代春秋霸主。可見，《周易》在周人的生活中占有多麼重要的地位和作用。既是如此，《周易》的象徵性思維方式

和象徵性文化精神也就必然對周代的文化產生影響，而周代是禮樂文化的盛世，因此，《周易》的象徵性思維方式和文化精神也就滲透在周代的禮樂文化之中。《禮記‧鄉飲酒義》說：

> 賓主，象天地，介僎，象陰陽也，三賓，象三光也。讓之三也，象月之三日而成魄也。四面之坐，象四時也。

又說：

> 鄉飲酒之義：立賓以象天，立主以象地，設介僎以象日月，立三賓以象三光。古之制禮也，經之以天地，紀之以日月，參之以三光，政教之本也。

在鄉飲酒禮上，舉行隆重的飲酒禮儀式，通過設立賓、主、介、僎、三賓來象徵性地表達鄉飲酒禮的意義：設立賓主以象徵天地；設立介、僎以象徵陰陽或日月；設立三位賓長以象徵三光（指天上的三顆大星星）。迎賓上堂時，賓主要相互謙讓三次，以象徵月亮在月末或月初前後三日而出現魄。賓主四面而坐，還象徵著四時季節的變化。日、月、三星、四季運轉遵時有規律，設立賓、主、介、僎、三賓來象徵它們，也就是要效法它們，通過舉行禮儀儀式，在全體成員中進一步增強遵時守紀、尊老養老的意識，使社會風氣進一步淳化。《禮記‧射義》中說：「故男子生，桑弧蓬矢六，以射天地四方，天地四方者，男子之所有事也，故必先有志於其所有事，然後敢用谷也，飯食之謂也。」[3]男孩新生下來，主家就要用桑木做的弓，蓬梗做的六

3　《禮記‧內則》說：「子生，男子設弧於門左，女子設帨於門右。」也是具有象徵

支箭，分別射向天地和四方。因為，天地和四方是男子建功立業的地方，通過這種向天地四方射矢的儀式，象徵著男孩將來長大成人後會立志於天地四方，取得巨大的功業和成就。可見，周代的禮樂文化中充滿著象徵性文化精神，在某種程度上甚至可以說，周代的禮樂文化就是一種象徵性文化。所以陳來說：「周代的『禮樂文化』的特色不在於周代是否有政治、職官、土地、經濟等制度，在於周代是以禮儀即一套象徵意義的行為及程序結構來規範、調整個人與他人、宗族、群體的關係，並由此使得交往關係『文』化，和社會生活高度儀式化。」[4]這是很正確的論斷。既然周代禮樂文化中充滿著象徵性文化精神，那麼象徵性文化精神必然對其藝術精神產生深刻的影響。考察周代禮樂文化中的藝術，我們發現它是一種典型的象徵性藝術，其體現出來的藝術精神就是一種象徵性藝術精神。這種象徵性藝術精神明顯地體現在周代的青銅藝術和樂舞藝術中。對此我們將在後文中分別予以論述。

二 祭祀──周代禮樂文化的核心

我們知道，商代是中國歷史上巫術宗教最為發達的時代，宗教祭祀活動在這一時期也達到了歷史上的頂峰。商代的祭祀對象從天神到地示再到人鬼，非常之多，祭祀的次數之頻繁、名類之繁多也是令人驚異的。從甲骨卜辭和有關文獻來看，商代人幾乎一年三百六十多日每天都有祭祀活動，特別是對先祖先妣實行輪番的周而復始的「周

意義。「設弧」（懸掛弓矢）是象徵男子將來能建功立業；「設帨」（懸掛佩巾）是象徵女子將來能善做女活。

4 陳來：《古代宗教與倫理──儒家思想的根源》，北京，生活・讀書・新知三聯書店，1996，第249頁。

祭」制度，更是虔誠而又殷勤。所以有的學者將商代的文化稱為「祭祀文化」，這是很有道理的。到了周代，周人從維護自己的政治統治需要出發，改變了商人那種極度尊神重鬼的態度，轉而重視人事，建立了周人的禮樂文化。但這並不是說周代就沒有宗教祭祀活動，相反宗教祭祀活動在周代的政治制度層面還是處於核心地位。因為「周因於殷禮，所損益可知也」。[5]周禮中很大一部分沿襲了商代的禮制，而商代的文化是「祭祀文化」，自然在周代的禮樂文化中，祭祀也佔據著重要的地位。所以陳來說：「雖然周代的文化總體上是屬於『禮樂文化』，而與殷商的『祭祀文化』有所區別，但禮樂文化本來源自祭祀文化，而且正如殷商的祭祀文化將以往的巫覡文化包容為自己的一部分，周代的禮樂文化也是將以往的祭祀文化包容為自己的一部分……從西周初到孔子前，祭祀文化是周代禮樂文化的重要部分，只是其社會功能的意義超過了其宗教信仰的意義。」[6]在《周禮》的「五禮」之說中，「吉禮」（即祭禮）就處在「五禮」之首位置。《禮記·祭統》說：

　　凡治人之道，莫急於禮。禮有五經，莫重於祭。

治理人事的方法沒有什麼比禮更緊要的了，而「五禮」之中，祭禮又最為重要。《禮記·禮器》也說：「禮也者，合於天時，設於地財，順於鬼神，合於人心，理萬物者也。」也在強調祭祀（或祭禮）在周代禮樂文化中的重要地位。既然如此，那麼「君子將營宮室，宗廟為先，廄庫為次，居室為後。凡家造，祭器為先，犧賦為次，養器為

5　《論語·為政》。
6　陳來：《古代宗教與倫理——儒家思想的根源》，北京，生活·讀書·新知三聯書店，1996，第119頁。

後。無田祿者，不設祭器。有田祿者，先為祭服。君子雖貧，不粥祭器；雖寒，不衣祭服。為宮室，不斬於丘木。」[7]可見，周人生活中一切都以先滿足祭祀活動所需為前提或為中心，然後再滿足其它生活需求。

總之，由上文可見，祭祀活動在周代仍然是國家政治生活中的頭等大事，是周代禮樂文化的一個核心。《左傳‧成公十三年》曰：「國之大事，在祀與戎。」就明確地把「祭祀」和「戰爭」作為國家的頭等「大事」，其它一切活動都圍繞著這兩件「大事」進行。所以，當楚昭王打算廢止祭祀時，他的大臣觀射父明確地表示反對，這件事在《國語‧楚語下》中有明確的記載：

> 王曰：「祀不可以已乎？」對曰：「祀所以昭孝息民，撫國家，定百姓也，不可以已……天子遍祀群神品物，諸侯祀天地三辰及其土之山川，卿、大夫祀其禮，士、庶人不過其祖……天子親春禘郊之盛，王后親繰其服，自公以下至於庶人，其誰敢不齊肅恭敬致力於神！民所以攝固者也，若之何其舍之也！」

觀射父認為，祭祀在國家生活中起著重要的作用，祭祀可以「昭孝息民，撫國家，定百姓」，因此，「不可以已」，上自天子、諸侯，下至士、庶人都要恭恭敬敬地祭祀其應該祭祀的天神、地示和人鬼等。可見，祭祀仍是周代社會生活中的頭等「大事」，這點不必多說。那麼作為「國之大事」的戰爭中，是否也有祭祀活動呢？對此我們從有關文獻和金文來看，答案是肯定的。事實上，周人在進行戰爭的前後都要舉行祭祀活動，而且相當隆重盛大。比如，周武王在伐紂克商後，

7　《禮記‧曲禮下》。

隨即舉行大規模的獻俘、祭祀活動，告祭先祖先公、上帝眾神等。《史記・周本紀》曰：「……（武王）既入，立於社南大卒之左，〔左〕右畢從。毛叔鄭奉明水，衛康叔封布茲，召公奭贊採，師尚父牽牲……武王又再拜稽首，乃出。」《禮記・大傳》中也說：「牧之野，武王之大事也。既事而退，柴於上帝，祈於社，設奠於牧室，遂率天下諸侯，執豆籩，逡奔走。追王大王亶父，王季歷，文王昌，不以卑臨尊也。」[8]在周代的金文中，也有關於戰爭前後舉行祭祀活動的記載。西周初年的塱方鼎鑄有銘文：「隹（惟）周公於伐東夷，豐伯、專古咸戈，公歸，禦於周廟，戊辰，飲秦飲，賞塱貝百朋，用作尊鼎。」就是說周公在伐攻東夷歸來以後舉行了告廟獻俘的祭祀儀式。[9]《左傳・桓公二年》曰：「凡公行，告於宗廟。反行，飲至、舍爵、策勳焉。」意思是說，凡是諸公、諸侯出行和返國都要到宗廟進行告祭，出行和返國自當包括征伐和戰爭這樣的大事，因此，這也是在說征伐和戰爭前後也要告廟祭祀。可見，周代的戰爭也離不開祭祀活動。總之，在周代的整個社會、政治生活中，祭祀活動佔據著重要的地位，祭祀成為周代禮樂文化的核心內容。

　　既然周代的禮樂文化中祭祀活動也處於核心地位，那麼周代的祭祀與商代的祭祀是不是就沒有區別了呢？對此我們認為，二者是有本質區別的。商代的祭祀主要是商人出於對上帝祖先神靈的強烈畏懼，懼怕他們對生人作祟或降禍，因而舉行祭祀活動來祭享他們，使他們愉悅，從而庇祐和降福於生人，因而商人的祭祀具有一定的宗教迷信性和虛幻性。而周人的祭祀和商人的祭祀不能等同而論。隨著殷商被宗周代替，殷商的宗教性祭祀及祭祀儀式被改造成與宗周宗法制相一

8　《尚書・武成》中亦有類似記載：「丁未，（武王）祀於周廟，邦甸、侯衛駿奔走，執豆籩。越三日庚戌，柴望，大告武成。」

9　劉源：《商周祭祖禮研究》，北京，商務印書館，2004，第83頁。

致的祭祀儀式，因而周人的祭祀具有一定的理性精神和現實精神。周人舉行祭祀活動，一方面是出於對先祖先公功德的敬重，從而對祖先神靈產生崇敬之情並效法他們；另一方面，是藉此來鞏固周代的君臣等級關係和宗族的團結統一，加強貴族統治的力量，也就是說宗教祭祀活動是服務於周代的宗法體制，維護周人的統治的需要。[10]因此，周代的祭祀是「非純粹的宗教性祭享祈福」，「周代以後祖先祭祀越來越突出並且社會化，其主要功能為維繫族群的團結，其信仰的意義逐漸淡化。」[11]可見，周代的祭祀和商代的祭祀是有本質區別的。

弄清了祭祀是周代禮樂文化的核心內容，我們還知道，周人的祭祀活動和商人實行「周祭」制度一樣反覆舉行，並在長期的實行過程中形成一套特定的儀式，這種儀式及其內在意義在程序化過程中逐漸成為一種象徵。正如葛兆光所說，祭祀活動周而復始就會程序化，「這種程序化也是秩序化，祭祀及其內在意義就在這種程序化過程中，逐漸沉澱為一些象徵，而象徵則總是向人們暗示著某種觀念。」[12]因此，周代的祭祀活動中充滿著象徵的意味。《儀禮》中記載的《特牲饋食禮》《少牢饋食禮》和《有司》關於祭祀的程序，就充滿著象徵性意味和精神。主人和主婦向屍（即祖先神靈的象徵）獻酒以後，賓三獻屍，屍奠爵後，主人、主婦相互致爵（主人主婦互相獻酒），屍舉爵飲酒後，賓致爵主人、主婦，這樣在室中的人——屍、祝、佐食、主人、主婦都得獻，這就象徵著祖先的恩澤遍布室中了，即「神惠均於室」。三獻後，主人遍獻眾賓、兄弟，長兄弟加爵獻屍，眾賓

---

10 劉源：《商周祭祖禮研究》，北京，商務印書館，2004，第362-363頁。

11 陳來：《古代宗教與倫理——儒家思想的根源》，北京，生活・讀書・新知三聯書店，1996，第130頁。

12 葛兆光：《中國思想史・七世紀前中國的知識、思想與信仰世界》第1卷，上海，復旦大學出版社，2001，第27頁。

長（次賓）獻尸，屍又止爵，待眾賓、兄弟旅酬，屍舉爵飲酒，而後
行無算爵。經過這一番活動，象徵著祖先的恩澤遍布庭中了，即「神
惠均於庭」。[13]不僅祭祀的程序中充滿著象徵的意味，就是祭祀的用器
（祭器）也是一種象徵。《禮記・郊特牲》說：

　　掃地而祭，於其質也。器用陶匏，以象天地之性也。

舉行祭禮時，掃乾淨一塊地來祭祀，這是體現崇尚質樸，使用陶匏做
祭器，這是以陶匏來象徵天地的本性，這就說明祭器也具有象徵性。
《禮記・郊特牲》又說：「祭之日王被衮以象天；戴冕，璪十有二
旒，則天數也；乘素車，貴其質也；旗十有二旒，龍章而設日月，以
象天也。天垂象，聖人則之，郊所以明天道也。」祭祀那天，天子穿
著繪有日月星辰的衮服以象徵天，戴的冕上懸有十二旒，以象徵一年
中的十二個月之數，舉的旗上也繪刺有龍和日月的圖案，以象徵著
天。《禮記・曲禮下》說：「凡執主器，執輕如不克。」捧執祭器的
人，即使祭器很輕，也要做出一副不堪其重的姿勢，因為，用這種姿
勢就可以象徵著祭器之「重」和禮儀的隆重。[14]總之，「不僅祭祀中的
用牲（如太牢、少牢、魚）、舞蹈（如八佾、六佾）、服飾（如天子冕
旒衮服）、對象（如天地、祖先、山川）等是人間秩序的象徵，而且
儀式上的陳列、行為、場所，也處處是象徵。」[15]張光直也認為祖先

13　劉源：《商周祭祖禮研究》，北京，商務印書館，2004，第163頁。
14　《論語・鄉黨》曰：「執圭，鞠躬如也，如不勝。上如揖，下如授。勃如戰色，足
　　蹜蹜，如有循。」是記載孔子出使時的儀容，手執玉圭，像鞠躬似的彎著腰，如同
　　拿不動一樣，上舉玉圭時如同作揖，放下時如同授物，神色謹慎小心，腳步匆匆，
　　如同沿著什麼急走。就是以此儀容來象徵著禮儀的隆重。
15　葛兆光：《中國思想史・七世紀前中國的知識、思想與信仰世界》第1卷，上海，復
　　旦大學出版社，2001，第58頁。

祭祀及其有關的事物如祖廟、牌位等都是象徵。他說:「同一父系宗族的成員都視自己歸同一男性祖先的後裔,祖先祭祀就象徵著這個事實,並將其具體化了⋯⋯首先是祖廟,它不僅充作祭祀的活動場所,而且本身就成為一個象徵,既為儀式的中心,也是國家事物的中心⋯⋯祭祀及有關的物事如祖廟、牌位和禮器有約束與警示的作用,並作為氏族凝聚的象徵。」[16]可見,周代的祭祀活動(祭禮)中充滿著象徵的意味,不僅如此,在周代的鄉飲酒禮、射禮等活動中也是如此。

周代的禮樂文化是以祭祀為核心內容,而祭祀是以象徵性的儀式來向人們傳達或暗示某種觀念。因此,周代的祭祀活動中充滿著象徵的意味,周代的禮樂文化也是一種儀式性文化或象徵性文化,體現於其中的是一種象徵性文化精神。這種象徵性文化精神深深地影響著其時的藝術精神。而且周代禮樂文化中的藝術本身也與祭祀活動密切相關,周代的樂舞藝術大部分都是祭祀樂舞,如「六大舞」就是如此:《雲門》祀天神;《咸池》祀地示;《大磬》祀四望;《大夏》祭山川;《大濩》享先妣;《大武》享先祖。[17]周代的「六小舞」中的「帗舞」「羽舞」「皇舞」「干舞」等也是祭祀樂舞。[18]周代的青銅藝術大多是青銅禮器,為祭祀所用,青銅藝術也與祭祀關係密切。總之,這些樂舞藝術、青銅藝術自身就充滿著象徵的意味,無不體現出一種象徵性藝術精神。

---

16 張光直:《美術、神話與祭祀》,瀋陽,遼寧教育出版社,2002,第21-25頁。
17 《周禮・春官・大司樂》。
18 《周禮・春官・樂師》。

三　「佩玉」與「尸」

由前文可知，周代的禮樂文化在一定程度上可以說是一種儀式性文化或象徵性文化，象徵性文化精神幾乎無處不在，體現在許多的層面上。因此，周代禮樂文化中的許多禮器自身及其使用都具有象徵性。比如說，「禮玉」的使用就具有象徵性，祭祀時充當祖先神靈受祭拜的「尸」也充滿著象徵的意味。下面我們先來討論周代禮樂生活中所使用「禮玉」中的「佩玉」的象徵意義。

《禮記・玉藻》說：「古之君子必佩玉，右徵角，左宮羽，趨以《採齊》，行以《肆夏》，周還中規，折還中距，進則揖之，退則揚之，然後玉鏘鳴也。」又說：「凡帶必有佩玉，唯喪否。」「古之君子」，當然主要指周代的貴族階級。君子只要在不服喪期間，就要隨身懸掛佩玉，而且左邊懸掛能發出宮聲和羽聲的佩玉，右邊懸掛能發出徵聲和角聲的佩玉。佩玉發出的悅耳之音與君子規矩中節的舉手投足相一致，也與君子的風度翩翩的儀表美相一致，從而構成一種和諧美。可見，佩玉在這裡不僅僅是作為君子服飾上的一種裝飾品，更重要的是作為君子溫文爾雅、純潔溫潤的良好品德的象徵。佩玉簡直成了君子的化身，所以《詩・秦風・小戎》說：「言念君子，溫如其玉。」很顯然，佩玉具有象徵意義。

其實，早在原始社會，原始先民們就開始用小對象（當然包括玉器在內）裝飾自己，那時的裝飾就已經具有了象徵意義。美國學者弗朗茲・博厄斯曾轉述恩斯特・格羅塞關於藝術裝飾的觀點說：「原始裝飾的起源和它的根本性質不是為了裝飾，而是作為一種有實際意義的標記或象徵，即為了表達一定的內容。」[19]近些年來，中國考古學

19　〔美〕弗朗茲・博厄斯：《原始藝術》，金輝譯，上海，上海譯文出版社，1989，第

界發現的四五千年前的遼寧紅山文化和浙江良渚文化，都曾出土大量
的玉器，其中就有許多裝飾性的玉器——環、玦、鐲等。這些玉器在
原始人看來，絕不僅僅是一種裝飾品，而是承載著許多意義，是一種
象徵。不僅這些裝飾性的玉器具有象徵性，其它玉器也同樣具有一定
的象徵意義，良渚文化中的玉琮尤為典型。良渚文化中的玉琮形制上
內圓外方，中間貫通，呈筒狀，器表刻有動物紋樣的圖徽。玉琮的這
種形制，實際上就是一種象徵。原始初民認為，天圓地方，天籠蓋於
上，地承載於下。玉琮內圓外方就是象徵著天圓地方且天包容於大地
之中並被大地所承載；玉琮中間貫通，表面刻有動物紋樣的圖徽，實
際上也是象徵著人借助於動物與天地相交通。玉琮正是具有這樣的象
徵性，先民們用它來作為祭祀的禮器，通過它來祈求與天地相交通、
相融合，從而獲得天地神靈的護祐與賜福。

　　隨著歷史的發展，玉器在人們的生活中越來越佔據著重要的地
位，並逐漸形成了崇玉的觀念和習俗，玉器具有的象徵意義也有增無
減。到了周代，周人承襲了前人的崇玉觀念和習俗，並有意識地賦予
佩玉以豐富的精神意義和深刻的道德內涵。《逸周書・玉佩解》曰：
「玉者所佩在德，德在利民，利民在順上。」就強調佩玉「在德」，
佩玉只是「德」的一種載體，是「德」的象徵。《說文解字》曰：
「玉，石之美有五德。」也把玉和「德」緊密聯繫，釋「玉」有五
德。《詩・小雅・斯干》曰：「乃生男子……載弄之璋。」璋是一種長
條板狀的美玉，生下男兒，給他玩弄或佩戴玉璋，就是象徵他日後長
大成人具有良好的「德」。當然，佩玉象徵的「德」，其內涵是豐富
的。《禮記・聘義》說：

　　6頁。其內容又見〔德〕格羅塞：《藝術的起源》，蔡慕暉譯，北京，商務印書館，
1984，第2版，第80頁。

子貢問於孔子曰：「敢問君子貴玉而賤磻者，何也？為玉之寡而磻之多與？」孔子曰：「非為磻之多，故賤之也，玉之寡，故貴之也。夫昔者，君子比德於玉焉：溫潤而澤，仁也；縝密以栗，知也；廉而不劌，義也；垂之如隊，禮也；叩之其聲清越以長，其終詘然，樂也；瑕不掩瑜，瑜不掩瑕，忠也；孚尹旁達，信也；氣如白虹，天也；精神見於山川，地也；圭璋特達，德也；天下莫不貴者，道也。《詩》云：『言念君子，溫其如玉。』故君子貴之也。」[20]

子貢詢問孔子為什麼「君子貴玉而賤」，是否因為「玉之寡而之多」？孔子明確地告訴他並非如此，而是因為玉器的自然屬性和物理屬性所具有的良好品質象徵著君子「仁」「知」「義」「忠」「信」等品德。玉溫潤有光澤，象徵君子的仁；玉質地縝密而紋理有條，象徵君子的智；玉有稜角但不傷他人他物，象徵君子的義；玉垂掛時如同下墜，象徵著君子的有禮……因此，君子必然「貴玉」，「君子比德於玉」。既然君子「貴玉」和「比德於玉」，就會對玉珍愛有加，隨身佩玉，無故玉不去身。所以《禮記·玉藻》說：「君子無故，玉不去身。君子於玉，比德焉。」《禮記·曲禮下》也說：「君無故玉不去身。」這些都說明「玉」對於君子的重要意義。其實，早在周族先人那裡，玉就成為他們隨身必佩的飾物。《詩·大雅·公劉》：「何以舟之？維玉及瑤，鞞琫容刀。」就是明證。對於周代貴族統治階級來

---

20 《荀子·法行》亦有類似的表述：「子貢問於孔子曰：『君子之所以貴玉而賤珉者，何也？為夫玉之少而珉之多邪？』孔子曰：『惡！賜！是何言也？夫君子豈多而賤之，少而貴之哉！夫玉者，君子比德焉。溫潤而澤，仁也；栗而理，知也；堅剛而不屈，義也；廉而不劌，行也；折而不撓，勇也；瑕適並見，情也，扣之，其聲清揚而遠聞，其止輟然，辭也。故雖有珉之雕雕，不若玉之章章。』《詩》曰：『言念君子，溫其如玉。』此之謂也。」

說，佩帶玉飾成為他們日常生活中的必要舉動。佩玉時刻提醒他們注
意自己的德和行要符合周禮的禮儀規定和宗法制度的要求，從而約束
自己，具有「君子」應有的形象和風度。

周代禮樂文化中，佩玉被賦予德行化、人格化的內涵，佩玉成了
君子的化身和象徵，在長期的實行過程中，佩玉也就成了貴族階級的
身分和地位的象徵。當然，不僅佩玉如此，其它玉器也是如此。比
如，周代不同身分、不同地位的貴族階級所執的玉器就不一樣。《周
禮‧春官‧大宗伯》：「以玉作六瑞，以等邦國。王執鎮圭，公執桓
圭，侯執信圭，伯執躬圭，子執谷璧，男執蒲璧。」天子君王手執鎮
圭；諸公手執桓圭；諸侯手執信圭；伯執躬圭；子執谷璧。可見，上
自王公，下到子男，手執玉器都不一樣。鎮圭為天子所有，是天子君
王身分和地位的象徵；桓圭為諸公所有，是諸公身分和地位的象徵，
其它各種玉器也分別是不同的貴族階級身分和地位的象徵。可見，玉
器的使用具有明顯的「貴族化」傾向。那麼，這些玉器依靠什麼來區
別和作象徵呢？從《周禮‧冬官‧玉人》來看，它們主要靠玉器尺寸
的大小來實現：「玉人之事：鎮圭尺有二寸，天子守之；命圭九寸，
謂之桓圭，公守之；命圭七寸，謂之信圭，侯守之；命圭七寸，謂之
躬圭，伯守之。」鎮圭長一尺二寸；桓圭長九寸；信圭和躬圭都是長
七寸。鎮圭的尺寸最長，是最大權力和最高身分地位的象徵，桓圭、
信圭、躬圭等也分別是不同權力和身分地位的象徵。可見，這些玉器
主要是從尺寸長短上來賦予玉器以豐富的象徵意義的。不僅如此，在
周代，玉器的形狀、顏色、大小以及貴族階級擁有玉器的多與寡也承
載著豐富的象徵意義。如《禮記‧玉藻》說：「天子佩白玉而玄組
綬。公侯佩山玄玉而朱組綬。大夫佩水蒼玉而純組綬。」就是以佩玉
的色澤不同來象徵身分和地位的不同。再如，從周代墓葬中出土的玉
器來看，小型墓葬中較少有玉器，大多玉器集中在大中型墓葬中，且

墓主的地位越高，身分越顯貴，其墓葬中的玉器數量和種類也就越多。這也就是以玉器的多寡來象徵墓主的身分和地位的高與低。

那麼玉器為什麼被賦予如此豐富的象徵意義呢？這當然與「玉」自身的優良品質有關。在史前時期，人類在生產生活中普遍使用石器，石器的製造是人們生活中最重要的活動，那時的製造水準相對來說也很高。原始先民們總是選取大自然中那些質地堅硬，耐敲擊的石料進行打製、琢磨，製成生產生活用具。而玉正是具有這些特性的石料，自然也就成為被加工的對象。玉最初也是作為生產生活工具使用的，如大汶口文化、良渚文化遺址中曾出土過玉斧、玉鑿等。但是，玉又具有其它石料不具有的優良特性，這就使它不僅僅是作為生產生活的用具。它不但質地堅硬，而且稀少，其採集和磨製都非常困難，再加上它又具有其它石料很少有的柔和的光澤、豐富的色澤、光滑溫潤的觸覺，自然是石料中的佼佼者。所以，人類從開始使用石器之初就尤為珍視它，器重它，並在長期的實踐過程中，在它身上凝聚著越來越多的精神觀念內容，最終玉器被賦予豐富的象徵意義和內涵。人們以是否擁有它以及擁有的種類、數量等作為身分地位以及財富的象徵，[21]並賦予其道德和人格內涵，使之成為道德品德的標誌和象徵。

在周代禮樂文化中，不僅「佩玉」（玉器）充滿著象徵的意味，充當祖先神靈的「尸」也是典型的象徵。「尸」，《說文解字》曰：「尸，陳也，象臥之形。」原指人死後的軀體，即一般所說的屍體或死屍。如《儀禮・士喪禮》曰：「奠脯醢醴酒，升自阼階，奠於尸東。」「主人拜於位，委衣於屍東床上。」所說的「尸」即是此意。除此之外，「尸」還有另一種含義，即指宗廟祭祀時替代祖先神靈受祭拜之人，往往以受祭祀的祖先的孫輩或同姓人中的孫輩來充當。

---

21 廖群：《中國審美文化史・先秦卷》，濟南，山東畫報出版社，2000，第204頁。

「尸」裝扮成祖先的模樣身處宗廟受後人祭拜，是活的神像。從《儀禮》來看，有數篇記載了宗廟祭祀中用「尸」、立「尸」的詳細過程。如《特牲饋食禮》是對士舉行宗廟祭祀用「尸」、立「尸」過程的詳細描述。《詩經》中也有關於宗廟祭祀用「尸」、立「尸」的生動描述。如《詩・小雅・楚茨》曰：「⋯⋯我倉既盈，我庾維億。以為酒食，以享以祀。以妥以侑，以介景福。濟濟蹌蹌，絜爾牛羊，以往烝嘗。或剝或亨，或肆或將。祝祭於祊，祀事孔明。先祖是皇，神保是饗⋯⋯禮儀既備，鐘鼓既戒。孝孫徂位，工祝致告：『神具醉止。』皇尸載起，鼓鐘送尸，神保聿歸⋯⋯」就是關於周王在祖廟中請「尸」、享「尸」和送「尸」的生動描述。其它諸篇如《小雅・信南山》《大雅・既醉》中也有類似的描述。當然，「尸」主要用於宗廟祭祀，但並不是說其它祭祀中就無「尸」，實際上，在其它祭祀中，「尸」也扮演著重要的角色。王國維說：「古之祭也必有尸。宗廟屍之，以子弟為之。至天地百神之祀，用尸與否，雖不可考，然《晉語》載：『晉祀夏郊，以董伯為尸。』則非宗廟之祀，固亦用之。」[22]不但宗廟祭祀中用「尸」，而且郊祭（祭天之禮）中也用「尸」，這就說明用「尸」制度實行於周代的各種祭祀典禮中。如《禮記・曾子問》中就有曾子和孔子關於喪葬之祭中要不要用「尸」的討論：「曾子問曰：『祭必有尸乎？若厭祭，亦可乎？』孔子曰：『祭成喪者必有尸，尸必以孫，孫幼則使人抱之。無孫則取於同姓可也。祭殤必厭，蓋弗成也，祭成喪而無尸，是殤之也。』」曾子向孔子討教祭禮是否可以用「厭祭」（即無「尸」而祭），孔子認為，成人死後的祭禮一定要用「尸」，「尸」由孫子或同姓人孫來充當，只有「祭殤（祭祀未成年人）」才用「厭祭」；否則，祭祀成年人用「厭祭」，是把死者當成

---

22 王國維：《宋元戲曲史》，天津，百花文藝出版社，2002，第2頁。

未成年人了，那是不符合禮制的。可見，喪葬之祭中，也一定要用
「尸」。

　　周代的宗廟天地社稷等許多祭祀禮儀中都用「尸」，那麼為什麼
會出現這種情況呢？這是因為在夏商周三代時期，人們的鬼神觀念較
為發達，人們認為鬼神是真實存在的，不過鬼神是無影無形、無聲無
息的，不能親眼所見，親耳所聞；但是鬼神可以憑依在「人」身上及
其它有形之物上。於是人們在對鬼神特別是對祖先神靈的祭祀儀式
中，就用真實的活人裝扮成「尸」來作為鬼神或祖先神靈的替身，以
作為受祭拜的對象。「尸」也作為鬼神的替身享用人間的一切祭品並
為鬼神傳言或上傳人意，起著溝通人與神的橋梁中介作用。《儀禮‧
士虞禮》鄭玄注云：「孝子之祭，不見親之形象，心無所繫，立尸而
主意焉。」正是對立「尸」原由最好的說明。當然，「尸」作為鬼神
或祖先神靈的替身並不是真實的鬼神或祖先神靈，實際上，它只是鬼
神或祖先神靈的一種象徵。《禮記‧郊特牲》說：

　　　舉斝角，詔妥尸。古者尸無事則立，有事而後坐也。尸，神象
　　　也。祝將命也。

這段話意思是說：宗廟祭祀中，迎「尸」入室就席後，「尸」就舉起
席前的酒器斝或角，然後主人告請「尸」坐下；行禮過程中，「尸」
無事時就站著，有了飲食之事，就坐在席上；「尸」是神的象徵，是
活的神像；人和神之間不能直接交流對話，需要由祝來傳達。可見，
「尸」是「神象也」，「尸」是一種象徵，是神靈的象徵。《禮記‧祭
統》說：「尸在廟門外則疑於臣，在廟中則全於君。君在廟門外則疑
於君，入廟門則全於臣，全於子。」宗廟祭祀時，「尸」未進廟門，
在廟門外，還是作為國君的臣子，可是一進入廟門之內，「尸」就完

全成了先君神靈的象徵。在「尸」面前，國君也完全作為臣子的身分，對「尸」恭敬虔誠地祭拜。舉行祭禮時，先要迎「尸」，這是象徵著迎接或降請祖先神靈的到來；祭禮過程中要請「尸」、勸「尸」享用酒食，這是象徵著祖先神靈在享用；祭禮完畢後，要送「尸」，即象徵著送走祖先神靈離開人間。總之，周代祭禮用「尸」、立「尸」中充滿著濃厚的象徵意味。究其實質，是周代禮樂文化中的象徵性文化精神在「尸」祭制度中的體現。周代禮樂文化鼎盛時期，用「尸」、立「尸」制度也最為盛行，隨著周代禮樂文化的衰退，用「尸」、立「尸」制度也隨之衰退。大致來說，西周前，已有尸祭現象；西周時期，祭祀儀式中用「尸」、立「尸」做法最為盛行，並形成尸祭制度；春秋時期，尸祭現象漸漸減少，到了戰國時期，用「尸」、立「尸」制度逐漸被廢除。秦漢以降，用活人充當「尸」的做法，已改為用「木主」象徵祖先神靈了。當然，這並不是說後世的祭祀儀式中就沒有用「尸」、立「尸」現象，而是說作為用「尸」、立「尸」制度已不復存在了。實際上，在民間的祭祀活動中，立「尸」的遺風還有留存。

第二節　象徵性藝術的表現

由上文可知，周代禮樂文化的核心內容之一是祭祀。祭祀在長期的實行過程中，逐漸形成一些象徵。象徵性文化精神也就成為周代禮樂文化中體現的典型的文化精神。這種文化精神滲透在周代禮樂文化的方方面面。如上文所說的周代貴族階級懸掛的「佩玉」和祭禮中的用「尸」就充滿著象徵意味。那麼周代禮樂文化中的藝術是否也受到象徵性文化精神的影響呢？回答是肯定的。從周代的樂舞藝術和青銅藝術來看，就很明顯地體現出一種象徵性藝術精神。可以說，象徵性

藝術精神是周代禮樂文化中藝術上體現的典型的藝術精神，也是中國早期的藝術精神之一。下文我們就從周代的樂舞藝術和青銅藝術來討論這種象徵性藝術精神。

一　樂舞藝術的象徵

　　我們在前文中多次論及周代禮樂文化中的藝術從來就不是純粹意義上的藝術，它總是與社會政治聯繫在一起，承載著較多的社會意義，樂舞藝術自然也不例外。在周代禮樂文化中，樂和禮總是密切聯繫，相需為用，共同為貴族階級的統治需要服務的。因此，「樂」並沒有獲得獨立的地位，總是受制於「禮」的約束，自然與政治倫理道德密切相關。它不僅僅是人們用於表達情感的需要，更主要的是承載著巨大的社會意義，是社會政治倫理道德的象徵。正如《禮記·樂記》所說：「樂者，通倫理者也。」「先王之為樂也，以法治也，善則行象德矣。」正是「樂」具有這樣的特點，蕭滌非說：「樂在先秦，乃所以為治，而非以為娛。乃將以啟發人之善心，使百姓同歸於和，而非以滿足個人耳目之欲望。」[23]周代禮樂文化中的樂舞藝術充滿著象徵的意味，體現出的藝術精神就是一種象徵性藝術精神。

　　我們且先看《禮記·樂記》中對「五音」的象徵性比附：

> 宮為君，商為臣，角為民，徵為事，羽為物。五者不亂，則無怗懘之音矣。

　　「宮、商、角、徵、羽」五音本純屬音樂問題，但這裡卻賦予它

象徵性，用「五音」來比附和象徵君臣等級關係。「五音」中「宮」音是主音，《國語・周語下》中載伶州鳩言：「夫宮，音之主也。」《禮記・禮運》說：「五聲、六律、十二管，還相為宮也。」「宮」音是「五音」之主，其它四音為從音，且「五音」和諧相從，不失其序。「五音」象徵著君臣關係，「宮」音為主音，最為重要，「宮」音也就成為「君」的象徵，其它四音也分別成為不同的身分地位或事物的象徵。「五音」不亂，和諧相從，則象徵著君臣等級關係和諧相處。可見，周代禮樂文化中，「五音」具有濃厚的象徵意味。

周代禮樂文化中的樂舞藝術具有象徵性，我們且以《大武》樂舞來說明這一問題。《大武》是周代雅樂中的「六大舞」之一，關於它的文獻記載較多，所以它的情況後人也就了解甚多。《禮記・樂記》中載有賓牟賈和孔子關於《大武》之樂的討論。從他們二人的討論中，我們可以得知，《大武》之樂是表現武王伐紂克商的經過，象徵著武王的武功業績。「夫樂者，象成者也。」就明確地說明「樂」是象徵事業功成的。《大武》共有六成，每一成、每一個舞蹈動作都是一定意義的象徵。《禮記正義》鄭玄注《大武》曰：

> 成，猶奏也，每奏武曲，一終為一成。始奏，象觀兵盟津時也。再奏，象克殷時也。三奏，象克殷有餘力而返也。四奏，象南方荊蠻之國侵畔者服也。五奏，象周公召公分職而治也。六奏，象兵還振旅也。復綴，反位止也……舞者各有部曲之列，又夾振之者，象用兵務於早成也。久立於綴，象武王伐紂待諸侯也。

《大武》的每一成都是作為一種象徵。樂舞起始時，象徵著武王在等候諸侯會盟；第二成象徵著武王克商成功；第三成象徵著武王克商後

返國；第四成象徵著武王收服南方各國；第五成象徵著周公和召公分陝而治；第六成象徵著用兵後返還。《大武》是具有強烈象徵意味的武舞，後世中也有類似於《大武》的武舞。如唐代著名的戰爭舞《秦王破陣樂》和《蘭陵王入陣曲》即是如此。前者是唐太宗李世民時代的武舞。此舞佇列類比戰爭的隊式，中間展開，兩翼迂迴，屈伸交錯。表演者多達一二〇餘人，皆執戟披甲。表演時氣震山河，恢宏闊大，舞蹈動作和場景皆虛擬而設，象徵性地再現了戰爭的場面。後者是頌揚南北朝時北齊大將軍高長恭即蘭陵王的戰爭舞。蘭陵王高長恭英勇善戰，與士兵同甘共苦，他的美德和精神深受廣大士兵的愛戴。此舞模擬蘭陵王入陣破敵，指揮作戰，殺敵立功的戰爭動作，舞者的每一舞姿和動作都具有象徵意義。[24]不僅《大武》之樂充滿著象徵的意味，其它「六大舞」也是如此。《莊子·天運》中載有「北門成問樂」而關於黃帝樂舞《咸池》的一段精彩文字，就是對古人在庭院、廟堂或曠野之中，運用象徵性的手法搬演那種「宇宙之樂」的精彩描繪。[25]宗白華說，樂舞「不僅是一切藝術表現的究竟狀態，且是宇宙創化過程的象徵……這最緊密的律法和最熱烈的旋動，能使這深不可測的玄冥的境界具象化、肉身化。」[26]充分肯定樂舞藝術的象徵性。《咸池》之樂中充滿著象徵的意味，而《咸池》（或《大咸》）之樂在周代經過樂師的改造，是周樂「六大舞」之一。

　　周代禮樂文化中的「小舞」也具有象徵性。《象》舞是「小舞」之一。《象》舞用於兩君相見、天子大射、天子大饗、天子大祭祀等

---

24 居閱時、瞿明安主編：《中國象徵文化》，上海，上海人民出版社，2001，第451-452頁。

25 羅藝峰：《禮樂精神發凡並及禮樂的現代重建問題》，《中央音樂學院學報》1997年第2期。

26 宗白華：《美學散步》，上海，上海人民出版社，1981，第67頁。

禮儀場合。如《禮記‧祭統》中說：「夫大嘗，升歌《清廟》，下而管
《象》。」《象》舞的具體內容我們今天不甚了解，但其充滿象徵的意
味，卻是肯定的。《禮記‧仲尼燕居》：

> 兩君相見，揖讓而入門……升歌《清廟》，示德也；下而管
> 《象》，示事也。是故古之君子，不必親相與言也，以禮樂相
> 示而已。

兩君相見時，互行揖禮互相謙讓走入大門，這時樂工登堂而歌《清
廟》樂章，這是在「示德也」，所謂「示德」，就是象徵著國君景仰文
王的美德；下堂樂工用管樂伴奏表演《象》舞，這是在「示事也」，
象徵國君崇敬文王的功業。「示德」、「示事」就是明確地說明《清
廟》和《象》舞具有象徵性。文王在位時，重德敬德，文治武功，先
後滅掉了一些周邊屬國，為武王伐紂建國奠定了堅實的基礎，周之後
人以歌舞紀念他，《清廟》和《象》舞即是如此。這些樂舞就是象徵
著他的征伐和功德。正是由於《清廟》和《象》等樂舞具有象徵性的
精神內涵，所以在各種禮儀場合中表演它們，「不必親相與言也，以
禮樂相示」，就可以使人心領神會，傳情達意。不僅《清廟》和
《象》等樂舞如此，其它一些樂舞也是如此。如《詩‧小雅‧鹿鳴》
多用於「大夫士鄉飲酒禮」、「諸侯燕禮」等禮儀場合。其歌曰：「呦
呦鹿鳴，食野之蘋。我有嘉賓，鼓瑟吹笙。吹笙鼓簧，承筐是將。人
之好我，示我周行。呦呦鹿鳴，食野之蒿，我有嘉賓，德音孔昭。視
民不恌，君子是則是效。我有旨酒，嘉賓式燕以敖……」在飲酒禮或
燕禮宴會上登堂歌唱《鹿鳴》詩章，根本無需言語，就能象徵性地表
達主人對嘉賓的敬意和對賓客美好懿德的稱賞。周代禮樂文化中的樂
舞藝術充滿著象徵性意味，這與音樂的表達方式有關，音樂的表達方

式具有一種隱喻性或象徵性，音樂的思維也是一種隱喻性或象徵性思維。音樂藝術與其它藝術有所不同，需要依靠抽象的聲音來表現對象，它訴諸人的聽覺，聽者必須超越音樂的聲響結構去把握和體味其背後所隱含和象徵的意味。因此，音樂自身的特點使其自然具有象徵性。而在周代，人們的思維方式也主要是隱喻性或象徵性思維，音樂自然就成為他們交流和表達的重要方式，其樂舞藝術中也就充滿著象徵性。[27]

　　由上文可見，周代禮樂文化中的樂舞藝術充滿著象徵的意味。同樣周代禮樂文化中的用樂制度如樂舞的佾列、樂器的配製、詩樂的選用等，也都具有象徵性。從樂舞的佾列和執羽人數來看，天子樂舞為「八佾」，諸侯為「六佾」，大夫為「四佾」，士為「二佾」。《左傳‧隱公五年》曰：「九月，考仲子之宮，將《萬》焉。公問羽數於眾仲。對曰：『天子用八，諸侯用六，大夫四，士二。夫舞所以節八音而行八風，故自八以下。』公從之。」天子樂舞中執羽人數為「八佾」，共六十四人，諸侯執羽人數為三十六人，大夫為十六人，士為四人。[28]天子、諸侯、大夫、士所享用的樂舞規模和佾列人數有著嚴格的等級區別，不得亂用，否則就是僭越行為。這正是周代禮樂文化的用樂制度中充滿著象徵性使然。樂舞的規模大小和樂舞佾列及執羽人數的多少象徵著貴族統治階級社會等級地位的高低、身分的貴賤、

---

27 李壯鷹：《詩歌與音樂》，見《覆瓿存稿》，天津，百花文藝出版社，1995，第42頁。

28 周代禮樂文化中的樂舞佾列和執羽人數有不同的說法。《春秋公羊傳‧隱公五年》曰：「天子八佾，諸公六，諸侯四。」《春秋穀梁傳‧隱公五年》曰：「舞夏，天子八佾，諸公六佾，諸侯四佾。」對於執羽人數，一種觀點認為，八佾為六十四人，六佾為三十六人，四佾為十六人，二佾為四人；另一種觀點認為，每佾為八人，八佾即為六十四人，六佾為四十八人，四佾為三十二人，二佾為十六人。但不管哪種說法正確，周代禮樂文化中樂舞佾列數和執羽人數都充滿著象徵的意味，這是肯定的。

權力的大小等。天子用「八佾」,「八佾」之舞就是天子的權力、身分
和地位的象徵。「八佾以舞《大夏》,此天子之樂也。」[29]任何他人享
用「八佾」之舞,都是僭越天子之樂的違禮行為,都是對天子王權、
身分和地位的嚴重挑戰,是要受到譴責和討伐的。所以,春秋後期,
在禮崩樂壞的情況下,掌管魯國執政大權的大夫季孫氏在自家廳堂上
表演「八佾」之舞,孔子站在維護「周禮」的立場上對此僭越行為表
示強烈的譴責和憤慨,「八佾舞於庭,是可忍也,孰不可忍也?」[30]也
就可以理解了。

　　從周代樂器的享配上看,樂器也是貴族統治階級的社會等級、身
分和地位的象徵。不同身分、不同地位的人享有的樂器種類和樂器數
量不一樣。如金石之類的樂器使用就是如此。「金石」主要指鐘磬之
類的樂器,金石之類的樂器表演叫「金奏」,金奏就是身分地位的象
徵。天子諸侯迎賓和送賓時都要用金奏,而大夫和士卻只有在送賓時
才可以用金奏,而且一般只使用磬奏,而不能使用鐘奏。《儀禮‧鄉
飲酒禮》曰:「磬階間縮溜,北面鼓之。」因為鐘奏為天子諸侯所享
用,鄭玄注《鄉飲酒禮》句「賓出,奏《陔》」,曰:「鐘鼓者,天
子、諸侯備用之。」可見,金奏的使用充滿著濃厚的象徵意味。再
如,天子、諸侯、大夫等懸掛鐘磬之類樂器的方式也具有象徵性。
《周禮‧春官‧小胥》:「(小胥) 正樂縣之位。王宮縣,諸侯軒縣,
卿大夫判縣,士特縣。」鄭司農注曰:「宮縣四面縣,軒縣去其一
面,判縣又去其一面,特縣又去其一面。四面象宮室四面有牆,故謂
之宮縣。軒縣三面,其形曲。」按照鄭司農的注解,「宮縣」是鐘磬
等樂器懸掛於宮室四面,是天子享配的樂器懸掛方式;「軒縣」是三

---

29 《禮記‧祭統》。
30 《論語‧八佾》。

面懸掛樂器，是諸侯享配的樂器懸掛方式；「判縣」是二面懸掛樂器，是大夫享配的樂器懸掛方式；「特縣」是士享配的樂器懸掛方式，樂器一面懸掛。一九七八年，湖北隨縣曾侯乙墓出土了大量的樂器，其鐘磬之類樂器的懸掛方式基本上證實了文獻中所說的諸侯所享配的「軒縣」的正確性。可見，周代貴族階級身分地位不同，樂器的懸掛方式也就不同，因此，宮縣、軒縣、判縣、特縣也就分別成了不同身分地位的象徵。《左傳・成公二年》載：「新築人仲叔於奚救孫桓子，桓子是以免。既，衛人賞之以邑，辭。請曲縣、繁纓以朝，許之。仲尼聞之曰：『惜也，不如多與之邑。唯器與名，不可以假人，君之所司也……若以假人，與人政也。政亡，則國家從之，弗可止也已。」仲叔於奚救援了孫桓子後，衛國人要賞賜他土地城邑，結果他謝絕了，請求得到曲縣，衛穆公竟然同意了，孔子對此感到很遺憾。為什麼仲叔於奚「請曲縣」，而孔子感到「惜也」呢？因為曲縣是諸侯享配的樂器懸掛方式，作為大夫的仲叔於奚是不能夠享配的。「唯器與名，不可以假人。」倘若把名號和器具（包括樂器）假借給他人，也就是把權力、地位借給他人了。因此，孔子對此感到很遺憾。

　　周代禮樂文化中的樂舞的選用也具有象徵性。按照周禮規定，祭禮、燕禮、射禮、迎送賓客都要奏樂或表演樂舞。但是，不同的禮儀場合，其所用樂舞也各不相同。天子舉行大祭大射禮時用「六大舞」，諸侯只能用「六小舞」，而大夫士則不用樂舞。在升歌上，大夫士鄉飲酒禮用《小雅》；諸侯燕享其臣和他國來臣也用《小雅》；兩君相見禮則用《大雅》，有時也用《頌》；而天子大祭大射大饗禮上則必須用《頌》。在金奏上，天子諸侯迎賓和送賓都奏《肆夏》，而大夫士則奏《陔夏》。[31]射禮是一種以表演射箭為主要內容的禮節儀式，射禮

---

31 楊華：《先秦禮樂文化》，武漢，湖北教育出版社，1997，第111頁。

的用樂也充滿著象徵的意味。《周禮・春官・樂師》:「凡射,王以
《騶虞》為節,諸侯以《狸首》為節,大夫以《采蘋》為節,士以
《采蘩》為節。」射禮有「天子大射禮」、「鄉射禮」不同的等級,舉
行射禮時要伴以一定的音樂節奏。天子、諸侯、大夫、士的身分不
同,等級不同,所用的音樂節奏也就不同。《騶虞》是天子舉行射禮
時的用樂,其它人不能僭越而用,《騶虞》即成為天子身分地位的象
徵。《狸首》《采蘋》《采蘩》也分別是諸侯、大夫、士身分和地位的
象徵。總之,周代禮樂文化中的用樂有嚴格的規定性,不同場合、不
同等級的儀式中所用之樂都不同,周人正是以此來象徵貴族階級不同
的等級地位和權力大小等。《左傳・襄公四年》記載,穆叔為了回報
知武子的聘問而回聘晉國,晉悼公燕享他。「金奏《肆夏》之三,不
拜。工歌《文王》之三,又不拜。歌《鹿鳴》之三,三拜。」為什麼
晉悼公如此熱情地待賓,而魯大夫穆叔卻起始時不予答謝呢?因為,
按照周代的樂制,《肆夏》是天子用來燕享諸侯之樂,《文王》是兩君
相見時的用樂。春秋時,周代的禮樂制度走向崩潰,出現僭越禮樂的
現象,晉悼公用天子諸侯之樂來燕享大夫身分的穆叔,自然遭到還在
維護周代禮樂制度的穆叔的反對,所以,只有當工歌《鹿鳴》詩章
時,穆叔才覺得符合自己大夫的身分,才予以答拜。可見,在穆叔的
眼裡,不同的樂是不同身分地位的象徵,不能隨意僭越。《論語・八
佾》曾記載,「三家者以《雍》徹」,孔子對此很不滿,曰:「『相維辟
公,天子穆穆』,奚取於三家之堂?」《雍》是《詩・周頌》中的詩
篇,它是天子舉行宗廟祭祀撤除祭品時所用的樂歌,是天子身分地位
的象徵。而作為大夫身分的季孫氏、叔孫氏、孟孫氏竟然在祭完自家
的宗廟後用它來撤除祭品,這明顯是僭越天子用樂的行為,所以自然
受到還保有周代傳統禮樂思想的孔子的強烈批判。以上這些都說明,
周代禮樂文化中的用樂充滿著濃厚的象徵意味。

　　周代的詩、樂、舞三位一體，詩歌也包括在「樂」之中，《詩》三百中的許多詩用於周代禮樂文化中的各種禮儀場合，詩和樂舞藝術一樣也具有象徵性。《周禮·春官·大師》有「六詩」說：

　　　　教六詩：曰風，曰賦，曰比，曰興，曰雅，曰頌。以六德為之本，以六律為之音。[32]

漢代《毛詩序》把「六詩」說發展為「六義」說：

　　　　故詩有六義焉，一曰風，二曰賦，三曰比，四曰興，五曰雅，六曰頌。

風、雅、頌是根據音樂和內容來對《詩經》的分類，而賦、比、興則是對《詩經》創作方法的概括。《毛詩序》對風、雅、頌作了具體解釋，但《毛詩序》和《周禮》都沒有對賦、比、興作解釋，這就給後人的闡釋增加了許多空間。「賦」，是鋪陳直言之意，歷來注家對此闡釋基本一致，對「比、興」的闡釋卻不盡一致。孔穎達《毛詩正義》引鄭眾言，「比者，比方於物」；「興者，托事於物」。又引鄭玄注「六詩」言，「賦之言鋪，直鋪陳今之政教善惡。比，見今之失，不敢斥言，取比類以言之。興，見今之美，嫌於媚諛，取善事以喻勸之。」鄭玄站在漢儒的立場上，從政教得失的角度來解釋「賦、比、興」，顯得牽強附會。朱熹《詩集傳》釋「賦比興」：「興者，先言它物以引起所詠之詞也。賦者，敷陳其事而直言之也。比者，以彼物比此物

---

32 《周禮·春官·大司樂》曰：「以樂德教國子中、和、祗、庸、孝、友，以樂語教國子興、道、諷、誦、言、語……」也把「興」作為樂語之一來教育貴族子弟。

也。」則撇開漢儒的「美刺」說，釋「比興」為修辭手法。其實，「比」也好，「興」也好，都是「取譬引類」，從深層次上來說，都是一種象徵。詩歌中往往通過創造一個象徵性意象來喻志、託情。正如孔穎達《毛詩・周南・樛木》小序疏云：「興必取象。」明代郝敬《毛詩原解》亦云：「比者意之象……意象附合曰比。」[33]《周南・樛木》是一首祝賀新婚男子美滿幸福的讚歌：

> 南有樛木，葛藟累之。樂只君子，福履綏之。
> 南有樛木，葛藟荒之。樂只君子，福履將之。
> 南有樛木，葛藟縈之。樂只君子，福履成之。

詩人用重章疊詠的手法，興而兼比，創造了葛藤或攀緣，或蔭蓋，或纏繞樛木的意象，來象徵新婚夫妻之間親密無間的關係。《周南・桃夭》也用「桃之夭夭，灼灼其華」等來起興，通過對春天盛開的火紅熱烈鮮豔的桃花的描寫來象徵新嫁娘的青春和美麗。《詩經》中用「興」來象徵，還有許多例子，不再贅述。「比」也可以象徵，《豳風・鴟鴞》通篇用「比」來象徵：

> 鴟鴞鴟鴞！既取我子，無毀我室。恩斯勤斯，鬻子之閔斯！
> 迨天之未陰雨，徹彼桑土，綢繆牖戶。今女下民，或敢侮予！
> 予手拮据，予所捋荼，予所蓄租，予口卒瘏，曰予未有室家！
> 予羽譙譙，予尾翛翛。予室翹翹，風雨所漂搖。予維音嘵嘵！

這首詩托一隻母鳥之口，訴說它過去被鴟鴞（貓頭鷹）擄走子女，仍

---

33 吳建民：《中國古代詩學原理》，北京，人民文學出版社，2001，第176頁。

經營窩巢、抵禦外辱及養育子女的艱辛和處境的危險。詩人用母鳥來自比，用母鳥的不幸遭遇和處境的危險來象徵自己的不幸和處境困厄。在這裡，「比」實際上就是一種象徵。《詩・小雅・鶴鳴》通篇用象徵的手法，抒發招賢納良為國所用的主張，詩中的「鶴」就象徵著賢良之士。王夫之《夕堂永日緒論》說此詩「全用比體，不道破一句，三百篇中創調也。要以俯仰物理而詠歎之，用見理隨物顯，惟人所感，皆可類通。」對詩中用象徵來表達道理可謂認識深刻。

　　《詩經》中的許多詩歌具有象徵意蘊，在周代的各種禮儀場合，配樂表演它們就可以用來傳達一定的情感和旨意。在「鄉飲酒禮」或「燕禮」等宴會上登堂歌唱《小雅・鹿鳴》詩章，就能象徵性地表達主人對嘉賓的敬意和對賓客美好懿德的稱賞。西周時期的各種禮儀場合中歌「詩」，還帶有較強的儀式性和音樂性，到了春秋時期，隨著周代禮樂文化的衰退，這種儀式性和音樂性就慢慢地衰弱。春秋時期，「賦詩言志」之風大為流行，它實際上是對西周時期的歌「詩」的繼承（當然春秋時期的禮儀場合中也有歌「詩」）。「賦詩」對儀式性和音樂性的要求不高，但是對「賦詩」的意義卻要求較高。「賦詩言志」在諸侯國之間的外交聘問場合中頗為重要，成功的「賦詩言志」可以起到傳達意旨，溝通交流，化解敵意，甚至避免戰爭可能的重大作用。[34]《左傳》和《國語》中記載「賦詩言志」的事例很多，現略舉幾例說明。《左傳・襄公八年》載：

　　　　晉范宣子來聘，且拜公之辱，告將用師於鄭。公享之，宣子賦
　　　　《摽有梅》。李武子曰：「誰敢哉！今譬於草木，寡君在君，君

---

34 《論語・子路》：「孔子云：『誦《詩》三百，授之以政，不達；使於四方，不能專
　　對；雖多，亦奚以為？』」強調《詩》在外交政治場合中的重要作用。

之臭味也。歡以承命，何時之有？」武子賦《角弓》。賓將
出，武子賦《彤弓》。

晉國范宣子聘問魯國，並告之將出兵伐鄭，希望魯國能幫助，但又不
便明言。范宣子便賦《召南‧摽有梅》，借梅花盛極就會衰謝之理，
來暗示魯國應該趁現在的好時機一起去伐鄭。魯國的季武子心領神
會，賦《小雅‧角弓》來表示兄弟之國的忙不可不幫，從而通過「賦
詩」，晉魯兩國順利地完成了一場外交使命。《左傳‧襄公二十七年》
載，鄭簡公宴饗晉卿趙文子（趙孟），趙文子請鄭大夫賦詩以觀其志：

> 子展賦《草蟲》，趙孟曰：「善哉！民之主也。抑武也不足以當
> 之。」伯有賦《鶉之賁賁》，趙孟曰：「床第之言不逾閾，況在
> 野乎？非使人之所得聞也。」子西賦《黍苗》之四章，趙孟
> 曰：「寡君在，武何能焉？」子產賦《隰桑》，趙孟曰：「武請
> 受其卒章。」子大叔賦《野有蔓草》，趙孟曰：「吾子之惠
> 也。」印段賦《蟋蟀》，趙孟曰：「善哉！保家之主也。吾有望
> 矣。」公孫段賦《桑扈》，趙孟曰：「『匪交匪敖』，福將焉往？
> 若保是言也，欲辭福祿，得乎？」卒享，文子告叔向曰：「伯
> 有將為戮矣！《詩》以言志，志誣其上，而公怨之，以為賓
> 榮，其能久乎？幸而後亡。」

晉卿趙文子通過鄭國七位大夫的賦詩，了解了他們各自的心志，
「《詩》以言志」，各人所賦的詩恰是他們心志的展示。伯有賦《鶉之
賁賁》，趙文子說他「將為戮」，後來伯有果然被鄭人所殺。春秋時期
除了賦詩以外，在各種場合還常常引詩。《左傳‧宣公十七年》載：
「范武子將老，召文子曰：『燮乎！吾聞之，喜怒以類者鮮，易者實

多。《詩》曰：君子如怒，亂庶遄沮；君子如祉，亂庶遄已。君子之
喜怒，以已亂也。弗已者，必益之……』乃請老，郤獻子為政。」范
武子就引《詩・小雅・巧言》中的詩意來幫助說明自己將退的緣由。
一般來說，賦詩時常常賦引全詩或詩中的某一章，而引詩時只引用詩
中的某幾句，但它們都是「賦詩斷章，余取所求」[35]，即所謂「斷章
取義」。賦詩人或引詩人往往根據自己的需要斷取《詩》的一部分，
「斷章」所取之義正是「余取」所求之義，所求之義也不是「詩」的
原有之義，而是它的引申義或象徵義。通俗地說，賦詩人或引詩人在
各種場合為了表達自己的心志、意願，往往用「詩」來予以象徵或暗
示，以期達到效果。上文中子展所賦的《召南・草蟲》本是一首男女
相戀的情歌，子展斷取詩句「未見君子，憂心忡忡，亦既見止，亦既
覯見，我心則降」，來表達見到趙文子後的歡樂之情，所取之義與詩
歌原意是毫不相干的。子大叔賦的《鄭風・野有蔓草》也是一首戀
歌，子大叔斷取「邂逅相遇，適我願兮」詩句，來象徵性地表達和趙
文子相見很愉快，也是所取之義與詩歌原意不相干。因此，春秋時
期，賦詩和引詩實際上是用「詩」來作為一種象徵，而且就賦詩或引
詩的行為本身來說，它也充滿著象徵性，具有象徵性藝術精神。

　　周代禮樂文化中的樂舞和詩歌從來就不僅僅是單純的藝術問題，
而是包含著豐富的意義和內容。樂舞的使用有著嚴格的等級規定性，
充滿著濃厚的象徵意味。不同地位、不同身分的貴族享用不同的樂
舞，樂舞成為不同等級地位和身分的象徵。就具體的樂舞來說，也具

35　「賦詩斷章，余取所求」語出《左傳・襄公二十八年》：「齊慶豐好田而耆酒，與慶
　　舍政，則以其內實遷於盧蒲嫳氏，易內而飲酒。數日，國遷朝焉。使諸亡人得賊
　　者，以告而反之，故反盧蒲癸。癸臣子之，有寵，妻之。慶舍之士謂盧蒲癸曰：
　　『男女辨姓。子不辟宗，何也？』曰：『宗不余辟，余獨焉辟之？賦詩斷章，余取
　　所求焉，惡識宗？』癸言王何而反之，二人皆嬖，使執寢戈而先後之。」

有象徵性。周代的詩歌中也充滿著象徵意味，賦詩和引詩都是一種象徵。因此，周代禮樂文化中的樂舞和詩歌體現出的藝術精神就是一種象徵性藝術精神。當然，究其根源，這種象徵性藝術精神主要是周代禮樂文化中的象徵性文化精神滲透在藝術中的結果。

二　青銅藝術的象徵

上文就周代禮樂文化中的樂舞藝術的象徵性藝術精神進行了討論，周代禮樂文化中的青銅藝術也同樣體現出這種象徵性藝術精神。對此，我們再作討論。

張光直認為，考古發現的大量青銅器證明了在中國古人的生活中青銅器的鑄造和使用佔據著中心地位，正是由於此點，這段歷史甚至可以用「中國青銅時代」來概括和稱謂。張光直還認為，中國青銅時代開始時間大約為西元前二千年，結束時間大約為西元前五百年，中國青銅時代大約持續了一千五百年之久。[36]張光直所說的中國青銅時代在時間上來說，正好是中國商周兩代時期，考察這一時期大量出土的青銅器，可以發現這一時期的青銅器的鑄造規模、數量和品質都是其它時期所無法比擬的，它在中國文明史上甚至在世界文明史上都是輝煌絕倫的。世界著名科學史家李約瑟博士說：「沒有任何的西方人能夠超過商、周兩代的青銅器鑄造」[37]的。這是絲毫沒有誇大的準確論斷。

周代的青銅和商代一樣，也主要用於鑄造青銅兵器和青銅禮器，當時的生產工具仍然是以石器為主，直到春秋戰國時期才逐漸以鐵器代替石器。周王朝把當時最先進質料的青銅大量地用於鑄造兵器和祭

---

36 張光直：《中國青銅時代》，北京，生活・讀書・新知三聯書店，1999，第2頁。

37 轉引自呂濤總纂：《中華文明史》第2卷，石家莊，河北教育出版社，1992，第192頁。

器，這與周代處於中國歷史上野蠻的奴隸制社會的階級需要有著密切
關係。眾所周知，周代是中國奴隸制社會野蠻的、血腥的和暴力的時
代，奴隸主貴族階級和奴隸階級之間有著不可調和的矛盾。奴隸主貴
族階級要想得到穩固長久的階級統治，就得設法緩和這種矛盾，那就
要在肉體上進行武力殺戮，在精神上進行心理恐嚇。而青銅正好可以
滿足這種需要，既可以製造用於武力殺戮的青銅兵器，又可以製造進
行精神統治的青銅禮器。當時的青銅又恰好掌握在奴隸主貴族階級的
手中，因為青銅的開採、冶煉需要大量的人力、物力和財力，非一般
奴隸個人所能完成。因此，無論是青銅禮器，還是青銅兵器都是為周
代奴隸主貴族階級所有，與奴隸階級無緣。自然青銅器也就成為周代
奴隸主貴族階級的身分地位和等級權勢的象徵，青銅器的造型和紋飾
也就是周代奴隸主貴族階級的精神意志和情感意願的集中體現。體現
在這些青銅藝術上的藝術精神就是象徵性藝術精神。下面我們主要以
周代禮樂文化中的青銅禮器為例來討論這一問題。

　　第一，從青銅禮器的體積上看，有一類禮器相當的龐大，很有氣
勢，比如說青銅鼎類就是如此。一九三九年，在河南殷墟出土的「司
母戊」大方鼎在體積上是青銅禮器之最。此鼎通高一三三公分，口徑
一一〇公分乘七十九公分，底徑一百公分乘七十二公分，足高四十六
公分，重達八七五千克。整個器形龐大端正，雄渾凝重。[38]商代貴族
統治階級正是以此穩固的方形和龐大的體勢來象徵統治階級統治的穩
固和長久。到了周代，青銅鼎的這種象徵性還延續了下來。周代的青
銅鼎及其它禮器同樣體積龐大，氣勢非凡。比如，西周康王時期的大
盂鼎就是如此。大盂鼎一八二一年出土於陝西郿縣。此鼎通高一〇一

---

38 李澤奉、劉如仲主編：《銅器鑒賞與收藏》，長春，吉林科學技術出版社，1994，第
　 73頁。

點九公分，口徑七十七點八公分，重一五三點五千克，也是個「龐然大物」。周代貴族統治階級也是以此鼎的龐大體勢來作為貴族階級的浩瀚的權力和高貴的地位的象徵。與「司母戊」大方鼎不同的是此鼎為兩耳三足圓鼎。《淮南子‧天文訓》曰：「天道曰圓，地道曰方。方者主幽，圓者主明。」古人認為，天是圓的，地是方的，方的主宰幽暗，圓的主宰光明。「方」即象徵著地之主，「圓」即象徵著天之主。因此，無論是方鼎還是圓鼎，都是作為大地和上天的象徵，統治階級擁有銅鼎，也就意味著擁有權力和疆土。

第二，從青銅禮器的形制上看，這些青銅器的形制特別怪異。比如，人與獸或數種神異的獸結合在一起，商代的「虎食人卣」就是如此。此卣造型為踞坐的虎形，虎的前爪牢牢地抓持著一個人，人頭已入虎口，令人觸目驚心。為什麼會出現這樣的造型呢？很可能它反映的是原始戰爭的史實——殺俘以祭先祖或圖騰。如此令人恐怖的造型是作為對異族部落威懾、恐嚇的象徵性符號，也是對本族保護神力的崇拜，[39]此外它還作為統治階級王權威嚴的象徵。[40]周代的青銅器在造型上繼承了此前的形制，也是以怪異、奇特的青銅造型來象徵周代貴族階級王權的神聖和威嚴。比如，一九六三年，在陝西寶雞出土了一件周成王時期的青銅器——何尊。何尊的器形尤為奇異，似圓非圓，似方非方，內呈圓形而外又呈方形，敞口外侈，器表扉棱高低不

---

39 李澤厚：《美學三書》，合肥，安徽文藝出版社，1999，第45頁。

40 關於「虎食人卣」的解釋，歷來說法不一。張光直認為，張開的獸口可能是把彼岸（如死者的世界）同此岸（如生者的世界）分隔開來的最初象徵，銅器上已入獸口的人非巫師莫屬，他正在動物的幫助下昇天，以便溝通天人。（張光直：《中國青銅時代》，北京，生活‧讀書‧新知三聯書店，1999，第444頁；又見張光直：《美術、神話與祭祀》，瀋陽，遼寧教育出版社，2002，第53頁）儘管人們對此解釋不一，但其作為一種象徵，體現出一種象徵性藝術精神，卻是肯定無疑的。

平，獸角嶙峋。[41]類似何尊這樣造型怪異的青銅器在周代還有很多。

第三，從青銅禮器的紋飾上看，周代禮樂文化中的青銅禮器的紋飾多以饕餮紋（獸面紋）為主，特別是在西周時期的青銅器上，饕餮紋飾佔據著主要位置，成為青銅器的主流紋飾。青銅饕餮紋飾一直貫穿著整個西周時期，即使在春秋戰國時期，饕餮紋飾還留存在青銅器的柱腳上。饕餮紋飾主要由誇張和變形的動物面部正面形象構成，總體上表現為一種巨目、咧口、獠牙、立耳、犄角的形象特徵。如上文中提到的何尊的器表紋飾就是饕餮紋。此饕餮紋有一個呈捲曲狀的長角，角節畢現，角尖高高翹起；其眉目粗壯，眉毛直立，怒睜著圓目，露出精光。大盂鼎的口沿下也有六個饕餮紋組成的紋飾帶，同樣顯得神秘、森嚴和恐怖。饕餮紋飾結構繁冗複雜，帶有陰森神秘的氣氛，這與掌握著生殺予奪大權的統治階級要利用上帝和鬼神崇拜及神秘的手段，以欺騙和威嚇下層人民的需要相合拍。周代銅器上的紋飾也以饕餮紋飾為主，周代貴族統治階級正是以此來象徵王權的威嚴和統治階級的可畏，獸面紋也就成了神聖王權的象徵。謝崇安認為，「且甲鼎」上的徽號標識上的獸面紋中軸部分被「王」字所取代，就正是證明了這一點。[42]

周代青銅禮器造型上奇異怪誕，紋飾上以猙獰可畏的饕餮紋飾為主。它們並不是作為被欣賞的對象，而是作為宗教機器，用於祭祀上帝先祖或銘記功績。它們的審美所在不在於它所訴諸的視覺形式美因素，而在於這種形式成為一種象徵性符號，寄託著或暗示著某種深沉的人類精神內涵或超人間的神力觀念。這是由周代禮樂文化中的青銅藝術的本質特徵決定的。那就是這些青銅藝術具有一種象徵性，它以

---

41 李澤奉、劉如仲主編：《銅器鑒賞與收藏》，長春，吉林科學技術出版社，1994，第110頁。

42 謝崇安：《商周藝術》，成都，巴蜀書社，1997，第34頁。

形式服從於內容主題的需要，是將意念凌駕於形式之上。因而它不同於古希臘的形式美與內容美是統一的，形體美與精神美是和諧的。[43]因此，要透過這些青銅藝術的外在的形式，才能發掘出其所象徵的深刻內涵。黑格爾說：「象徵一般是直接呈現於感性觀照的一種現成的外在事物，對這種外在事物並不直接就它本身來看，而是就它所暗示的一種較廣泛較普遍的意義來看。」[44]考察周代的這些青銅藝術，其「各式各樣的饕餮紋樣以及以它為主體的整個青銅器其它紋飾和造型，特徵都在突出這種指向一種無限深淵的原始力量。」[45]這種原始力量可能是一種情感，也可能是一種觀念，但都是作為一種象徵來表現的。因此，周代的青銅禮器具有濃厚的象徵意味，體現於其中的是一種象徵性藝術精神。

正是由於周代的青銅藝術具有一種象徵性，象徵著王權的威嚴和神聖。它在周人長期的禮樂生活中自然成為周代奴隸主貴族階級的身分地位和等級權勢的象徵，因此，青銅器在周人的生活中佔據著重要的地位，誰擁有的青銅器數量和種類越多，就意味著誰擁有的權力越大、地位越高。比如，青銅鼎類就是作為周代奴隸主貴族身分地位的象徵。從周代墓葬出土的大量的青銅鼎器來看，身分地位越高的墓主，其陪葬的青銅鼎的數量越多，品質越高。這基本上證實了文獻中記載的周代曾有列鼎制度。甚至像「九鼎」這樣的青銅器直接就是王權和政權的象徵。因此當楚莊王覷覦周之政權時，難怪他要「問鼎」了。《左傳・宣公三年》記載：

---

43 謝崇安：《商周藝術》，成都，巴蜀書社，1997，第266頁。

44 〔德〕黑格爾：《美學》第2卷，朱光潛譯，北京，商務印書館，1979，第2版，第10頁。

45 李澤厚：《美學三書》，合肥，安徽文藝出版社，1999，第43頁。

> 楚子伐陸渾之戎，遂至於雒，觀兵於周疆。定王使王孫滿勞楚
> 子。楚子問鼎之大小輕重焉。對曰：「在德不在鼎。昔夏之方
> 有德也，遠方圖物，貢金九牧，鑄鼎象物，百物而為之備，使
> 民知神奸……用能協於上下，以承天休。桀有昏德，鼎遷於
> 商，載祀六百。商紂暴虐，鼎遷於周……周德雖衰，天命未
> 改，鼎之輕重，未可問也。」

楚莊王在位時，國力強大，先後對周邊國家用兵，趁伐攻陸渾之戎的
機會，陳兵東周邊境，炫耀武力，並對周王派來的大夫王孫滿詢問起
周王朝的「九鼎」來。王孫滿追溯「九鼎」的歷史，並拒斥楚莊王
「鼎之輕重，未可問也」。為什麼楚莊王要「問鼎」呢？而周大夫又
拒絕回答呢？因為這裡所說的「九鼎」已經不再是一種炊器或盛器，
而是一種禮器，被賦予了神聖的色彩，是王權和政權的象徵。《周
易‧下經‧鼎》孔穎達疏曰：「鼎者，器之名也。」又曰：「然則鼎之
為器，且有二義：一有亨飪之用，二有物象之法，故象曰：鼎，象
也，明其有法象也。」《釋文》曰：「鼎，法象也，即鼎器也。」也明
確地指出「鼎」是「法象」，是統治階級用來象徵權力的「法象」
器。因此，誰擁有「九鼎」，誰就擁有統治的權力，失去了「九鼎」，
也就意味著失去了統治的權力。九鼎是夏王所鑄，夏桀暴虐「有昏
德，鼎遷於商」，後來「商紂暴虐，鼎遷於周」。夏商周三代王權、政
權的更替，就是以奪取和占有前代的「九鼎」作為象徵的。所以張光
直說：「九鼎神話直接而有力地宣稱：佔據這些神聖的青銅禮器，就
是為了使帝王的統治合法化。青銅禮器是明確而強有力的象徵物：它
們象徵著財富，因為它們自身就是財富，並顯示了財富的榮耀；它們
象徵著盛大的儀式，讓其所有者能與祖先溝通；它們象徵著對金屬資

源的控制，這意味著對與祖先溝通的獨占和對政治權力的獨占。」[46]
因此，當楚莊王覬覦周王的政權，自然問起「九鼎」來，而周大夫則
站在維護周王室統治的立場上，自然要警告楚莊王不要隨意「問
鼎」，實際上這是警告楚莊王不要覬覦周王的權力和王朝的政權。[47]

不僅周代的青銅禮器具有象徵性，周代的青銅兵器同樣也具有強
烈的象徵意味。如青銅斧鉞就是商周王權、軍權的象徵。青銅斧鉞為
青銅所鑄，自然結實耐用，作為武器，有很大的威力和殺傷力，所向
無敵。《釋名》：「鉞，豁也，所向莫敢當前，豁然破散也。」《詩‧商
頌‧長發》：「武王載斾，有虔秉鉞，如火烈烈，則莫我敢曷。」就是
說明青銅斧鉞具有巨大的威力。青銅斧鉞上也常常飾以饕餮，以此來
增強斧鉞的神聖性和威嚴性，帝王的威勢也需要這樣的斧鉞來加以襯
托。如河南安陽殷墟婦好墓出土的「婦好」銅鉞就是如此。此銅鉞呈
斧形，斧鉞身上飾有兩虎食人圖。兩虎側身而撲，露出凶相，人頭則
處於虎口之間，整個紋飾顯得猙獰可怖。青銅斧鉞既有肅殺之威，又
是王權、軍權的象徵，只有天子和大奴隸主貴族才有使用銅鉞的特
權。《史記‧周本紀》：「周公旦把大鉞，畢公把小鉞，以夾武王。」
就說明了只有周公、畢公這樣的周之重臣、大貴族才能擁有銅鉞這樣
的武器。天子也常常將銅鉞賜給下臣，實際上就是授予下臣進行征伐

---

46 張光直：《美術、神話與祭祀》，瀋陽，遼寧教育出版社，2002，第74頁。

47 侯外廬說：「這種『尊』、『彝』、『爵』、『鼎』在原來僅表示所獲物如黍稷與酒食的
盛器，後來由於超社會成員的權利逐漸集中在個人身上，它們便象徵著神聖的政
權，因而尊爵之稱，轉化為貴者的尊稱，所謂『天之尊爵』（《孟子‧公孫丑》）。
『尊』、『彝』只有貴族專享，故尊爵成了政權的代數符號……換言之，尊爵就是富
貴不分的公室子孫的專政形式，過去很少人把禮器的意思明白地指出來，著者認為
禮器也者，是周代氏族貴族專政的成文法，後來爭奪禮器與爭奪政權同等看待，所
謂『問鼎』即搶政權之謂。」（侯外廬等：《中國思想通史》第1卷，北京，人民出
版社，1957，第15頁）

攻戰的軍事權力，以代天子進行軍事行動。[48]

　　不僅周天子賜鉞是授予權力的象徵，就是天子賜金（青銅）給下臣，也是具有多重象徵意義，其中就包含賜給權力、地位等。所以，我們常常在周代銅器的銘文上看到鑄器者無限榮耀地將周王賜金（賞賜青銅）之事大書特書，並以所賜之金鑄成銅器作為紀念。賜金鑄器的現象在周代很是普遍，我們今天還能見到許多這樣的銅器，這也為我們研究周代的歷史、文化和藝術等提供了最好的實物資料。前文中提到的青銅器——何尊，就是周成王五年周天子對宗小子何的一次誥命並賜金鑄器；利簋是周武王伐紂克商後賜金給一個名叫「利」的隨從鑄器而成。從商周考古發現來看，在黃河和長江流域的廣大地區，同一時代的青銅藝術的風格特徵幾乎差不多，正是因為商周時王通過賜土、賜金、賜民，即授予權力、地位、財富的方式，把王朝的法統和文化推廣到王朝各地，從而在藝術上的一種反映。[49]

　　周代禮樂文化中的青銅藝術達到了中國青銅藝術史上的最高峰，這些青銅藝術集中體現了周代的王權、政權意識，是周代王權、政權和周代貴族身分、地位的最突出的象徵，青銅藝術體現的藝術精神就是一種象徵性藝術精神。而我們在前文中又探討了周代禮樂文化中的樂舞藝術，也同樣充滿著象徵性，體現出象徵性藝術精神。因此，我們說，象徵性藝術精神是周代禮樂文化中藝術上體現出的典型的藝術精神，也是中國早期的典型的藝術精神之一。當然，我們這樣說，只是就周代禮樂文化中的藝術總體上體現出的藝術精神而言，實際上，這種象徵性藝術精神主要集中體現在周代前期的藝術上，到了春秋戰國時期，隨著周代禮樂文化的「禮崩樂壞」，藝術越來越與政治、教

48　杜迺松、杜潔珣：《步入青銅藝術宮殿》，北京，人民教育出版社，1989，第48頁。
49　謝崇安：《商周藝術》，成都，巴蜀書社，1997，第181頁。

化分離，向獨立自覺的路上前行，藝術精神也隨之發生變化，周代前期那種象徵性藝術精神也轉變為一種寫實性藝術精神，這點可以從春秋戰國時期的青銅藝術、樂舞藝術和繪畫等藝術上得到明顯的見證。對此，我們需要辨識清楚。

第十四章

周代禮樂文化中的中國早期藝術精神對後世的影響

　　周代的禮樂文化是其後中國三千年燦爛文化之源頭。中國之所以被稱為「禮儀之邦」正是由於這種禮樂文化傳統之故。儒家是中國文化的主流，而儒家文化乃是對西周禮樂文化的直接繼承與發展。禮樂文化奠定了中國傳統文化之基礎，也奠定了中國古代藝術精神之基礎。

第一節　周代禮樂文化對於中國文化偉大的奠基作用

　　中華民族有著悠久的歷史，燦爛的文化。大約在西元前十一世紀，中國歷史進入到周代，在隨後周代的約八百年的統治時間裡，中國的奴隸制社會達到了鼎盛並由鼎盛走向衰落，由奴隸制開始轉向封建制，這是中國古代社會的一次重要轉型。赫赫宗周，輝煌文明，最為後人稱道的是其禮樂文化。周代的禮樂文化滲透在周代的國家政治和社會生活中，禮樂既是社會制度，又是道德規範，作為社會制度，禮樂承擔著維護周代貴族統治和社會穩定的重任；作為道德規範，禮樂約束著全體社會成員，滲透在周代的政治、外交、祭祀、喪葬、慶典、宴飲等各方面活動中，周代的禮樂文化達到了中國歷史上的最鼎盛時期。當然，這是與周以前的禮樂文化的充分發展是分不開的。在原始社會的早期，非嚴格意義上的禮樂文化就已經產生，那時的禮和

樂是和原始先民們的詩性生活渾融在一起的,不是外在的,不管是禮還是樂,都有著寄託人類情感、安頓人的靈魂、協調社會生活的作用。夏商時代的禮樂文化有了進一步的發展,特別是商代的樂非常發達,那時的樂簡直是商代的政治形式,商代的國號、商代君主的名號以及商代的地名都與樂和樂器名有關,樂在商人的生活中佔據著主導地位,而禮「淹沒」在樂之中,商代的禮樂文化也就以樂文化為主。實際上,商代以前的禮樂文化也是以樂文化為主。究其原因,這主要是與商代及商以前的先民們與大自然所處的獨特關係所決定的。那時先民們普遍認為,樂具有一種神奇的功能,可以交通人神,樂是控制、命令神靈或討好、取悅神靈的唯一方式和手段。商代及商以前的樂文化非常發達,禮樂文化也以娛悅神靈為主要目的。有了商代及商以前充分發展的禮樂文化,周代的禮樂文化在此基礎上再發展,也就達到了鼎盛。

周代的社會生產力進一步發展,社會進步,思想領域內也發生變化,尤其是周人的人神觀、天命觀發生巨大改變。周人不再相信天命,不再認為僅僅依靠鬼神的庇祐和賜福就可以持久立國,人事作為可能更為重要。因此,周人對以前的社會組織形式進行變革,通過大舉分封,建立了以血緣關係為紐帶的宗法政治體系來維護其統治,人文之「禮」就變得非常發達和突出,周人將其系統化、理論化,使其最終取代了「樂」的主導地位。這是中國歷史上第一次文化轉型,即由事鬼神的禮樂文化轉向重人倫的禮樂文化,或者說由樂文化轉為禮文化。當然,說周代的禮樂文化為禮文化,主要是為區別於商代的樂文化來說的,實際上,周代的禮樂文化並不偏廢於禮文化,樂文化也很重要,禮和樂相輔相成,相需為用,共同為周代的貴族統治服務,達到了歷史上的鼎盛。

周代的禮樂文化內容豐富,思想博大精深;周代的藝術也絢麗多

姿、輝煌燦爛。周代禮樂文化中的樂舞藝術、青銅藝術、建築藝術、繪畫藝術等都開出了燦爛絢麗的花朵。當然，這與周代以前的審美藝術的發生、發展密不可分。人類的審美意識產生時間非常之早，早在舊石器時代非嚴格意義上的審美藝術就已產生，經過漫長的原始社會和夏商時代的充分發展，審美藝術至周代已經取得了輝煌的成就。比如，就樂舞藝術來說，「樂」經過漫長時代的充分發展（特別是商代人重視「樂」，甚至以「樂」為治），至西周時已經達到了輝煌的階段，在周代的各種禮儀場合中，必伴有隆盛的樂舞表演，樂聲飄飄，樂舞翩翩。就青銅藝術來說，早在夏代甚至更早時期就已產生，在商代巫術宗教濃厚的氣息中，作為宗教祭祀禮器的青銅器得到空前的發展，商周之際，青銅藝術達到了中國青銅藝術史上最輝煌的階段。周代禮樂文化中的藝術取得如此輝煌的成就，其中必然蘊含著豐富的審美藝術精神，這些審美藝術精神是典型的中國早期藝術精神，滲透或體現在周代禮樂文化中的藝術本質觀、藝術創作、藝術風格和藝術表現中。

中國古代文明主要發祥於黃河流域和長江流域，這兩大流域土地肥沃，物產豐富，先民們在這裡長期地勞作，安然地生活，繁衍著後代，與大自然和諧相處。受這種大陸文明的影響，先民們形成了自己獨特的宇宙觀和思維方式。在他們看來，整個宇宙的生命存在是由彼此依存、不可分割的「陰」「陽」兩極神秘結合而成的，世界就是由陰與陽構成的生生之易，因此，人是自然的一部分，與自然一體，世界是主客一體，融而為一的。這種宇宙觀和思維方式影響到中國傳統藝術的生成和發展。在周代，主體和客體觀念在周人那裡還沒有發展到完全分離的程度，客體還沒有獨立地成為主體審美觀照的對象，因此，周代藝術強調人心的作用，重視主體心靈全身心地感悟和體味宇宙人生，實現主體心靈與客體事物的融合為一。藝術不是對客觀事物

的直觀模仿，而是發自人的心靈深處，是表現人的思想情感的，
「詩，言其志也」[1]，藝術是心靈化的表現。這是周人對藝術本質的
看法。強調心與物的交融和藝術是心靈的表現，這實際上就是一種中
國早期的藝術精神。周代的藝術雖然強調藝術是主體情感的表現，是
心靈化的產物，但它從來沒有純粹過，沒有作為獨立的審美價值而存
在。因為周代的藝術始終籠罩在周代禮樂文化的氛圍中，我們說周代
的藝術實際上就是指周代禮樂文化中的藝術。受禮樂文化的濃重的政
治倫理道德色彩的影響，周代禮樂文化中的藝術不僅僅是外在的視、
聽形式，而是始終被作為政治倫理道德的載體，它是表現「德」的，
「樂者，德之華也」[2]，「德」借「藝」的審美形式來彰顯自己，
「藝」又以「德」來作為自己的深層內涵，「藝」和「德」是深層化
合在一起的。藝德合化也就是周代禮樂文化中體現的藝術本質觀。周
代禮樂文化中的藝術既具有藝術形式美，給人以審美享受，又承載著
倫理道德內涵，給人以精神道德薰陶，這實際上就是周代禮樂文化中
體現的一種中國早期的藝術精神。

周代藝術強調藝術是心靈化的表現，在藝術創作上注重創作主體
情感的強烈投入，這在周初的藝術創作中體現得較為明顯。西周初期
禮樂文化中的樂舞藝術和青銅藝術等在藝術創作上充滿著生命的激
情、豐富的想像和野性的質樸，體現出一種「質野情濃」的藝術精神
（當然，這種藝術精神在周以前的藝術創作中就已存在，西周初期的
藝術也在一定程度上承續了這種藝術精神）。而藝術創作上的精神特
點又往往影響著其藝術風格上的特點，從周初樂舞藝術和青銅藝術來
看，猙獰、神秘之美是西周初期藝術風格上表現出來的典型特徵。西

1　《禮記‧樂記》。

2　《禮記‧樂記》。

周中期至春秋中後期，是周代禮樂文化達到鼎盛並由鼎盛走向衰退時期，這一時期的禮樂全面實行於周代生活的方方面面，禮和樂緊密結合，相互補充，相需為用。禮樂文化的文化精神深深地影響著這一時期的藝術精神，因此，在藝術創作上體現出情理相濟和美善相樂的藝術精神，在藝術風格上也改變周初那種猙獰、神秘的風格特徵，表現出一種中和之美和素樸之美，這在西周中期至春秋中後期的樂舞藝術和青銅藝術上可以得到證實；春秋末葉至戰國末葉，是中國歷史上由奴隸制社會向封建制社會轉型的大變革時期，社會大轉型，思想解放潮流迅速興起，周代禮樂文化賴以生存的環境遭到破壞，「禮崩樂壞」已成定局，審美的道德化束縛被全面突破，愛美之風大為盛行，與之相聯繫的是審美思潮中情感進一步放縱，因此，這一時期的藝術在創作上體現出一種「趨情致美」的藝術精神，在藝術風格上又表現出清新絢麗之美。周代禮樂文化中的藝術精神還受到周代禮樂文化的象徵性文化精神的影響頗深，在藝術表現上，周代禮樂文化中的青銅藝術、樂舞藝術都表現為一種象徵，象徵性藝術精神也是一種典型的中國早期藝術精神。周代禮樂文化中的中國早期藝術精神是中國藝術精神的元藝術精神，它對後世的中國藝術精神的發展和藝術理論的發展及藝術實踐產生深遠的影響。

　　周代禮樂文化中蘊涵著豐富的審美藝術精神，這些審美藝術精神是典型的中國早期藝術精神，對它們進行研究和梳理，我們得出以下幾點結論：（一）先秦禮樂文化是一個不斷演變的過程，經歷了從萌芽到發展，從發展到鼎盛，從鼎盛到衰退的變化過程。在這個過程中，禮樂文化進行了一次重要的轉型，即由商代及商以前時代的事鬼神的樂文化轉變為周代重人事的禮文化，這是中國歷史上的第一次文化轉型，文化的轉型必然帶來藝術精神的重大變化。商代及商以前時代以樂文化為主，其樂舞等藝術中傾注了濃烈的情感，充滿著狂熱、

幻想和神秘；而周代的禮樂文化是禮文化（實際上是禮樂並重），樂舞等藝術轉變為現實中人的審美欣賞對象，因而其中減少了此前時代藝術中那種狂熱激情、幻想和神秘，更多的是充滿著理性和人性。商周時代由樂文化轉變為禮文化，禮樂文化中蘊涵的藝術精神也產生了重大變化。（二）藝術精神與文化精神有著密切的關係，文化精神深深地影響著藝術精神的發生發展。商周二代的禮樂文化不同，其文化精神也就不同，其影響下的藝術精神也有所不同。就周代禮樂文化而言，周人「制禮作樂」，依靠強化禮樂文化來鞏固其宗法等級制度和貴族統治。禮起著「別異」的作用，樂起著「合同」的作用，使整個社會既有嚴格的等級秩序，彼此不相僭越，又能感情和諧，彼此相親近。周代禮樂文化中的這種禮樂並重、禮樂互補、禮與樂合的文化精神對其時的藝術精神產生重要影響。比如，西周中期至春秋中後期的藝術創作上的「情理相濟」的藝術精神即是深受其時文化精神的影響。（三）周代禮樂文化中的中國早期藝術精神是一個不斷變化的過程。西周初期的藝術精神深受商代及商以前時代的藝術精神的影響，基本上是承續了此前的藝術精神；西周中期至春秋中後期的藝術精神與西周初期的藝術精神又有所不同；到了春秋末葉至戰國時期，藝術精神又發生了變化。因此，周代禮樂文化中的藝術精神並不是單一的、單層次的、靜態不變的，而是豐富的、多層次的、動態變化的，因而在對其分析研究時要有發展、辯證的觀點和方法，才能全面把握住周代禮樂文化中的藝術精神的實質。

周代的禮樂文化內容豐富，思想博大精深，是中華民族文化的元文化，周代的藝術輝煌燦爛，絢麗多姿，是中華藝術的元藝術，周代禮樂文化和藝術中蘊涵著豐富的審美藝術精神，這些中國早期的藝術精神為後世的中國藝術精神和藝術發展奠定了基本走向，對其產生重要影響。比如，後世儒家形成象徵性藝術觀；藝術與政治緊密聯繫，

藝術政治化和政治藝術化；中國古代文學藝術家形成既獨立又依附的雙重人格等，都與中國早期的藝術精神有著密切的關係。

第二節　舞意天道兼
——儒家象徵藝術觀

　　我們在前文中已經討論過周代的禮樂文化實際上是一種象徵性文化，貫穿於其中的是一種象徵性文化精神，這種象徵性文化精神滲透在周代的藝術中，影響著周代禮樂文化中藝術精神的形成，周代的樂舞藝術、青銅藝術等都體現出一種象徵性藝術精神。以孔子為代表的先秦儒家象徵藝術觀的形成，就是深受這種象徵性藝術精神的影響。孔子生活在春秋末期，是時已經「禮崩樂壞」，但是周代禮樂文化的鼎盛和輝煌相去並不遙遠，禮樂文化也還以被僭越的形式存在。孔子推崇從堯舜到周公時代的禮樂之治，是周代禮樂文化的崇拜者，「周監於二代，郁郁乎文哉！吾從周。」[3]他一生中孜孜以求的是問禮、學禮、復禮、傳禮，以恢復周禮和改造周禮為己任。孔子不僅熟悉周禮，而且在自己的生活中還踐行周禮。《論語・鄉黨》就記載了孔子朝見君主、接待賓客、出使他國、日常穿著和飲食、家庭起居等嚴格遵禮的行為：

> 君召使擯，色勃如也，足躩如也。揖所與立，左右手，衣前後，襜如也。趨進，翼如也。賓退，必覆命曰：「賓不顧也」。

孔子被國君召去接待賓客，神色立即矜持莊重，合著禮儀快步疾走，

3　《論語・八佾》。

向左右兩邊的人或拱手或作揖，衣服俯仰都很整齊。快步行走時，如同鳥兒展翅。賓客告退，必定回報國君說：「賓客已經走了。」「君賜食，必正席先嘗之；君賜腥，必熟而薦之；君賜生，必畜之。侍食於君，君祭，先飯。疾，君視之，東首，加朝服，拖紳。君命召，不俟駕行矣。」[4]國君賜給熟食，孔子必定要端正坐席品嘗一點，國君賜給生食，必定要煮熟了才薦供，國君賜給活物，必定要畜養起來。陪同國君吃飯，國君行祭祀禮，孔子就先吃飯，為國君嘗食。孔子生病了，國君來看望，他就臥床頭向東，蓋上朝服，放上紳帶，以示尊敬。國君有命令，不等駕好車就前去。孔子推崇「周禮」，維護「周禮」，傳授「周禮」，對「周禮」身體力行，對「周禮」的體認也是非常深刻的，自然周代禮樂文化的文化精神特別是象徵性文化精神對他及其弟子的影響也就頗深。

在孔子師徒眼中，萬事萬物都具有象徵性，他們所理解的世界是一個象徵的世界。松柏之類的針葉樹木在寒冬季節不改原有的綠色，這本是自然現象，但在孔子看來，「歲寒，然後知松柏之後凋也」[5]，卻把松柏作為君子的象徵，讚賞松柏不畏嚴寒的特徵所象徵的君子堅強不屈的高尚精神品格。「子在川上曰：『逝者如斯夫！不捨晝夜。』」[6]江河中的流水自然流淌，本是自然而然的現象，孔子卻從中體悟出真理，即宇宙萬物、天地自然就像這流水自然運行，不捨晝夜，逝去的一旦逝去，就不再復返。孔子師徒把萬事萬物看成是一種象徵，是因為他們的思維方式原本就是象徵性思維方式，先秦後來的儒家繼承了這一思維方式，在看待萬事萬物上表現出與孔子相類似的特徵。《孟子‧盡心下》曰：

4　《論語‧鄉黨》。

5　《論語‧子罕》。

6　《論語‧子罕》。

孟子謂高子曰：「山徑之蹊間，介然用之而成路，為間不用，則茅塞之矣。今茅塞子之心矣。」

山間的小徑很窄，要常走才能成為路，隔些時候不走就會被茅草堵塞，用心和求道也是如此。孟子正是根據象徵性思維方式，才從山間小徑上體悟到用心與求道的規律。荀子也從蠶的吃葉、吐絲、結蛹、成蛾的生命過程聯想到聖人君子的功德覆被天下。《荀子・賦》曰：「有物於此，儳儳兮其狀，屢化如神，功被天下，為萬世文。禮樂以成，貴賤以分。養老長幼，待之而後存。名號不美，與暴為鄰。功立而身廢，事成而家敗，棄其耆老……」蠶生命短暫，吐絲結繭後即「身廢」「家敗」，但它卻「功被天下，為萬世文」，禮樂要靠它來完成，貴賤要靠它來區分，瞻養老人、撫養孩子都要靠它來進行。這裡荀子分明用蠶只求奉給、不求名利、功被天下的高尚品格來象徵那些聖人君子功被天下、德耀萬物的光輝品德，對蠶的讚賞，也就是對聖人君子的讚賞，而這正是荀子的象徵性思維使然。

　　先秦儒家把萬事萬物都看成是一種象徵，賦予自然物以人的屬性和道德品德，就形成了一種「比德思維」或「比德觀」。「它是以一種擬人化眼光去看待自然事物的某種屬性和結構與人的道德屬性之間的對應關係，再從對自然事物主觀的臆猜和詩意的聯想中引申出仁人君子所應有的人倫道德的價值取向。」[7]在先秦儒家眼裡，山不是山，水不是水，自然山水、花草樹木都成了有著高尚品德和崇高精神的君子志士的象徵。孔子把後凋的松柏作為君子的象徵，把流水和高山作為智者和仁者的象徵，「知者樂水，仁者樂山」[8]。孟子則把流水作為

7　顧祖釗：《華夏原始文化與三元文學觀念》，北京，北京大學出版社，2005，第113頁。

8　《論語・雍也》。

有著高尚人格美的君子仁人的象徵,「原泉混混,不捨晝夜,盈科而後進,放乎四海。有本者如是,是之取爾。」[9]「原泉」即是「源泉」之意。有本源之水,可以源源不斷地流出,它不捨晝夜地進取,注滿了低窪後又流向大海。這分明是把有源之水作為有著努力進取精神的君子的象徵。到了荀子時代,荀子更是自覺地用象徵思維或比德思維來看待萬物,他總是借孔子之口來發揮他的思想,一方面可能是在標榜自己繼承的是儒家傳統,另一方面也是在發揚儒家傳統。《荀子・宥坐》就對以水比德的思想進行了盡情地發揮:

> 孔子觀於東流之水。子貢問於孔子曰:「君子之所以見大水必觀焉者,是何?」孔子曰:「夫水,大遍與諸生而無為也,似德。其流也埤下,裾拘必循其理,似義。其洸洸乎不淈盡,似道。若有決行之,其應佚若聲響,其赴百仞之谷不懼,似勇。主量必平,似法。盈不求概,似正。綽約微達,似察。以出以入,以就鮮絜,似善化。其萬折也必東,似志。是故君子見大水必觀焉。」

水,普育萬物卻不為自己的目的,這像君子的美德;水向下流淌,迂迴曲折,這像君子的大義凜然;水洶湧澎湃,奔流不盡,這像君子堅持根本原則……水盛滿了就自然平坦,不必用「概」去刮平,這像君子的公平正直;水纖弱細小無所不至,這像君子的明察;萬物經過水的沖洗後,新鮮潔淨,這像君子善於教化。總之,水的某些自然屬性在這裡被荀子借孔子之口發揮成具有君子的某些品德,水的自然屬性成了仁人君子高尚品德、完美人格的象徵。荀子還正式提出了「比

---

9 《孟子・離婁下》。

德」這一概念。《荀子・法行》曰：

> 子貢問於孔子曰：「君子之所以貴玉而賤珉者，何也？為夫玉
> 少而珉之多邪？」孔子曰：「惡！賜！是何言也！夫君子豈多
> 而賤之，少而貴之哉！夫玉者，君子比德焉。溫潤而澤，仁
> 也；栗而理，知也；堅剛而不屈，義也；廉而不劌，行也；折
> 而不撓，勇也；瑕適並見，情也，扣之，其聲清揚而遠聞，其
> 止輟然，辭也。故雖有珉之雕雕，不若玉之章章。《詩》曰：
> 『言念君子，溫其如玉。』此之謂也。」

這裡，玉的某些自然屬性和物理屬性具有的良好品質，恰似君子志士
的良好品德，如玉的溫潤有光澤就像君子的仁慈；玉的堅實有紋理就
像君子的智慧；玉的堅固不彎曲就像君子的道義等，所以君子「貴
玉」，「以玉比德」。先秦儒家的「比德思維」或「比德觀」在漢代的
儒家學者那裡還很流行，限於篇幅，在此不再贅述。

　　以孔子為代表的先秦儒家正是繼承了周代的禮樂文化傳統，周代
禮樂文化的象徵性文化精神深深地影響著他們，使他們形成了象徵性
思維方式或比德思維方式，而這種思維方式又深深地影響著他們對文
學藝術的看法，最終促使先秦儒家象徵藝術觀的形成。儒家象徵藝術
觀首先在孔子身上表現明顯。比如，樂舞藝術本來是表達個體的情
感，它給人的是一種審美享受，但在孔子看來，「樂」承載著巨大的
社會意義，是政治倫理道德的象徵，「樂」的藝術品性並不僅僅在於
其外在的視、聽形式，而要在外在的視、聽形式中蘊涵著深刻的精神
內涵，這種精神內涵就是儒家所宣揚的倫理道德。所以，他說：「禮
云禮云，玉帛云乎哉？樂云樂云，鐘鼓云乎哉？」[10]禮呀！禮呀！難

10　《論語・陽貨》。

道僅僅是用玉帛等去舉行禮儀形式嗎？樂呀！樂呀！難道僅僅是用鐘鼓等去演奏嗎？正是「樂」具有巨大的社會意義和深刻的象徵內涵，樂舞的表演或欣賞就有著嚴格的規定性，所以，孔子對季氏「八佾舞於庭」和「三家者以《雍》徹」，表示強烈的不滿和憤怒。孔子的象徵藝術觀還表現在對《詩》的解讀上。《論語‧為政》曰：

　　　子曰：「《詩》三百，一言以蔽之，曰『思無邪』。」

孔子用「思無邪」來評價《詩》，認為《詩》三百篇皆思想純正，沒有邪念。其實，「思無邪」本是《詩‧魯頌‧駉》中的詩句，「思無邪，思馬斯徂。」「思無邪」原指魯君重視治國之道，養了許多馬來加強國防邊備，而不考慮其它。孔子卻只取「思無邪」的字面意思，賦予其道德內涵來概括《詩》的內容。《論語‧學而》中也載有孔子師徒對《詩》的解讀的對話：「子貢問曰：『貧而無諂，富而無驕，何如？』子曰：『可也，未若貧而樂，富而好禮者也。』子貢曰：『《詩》云：如切如磋，如琢如磨，其斯之謂與！』子曰：『賜也，始可與言《詩》已矣，告諸往而知來者。』」子貢問孔子，一個人貧窮卻不諂媚，富裕卻不驕橫，怎麼樣？孔子說，當然不錯，但不如貧窮還能葆有快樂心態，富有還能愛好禮義更好。子貢領悟說，《詩》所說的「如切如磋，如琢如磨」，大概就是這種境界吧！孔子很高興，稱讚子貢說可以和他言談《詩》了。孔子師徒用「如切如磋，如琢如磨」來說明君子努力進行自我修養，達到理想的境界，其實是他們全然不顧詩句原有的意義，有意斷取其字面意義來作象徵用的。「如切如磋，如琢如磨」句出《詩‧衛風‧淇奧》：「瞻彼淇奧，綠竹猗猗。有匪君子，如切如磋，如琢如磨……」這是讚美衛國國君衛武公的詩歌。大意是說，在那綠竹蔥郁的淇水灣頭，有位文采煥然的美男子，

他的體格如雕刻的塑像一般完美，他的肌膚如琢磨過的美玉一樣白皙。孔子師徒抽取詩句單獨引用，任意「曲解」詩意，賦予其象徵內涵，並不是他們真的不理解原意，而是他們的象徵藝術觀使然。孟子繼承了孔子的象徵藝術觀，對《詩》的解釋表現出同樣的特徵。《孟子》中共有數十處引《詩》，大多數解詩方式是「斷章自取」，「曲解」其義。《孟子‧萬章下》：「（萬章曰：）『敢問招虞人何以？』曰：『以皮冠。庶人以旃，士以旗，大夫以旌。以大夫之招招虞人，虞人死不敢往，以士之招招庶人，庶人豈敢往哉？況乎以不賢人之招招賢人乎？欲見賢人而不以其道，猶欲其入而閉門也。』夫義，路也，禮，門也，惟君子能由是路，出入是門也。《詩》云：『周道如砥，其直如矢。君子所履，小人所視。』」萬章問孟子用何種禮來傳喚虞人，孟子說用皮冠，並述說不同的人要用不同的禮儀來傳喚，對於賢者君子必須待之以禮，並引《詩》說，「大道平如磨石，直如箭桿，君子在上面走，小人在旁邊看。」孟子在這裡引《詩》是意在說明君子走大道，他的正直賢良的一言一行都對小人產生影響，是小人學習效仿的榜樣。而此處被引的詩句出自《詩‧小雅‧大東》：「有饛簋飧，有捄棘匕。周道如砥，其直如矢。君子所履，小人所視。睠言顧之，潸焉出涕……」意思是說，那盒中裝滿了食物，那棗木勺柄兒彎又彎，大道平坦如磨石，筆直如箭桿，貴人們在上面走，而小民們乾瞪眼，回頭再望時，傷心淚滿眼。這首詩本是周朝東方諸侯國的臣民對周王室只知搜刮財物，奴役人民，卻不能解除人民困苦的諷刺詩和怨憤詩。孟子引詩時所指意思已經完全不同於原詩的意思了，這正是孟子的象徵思維方式和象徵藝術觀在引詩和解詩上的表現。

　　荀子時代，儒家象徵思維方式和象徵藝術觀得到了進一步的發展，荀子的文章中也有許多引詩和解詩的事例，其引詩和解詩方式和前儒如出一轍，荀子甚至還對儒家象徵藝術觀作了清楚明確的闡述。

《荀子‧樂論》說：

> 聲樂之象：鼓大麗，鐘統實，磬廉制，竽笙肅和，筦籥發猛，
> 壎篪翁博，瑟易良，琴婦好，歌清盡，舞意天道兼。鼓，其樂
> 之君邪！故鼓似天，鐘似地，磬似水，竽笙、簫和、筦籥似星
> 辰日月，鞉、柷、拊、鞷椌、楬似萬物。曷以知舞之意？曰：
> 目不自見，耳不自聞也，然而治俯仰、詘信、進退、遲速莫不
> 廉制，盡筋骨之力以要鐘鼓俯會之節，而靡有悖逆者，眾積意
> 諈諈乎！

荀子認為，音樂就是一種象徵。就樂器來說，每一種樂器都有它的象
徵意義，鼓象徵天，鐘象徵地，磬象徵流水，竽、笙、簫象徵日月星
辰，鞉、柷、拊、鞷椌、楬象徵自然萬物。就樂舞來說，樂舞藝術也
是一種象徵，即所謂「舞意天道兼」。「天道」即指天意，天的旨意。
「兼」是「兼含」、「兼備」的意思。樂舞藝術兼含著「天道（天
意）」，它要表達的是「天道」，樂舞藝術也就是「天道」的象徵。「舞
意天道兼」，就明確地說明了荀子的藝術觀是象徵藝術觀，至此，儒
家象徵藝術觀也就得到了最清楚明確的表達。荀子對先秦儒家的象徵
藝術觀進行了系統的總結和發揮，使象徵藝術觀成為那個時代自覺的
藝術觀。[11]

　　先秦儒家的象徵藝術觀在秦以後並沒有消失，而是靠著它的慣性
在後世與其它藝術觀一道彼此消長，對後世產生深遠影響。漢代統治
者罷黜百家，獨尊儒術，儒學復興，先秦儒家象徵藝術觀也得到復興

---

11 顧祖釗：《華夏原始文化與三元文學觀念》，北京，北京大學出版社，2005，第140
　　頁。

並發展。這點最明顯地體現在漢儒對《詩經》所作的象徵性解釋上。《詩經》中的許多詩篇或是描寫青年男女自由熱烈的愛情，或是表達征夫久戍在外的思鄉之情，或是描寫勞動人民的生活，或是抒發對統治者的怨憤，但在漢儒的眼中，這些原本無關政治倫理道德的詩歌卻帶上濃重的倫理道德的色彩，具有濃厚的象徵意味。比如，《詩·鄭風·子衿》：

> 青青子衿，悠悠我心。縱我不往，子寧不嗣音？
> 青青子佩，悠悠我思。縱我不往，子寧不來？
> 挑兮達兮，在城闕兮。一日不見，如三月兮！

這是一首女子思念情人的情詩。對於此詩，《毛詩序》解釋為：「子衿，刺學校廢也。亂世則學校不修也。」「一日不見，如三月兮」句被解釋為「言禮樂不可一日而廢」，這就把一首純粹的愛情詩解釋成一首規勸學子不可荒廢禮樂的政治教化詩。《詩·召南·小星》：「嘒彼小星，三五在東。肅肅宵征，夙夜在公。寔命不同！嘒彼小星，維參與昴。肅肅宵征，抱衾與裯。寔命不猶！」這是一首描寫一個小臣出差趕路在外，怨恨自己不幸命運的詩。《毛詩序》解釋為：「小星，惠及下也。夫人無妒忌之行，惠及賤妾，進御於君，知其命有貴賤，能盡其心矣。」硬是把它解釋成讚頌婦人美德之詩。漢儒之所以這樣解詩，正是他們的象徵藝術觀使然。漢代的詩歌創作中，也有許多帶有象徵意味和哲理意味的詩歌。如《古詩十九首·青青陵上柏》：「青青陵上柏，磊磊磵中石；人生天地間，忽如遠行客。斗酒相娛樂，聊厚不為薄。驅車策駑馬，遊戲宛與洛……」詩人看到那山岡上的松柏，四季常青，經歲不凋，溪磵的堅石，經歲不朽，想到人生在世，壽不如松柏，堅不如眾石，譬如遠客，匆匆離去，因而思考著生命存

在的意義，「人生天地間，忽如遠行客」，既然生如匆匆過客，聊且「斗酒娛樂」，「驅車策馬」，「遊戲宛洛」吧！這實際上是東漢末年大動亂時期詩人對現實處境的絕望和人生價值意義的思考，蘊涵著豐富的象徵性和哲理性。像《今日良宴會》《回車駕言邁》等也都充滿著濃烈的象徵意味和哲理意味。漢代的古詩是如此，漢代的大賦也是如此。魏晉時期，玄學思想突出，在一百多年時間中，玄言詩成就卓著，進一步把象徵藝術觀或哲理藝術觀推進一步。在隨後的朝代裡，象徵藝術觀或哲理藝術觀和其它藝術觀彼此消長，成為藝術理論史上的多種藝術觀之一。限於篇幅，在此不再贅述。

總之，周代禮樂文化中的象徵性文化精神和象徵性藝術精神對先秦儒家的象徵藝術觀的形成產生深深的影響，而先秦儒家象徵藝術觀對後世的藝術觀也產生深深的影響，後世文藝理論史上的象徵藝術觀或哲理藝術觀，其根源可以追溯到先秦儒家的象徵藝術觀和周代禮樂文化的象徵性文化精神與藝術精神。

第三節　現實主義藝術精神與藝術政治化、政治藝術化

　　周人建立了自己的政權後，以殷亡為鑑，在原有的以家族公社制為組織形式的社會結構上進行變革，通過大舉分封，建立了以血緣關係為紐帶的宗法政治體系，以維護周代的貴族統治。從此宗法倫理道德在周代的治國安民中起著舉足輕重的作用，周代的禮樂文化自然也就強調倫理道德的重要作用，「樂」也被提高到治國安民的重要地位。「禮以道其志，樂以和其聲，政以一其行，刑以防其奸。禮樂刑政，其極一也，所以同民心而出治道也。」[12]禮樂刑政的最終目的都

---

12 《禮記 • 樂記》。

是為治國安民服務。因此，周代禮樂文化中的文學藝術與現實政治、倫理道德的關係極為密切。劉綱紀說：「自古以來，中國思想家始終把審美與藝術問題同宇宙、社會、人生的一系列根本問題聯繫起來加以思考，提到了歷史哲學和自然哲學的高度。」[13]正道出了中國古代社會中文學藝術與政治、社會、人生的緊密聯繫的現象。《左傳‧襄公二十九年》載，吳國公子季札聘問魯國，請觀「周樂」，對所觀的「周樂」進行評價，就是把它與所在國的國風民情和德政緊密聯繫起來，表現了「陳詩觀風」的特色。他評價邶、衛之樂說：「美哉，淵乎！憂而不困者也。吾聞衛康叔、武公之德如是，是其《衛風》乎？」評價鄭國之樂說：「美哉！其細已甚，民弗堪也，是其先亡乎！」《詩經》中的許多詩篇都關涉現實政治，怨刺當朝上政，表現民生疾苦。比如，《詩‧豳風‧七月》：「七月流火，九月授衣。一之日觱發，二之日栗烈，無衣無褐，何以卒歲？三之日於耜，四之日舉趾。同我婦子，饁彼南畝；田畯至喜……」就敘述了周之農民一年四季忙於勞動的過程和他們的衣食住行的生活情況。《詩‧魏風‧伐檀》就是一首描寫一群伐木工匠在河邊伐木，給剝削者造車，唱起了對剝削者強烈不滿的歌，表現了人民對剝削階級不勞而獲的譏刺和反抗。這些詩歌都是勞動人民的心聲，是他們真實情感的表達，具有強烈的現實主義精神。《詩經》中有些詩歌直接就是政治抒情詩，這些詩歌在《風》《雅》《頌》中都有，尤以二《雅》中最多，二《雅》一〇五篇中竟超過三分之一詩篇為政治抒情詩。有些詩歌在卒章中甚至直接道明了寫作此詩的目的就是或刺或諷現實政治。比如，《詩‧大雅‧桑柔》：「菀彼桑柔，其下侯旬，捋采其劉。瘼此下民，不殄心憂，倉兄填兮，倬彼昊天，寧不我矜！……涼曰不可，覆背善詈，雖曰匪予，既作爾歌。」這首詩是周厲王的大臣芮良夫譏刺厲王而作。

13 劉綱紀：《美學與哲學》，武漢，湖北人民出版社，1986，第290頁。

周厲王統治期間，王朝多事，國政昏亂，姦臣當道，自然災害嚴重，內憂外患使得人民處在水深火熱中，自然那些懷有憂國憂民之心的周臣就會「雖曰匪予，既作爾歌」，以刺現實。《詩・陳風・墓門》:「墓門有棘，斧以斯之。夫也不良，國人知之。知而不已，誰昔然矣。墓門有梅，有鴞萃止。夫也不良，歌以訊之。訊予不顧，顛倒思予。」這是人民諷刺、反抗不良統治者的詩歌。據《左傳・桓公五年》載，陳桓公生病時，陳佗殺死太子免。桓公死後，陳佗自立為君，陳國一片混亂，後在蔡國的幫助下，才殺死陳佗，平息禍亂。人民作此歌來譏刺上層不良統治者，「夫也不良，歌以訊之」。可見，周代的詩樂等藝術與現實政治、倫理道德關係密切，詩樂的意義並不局限於詩樂自身，而是具有藝術和政治的雙重身分。正因為如此，周代統治者也就尤為重視采風采詩活動，從民間詩歌、音樂中考察民風民情，以觀政效。《禮記・王制》:「天子五年一巡狩。歲二月，東巡守，至於岱宗，柴而望祀山川。觀諸侯。問百年者就見之。命大師陳詩，以觀民風。」「陳詩觀風」也就成為周代統治者治國安民的重要輔助手段，反之，「陳詩觀風」也加強了詩樂藝術與政治、道德的密切聯繫。

周代禮樂文化中的藝術與現實政治、倫理道德的關係密切，具有強烈的現實主義藝術精神，在藝術上就會出現藝術政治化，政治上則出現政治藝術化的現象。它對中國古代的文藝創作和文藝理論產生深遠的影響，在此後的兩千多年時間中，藝術和政治的關係一直密切相連，具有鮮明的民族特色，正是對此繼承和發展的結果。先秦儒家首揚其波，《論語・陽貨》曰:「小子何莫學夫詩。詩可以興，可以觀，可以群，可以怨。邇之事父，遠之事君……」孔子認為詩歌除了愉悅人情外，還可以觀察風俗民情，合群團結，干預現實，怨刺上政，具有重要的社會政治作用，從而強調了藝術為宗法社會的政治和倫理秩序服務。荀子也重視禮樂的教化作用和移風易俗作用，《荀子・樂

論》：「故樂者，所以道樂也。金石絲竹，所以道德也。樂行而民鄉方矣。故樂者，治人之盛者也。」把「樂」和政治教化緊密聯繫起來。漢儒也深受這一思想的影響，宣導「風教」說。《毛詩序》曰：「上以風化下，下以風刺上，主文而譎諫，言之者無罪，聞之者足以戒。」這樣以「詩」作媒介，來溝通上下，互相影響，以便實現清明的政治，因此，「詩」具有強烈的政治色彩。漢代設立樂府機構，樂府機關除令文人創作詩歌外，還廣泛採集各地的歌謠，以觀民風民情。這些樂府詩「皆感於哀樂，緣事而發」，與現實政治聯繫緊密，受到後人的重視和效仿。

　　魏晉時期，藝術開始獨立，走上藝術自覺的道路，藝術的審美因素受到重視，但是藝術和政治的緊密關係依然被強調。「三曹」的詩文創作就是他們政治心聲的表達，藝術和政治密切相關在他們的藝術理論和實踐中表現得很明顯。魏文帝曹丕甚至在《典論·論文》中說：「蓋文章經國之大業，不朽之盛事。」明確地把「文章」提高到經世治國的地位，充分肯定「文章」與政治的重要關係。劉勰在《文心雕龍·時序》中也歷述前代的文學藝術與政治風化的密切聯繫：「大禹敷土，九序詠功，成湯聖敬，『猗歟』作頌。逮姬文之德盛，《周南》勤而不怨；大王之化淳，《邠風》樂而不淫。幽厲昏而《板》《蕩》怒，平王微而《黍離》哀。故知歌謠文理，與世推移，風動於上，而波震於下者也。」歷代君王功成之時，都要借助文學藝術來歌頌盛德，美化政績。大禹時有九序詠功，作有樂舞《大夏》；成湯時有「猗歟」作頌，作有樂舞《大濩》；武王功成，作有樂舞《大武》；漢初有《武德舞》；唐代太宗朝有《秦王破陣曲》。這些都說明藝術與政治的關係密切。有唐一代，藝術與政治的關係再次被強調。李白《古風（其一）》說：「大雅久不作，吾衰竟誰陳？」主張繼承和恢復風雅之詩的傳統。唐人的詩文創作與現實政治緊密聯繫。杜甫的詩歌

被稱為「詩史」，是盛唐轉衰時期的政治和歷史的真實反映。樂府詩還在唐代復興和發展，這得力於白居易的宣導和實踐。白居易認識到詩歌與政治的密切關係，繼承了周、漢以來的「風教」傳統。他在《策林・采詩》中說：「今欲立采詩之官，開諷刺之道，察其得失之政，通其上下之情……故聞《蓼蕭》之詩，則知澤及四海也；聞《禾黍》之詠，則知時和歲豐也；聞《北風》之言，則知威虐及人也；聞《碩鼠》之刺，則知重斂於下也。聞『廣袖高髻』之謠，則知風俗之奢蕩也；聞『誰其獲者婦與姑』之言，則知徵役之廢業也。故國風之盛衰，由斯而見也；王政之得失，由斯而聞也；人情之哀樂，由斯而知也。」[14]明確地主張設立采詩之官，開諷刺之道，以詩歌來溝通上下，達到觀政、知政的實效。他還在《與元九書》中說：「始知文章合為時而著，歌詩合為事而作……可以救濟人病，裨補時闕，而難於指言者，輒詠歌之。」[15]充分肯定詩歌在現實政治中的作用，把詩歌藝術和政治緊密聯繫起來。白居易不僅在理論上宣導「風教」傳統，而且在實際創作中親身實踐。他創作了大量的樂府詩，稱為新樂府。他在《新樂府序》中說這些新樂府詩是，「為君、為臣、為民、為物、為事而作，不為文而作也。」[16]宋明時期，儒學得到進一步發展，在藝術領域，「風教」傳統的影響還存在著。周敦頤、朱熹等理學家提出「文以載道」說、「文道統一」說，其實質就是強調文藝要和政治、教化協調統一起來。晚清時期的梁啟超宣導「小說界革命」，從小說可以興國亡國的角度，將藝術和政治的密切關係推向無與倫比的高度。他在《小說與群治之關係》中說：「欲新一國之民，不可不先新一國之小說。故欲新道德，必新小說；欲新宗教，必新小

---

14 周祖譔編選：《隋唐五代文論選》，北京，北京大學出版社，2005，第243頁。
15 周祖譔編選：《隋唐五代文論選》，北京，北京大學出版社，2005，第237頁。
16 周祖譔編選：《隋唐五代文論選》，北京，北京大學出版社，2005，第244頁。

說；欲新政治，必新小說；欲新風俗，必新小說……故今日欲改良群
治，必自小說界革命始；欲新民，必自新小說始。」[17]就非常明確地
主張藝術的政治化和政治的藝術化。

　　周代禮樂文化中的藝術具有強烈的現實主義藝術精神，藝術與政
治關係密切，藝術政治化，政治藝術化。它對中國古代的文藝創作和
文藝理論產生了深遠的影響，在中國古代的音樂、詩歌、繪畫、書
法、戲曲等藝術的創作和理論上都有明顯的表現。一方面，它強調藝
術與現實緊密聯繫，要關心國家大事，反映民生疾苦，批判社會醜
惡、黑暗，具有積極的作用；另一方面，它又強調藝術要為統治階級
的政治服務，其社會功能被無限誇大，藝術就很容易成為政治的單純
的傳聲筒，失去自己的獨立品格，具有消極的一面。因此，對於這種
現象我們要予以辨析和清醒的認識，在藝術實踐中，要調整藝術和政
治之間的關係，使其合適得當。

第四節　藝政合化與文學藝術家的雙重人格

　　周代禮樂文化中的藝術與政治關係極為密切，政治藝術化，藝術
政治化，就藝術創作的主體來說，周代的藝術家大多由王朝的官吏或
由王朝委任的人員擔任，很少有獨立的藝術家存在（除民間詩人、藝
人外）。從《周禮・春官》和《周禮・地官》來看，周代設有許多藝
術機構和藝術職務，分別承擔著藝術創作和藝術表演等任務，為王朝
統治的需要服務。周代的藝術與政治關係密切，周代的藝術家與統治
階級有著斬不斷的聯繫，這種現象對後代產生了深遠的影響，其影響
結果就是使中國古代的文學藝術家形成一種雙重人格──既獨立又依
附的人格。

---

17 舒蕪等編選：《近代文論選》，北京，人民文學出版社，1959，第157-161頁。

中國古代的文人士子遵循的是「讀書——致仕」的人生模式和價值實現模式，社會衡量他們的價值也往往以仕宦沉浮作為標準，作為社會群體，他們未能完全形成自己的獨立性。中國古代的文學藝術也始終與政治密切聯繫，成為政治的附庸，即便在魏晉時期，文學藝術走上自覺的道路後，藝術與政治也是緊密聯繫的。文學藝術真正解放和以獨立的姿態出現是在明清時期，明清時期社會進一步發展，市民階層逐漸壯大，對文學藝術的需求也日益高漲，一大批以文學藝術為職業的文人出現，標誌著文學藝術的獨立。因此，中國古代這種「致仕」一元化的出路和文學藝術自身的「附庸性」，使文人士子中少有專門以文學藝術為生和以其來實現自己價值理想的現象出現。文學藝術家要想得到社會的承認和實現自己的價值和理想，必須依附於統治階級，得到統治階級的認可，而且文學藝術家的生活物質需求和生命保障也離不開統治階級的寵幸。因此，文學藝術家的理想價值的實現與統治階級的寵幸關係密切，這就決定了他們對統治階級具有很深的依附性，走上藝術依附於政治的道路。但是，另一方面，文學藝術家作為知識分子，具有強烈的個體意識，有著自己的人格，重視「致知」「修身」，加強個體的品德修養。他們處在社會的底層，對民生疾苦有著深切的體驗和對統治階級有著清醒的認識，因而，又具有強烈的憂患意識。因此，文學藝術家的獨特個性和藝術良心就決定了他們走上文學藝術獨立的道路，他們在作品中一方面抒寫自己的心靈，無關世俗；另一方面，又敢於表達自己的心聲，甚至以超常的膽識和勇氣冒犯統治階級，針砭時弊。中國古代文學藝術家既依附於統治階級又獨立於統治階級之外，其結果就形成了文學藝術家的雙重人格，這在許多文學藝術家的身上都有明顯的表現。

屈原身上就表現出明顯的雙重人格，其突出地表現在他的「戀君」和「自戀」上。中國士人往往信奉「達則兼濟天下」的古訓，肩

負歷史使命感和責任感，具有振濟天下的熱情和功名欲望，深信自己的振社稷、濟蒼生的才能，具有強烈的參政意識。屈原自然也是如此，但他深深地知道，要想實現自己的「美政」理想，就必須依附於楚王的支持和寵幸才能成功，這使他對楚王產生了深深的依戀，「思君其莫我忠兮，忽忘身之賤貧。事君而不貳兮，迷不知寵之門。」[18]在詩中，他用「香草」「美人」來擬喻自己對楚王的依戀，「戀君」的情結在屈原身上表現得很明顯。但是統治者狹隘的功利觀和多變的政治態度，使士人的理想往往會被徹底擊碎。屈原的「美政」理想很難在當時的現實環境下實現，而士人的獨特個性和節操品性又使他從對楚王的依戀轉而退回到自己內心，不倦地追求著自己完美無瑕的道德修養和高尚人格，「紛吾既有此內美兮，又重之以修能。扈江離與辟芷兮，紉秋蘭以為佩。」[19]這就使他產生深深的「自戀」情結，在詩歌中抒發著自己的痛苦、惶惑和怨憤。「戀君」和「自戀」始終是屈原一生中的主旋律，他的人格也就具有依附與獨立的雙重性。

　　依附與獨立的雙重人格是中國古代文學藝術家主要的人格特徵，「屈原情結」存在於他們的內心深處。唐代大詩人杜甫就具有典型的雙重人格。杜甫深受傳統士人精神的影響，積極入世，參政議政是他始終追求的理想，「致君堯舜上，再使風俗淳」[20]，但貧寒的家庭出身和京城應舉的落第，使他深知要實現心中的理想必須求仕於統治階級，依附於上流社會。長安遊曆期間，杜甫首先求仕於和自己有舊的河南尹、尚書左丞韋濟，向其表白仕進無門、奔走顛沛的心酸與坎坷，「江湖漂短褐，霜雪滿飛蓬。牢落乾坤大，周流道術空。」[21]希望

18　（戰國）屈原：《九章·惜誦》。
19　（戰國）屈原：《離騷》。
20　〔唐〕杜甫：《奉贈韋左丞二十二韻》。
21　〔唐〕杜甫：《奉寄河南韋尹丈人》。

能夠得到韋濟的鼎力舉薦，「老驥思千里，饑鷹待一呼，君能微感激，亦足慰榛蕪。」[22]他在另一首贈給韋濟的詩《奉贈韋左丞丈二十二韻》中表達了他的崇高理想和求仕的艱辛：「甫昔少年日，早充觀國賓。讀書破萬卷，下筆如有神……致君堯舜上，再使風俗淳。此意竟蕭條，行歌非隱淪。騎驢十三載，旅食京華春，朝扣富兒門，暮逐肥馬塵，殘羹與冷炙，到處潛悲辛。」杜甫在長安期間還干謁京兆尹鮮于仲通、哥舒翰等人。他在投贈哥舒翰的詩作《投贈哥舒開府翰二十韻》中已近乎阿諛哥舒氏：「今代麒麟閣，何人第一功？君王自神武，駕馭必英雄。開府當朝傑，論兵邁古風。先鋒百勝在，略地兩隅空。青海無傳箭，天山早掛弓。廉頗仍走敵，魏絳已和戎。」安史之亂後，杜甫拋妻別子，隻身奔赴靈武投奔唐肅宗，在《兵車行》中，更是對當朝的皇上大加稱頌與褒揚。杜甫之所以這樣做，目的就是要依附於統治階級來實現自己的理想和抱負，但是在那個時代他的理想只會落空。另一方面，杜甫又清醒地認識到統治階級的荒淫誤國和人民的艱難為生，知識分子的品性節操和責任良心又使他叛離統治階級，不與統治階級同流合污，從而獨立於政治與統治階級之外，走藝術自覺的道路，創作出許多反映民生疾苦，揭露統治階級荒淫殘暴的詩篇，「朱門酒肉臭，路有凍死骨」[23]便是他們的千古罪證。因此，依附與獨立的人格在杜甫身上並存，而李白又何嘗不是這樣呢？他素有雄心壯志，既有那種「安能摧眉折腰事權貴，使我不得開心顏」[24]，與統治階級勢不兩立的豪情壯志，又不能忘懷於政治和理想。四十二歲那年，他得到唐玄宗召他入京的詔書，簡直受寵若驚，喜形於色，滿以為實現自己理想抱負的機會到了，於是立即回到家中，與妻子兒

---

22 〔唐〕杜甫：《贈韋左丞丈濟》。

23 〔唐〕杜甫：《自京赴奉先縣詠懷五百字》。

24 〔唐〕李白：《夢遊天姥吟留別》。

女告別，寫下了《南陵別兒童入京》，其詩句「會稽愚婦輕買臣，余亦辭家西入秦。仰天大笑出門去，我輩豈是蓬蒿人。」是何等的自負！又是何等的躊躇滿志！安史之亂後，年逾半百的他不顧家人的反對，又積極投奔於起兵討賊的永王李璘，希望能夠實現多年未遂的理想和抱負。古代文學藝術家的雙重人格在李白身上得到真切地體現。在中國古代文學藝術史上，具有依附與獨立的雙重人格的文學藝術家還有很多，這是普遍的現象，在此不再贅述。

　　總之，中國古代文學藝術家作為士人階層的一部分，處於居上不上、居下不下的中間階層的社會地位，他們既要屈從和依附於統治階級來實現自己的理想和價值，走藝術依附的道路；又因士人那種深受傳統的節操品行的影響而保持自己的獨立性，走藝術獨立的道路，表現在人格上，就具有二重性。依附與獨立的雙重人格是他們典型的人格特徵。當然，這種雙重人格並不是以對立的方式存在，並非捨此取彼，而是亦此亦彼，只不過在不同時期所突出不同而已。而這種現象的出現，究其根源則可追溯到周代禮樂文化中藝術與政治的密切聯繫和藝術政治化、政治藝術化的現象。

第四編
貴族生活方式與藝術精神

第十五章
周代貴族的生活方式及其藝術精神

　　對於一個時代的藝術精神我們可以從不同角度、不同層面予以闡釋。在「第三編」中我們主要從禮樂制度層面探討了周代藝術精神的特點，在「第四編」中我們將深入到周代貴族的具體生活方式中來闡釋這種藝術精神之顯現。

　　周代貴族的生活中有著獨特的藝術氣質，從雕飾精美的青銅器，到小巧精緻的車馬飾，甚至包括周代貴族的言談舉止本身都具體顯示著高貴典雅的藝術氣質。每一個時代的精神氣質的形成都不是空穴來風，它們的形成都有著深厚的社會生活基礎。粗略來看，周代貴族藝術精神的形成與周代的天神觀念、等級體制、宗法制、禮樂文化等有著密切的關係。

第一節　周代貴族地位的確立與藝術精神的形成

一　天神觀念與西周貴族的精神生活空間

　　殷商時期就有著濃厚的宗教迷信思想，認為在人之上有著無形的統治力量，因而殷商時代重祭祀和占卜。西周以後天命思想受到周人的懷疑。但人類思想的發展有一定的延續性，不可能發生思想文化上的突變，加之周承商制，因而天命觀念還是影響周代思想文化的重要因素。

　　在周人的生活中天和其它神靈都有著重要的地位。天是周人進行
統治的形而上根據。武王伐紂，建立了周王朝，但周人對意想不到的
巨大成功誠惶誠恐，不斷對周戰勝殷商的史實進行反思。《史記・魯
周公世家》記載，周公「一沐三捉髮，一飯三吐哺」，每天都生活在
若有所思之中。《史記・周本紀》記載，武王在伐紂勝利後依然「自
夜不寐」，表現出了寢食不安的生活狀態。當周公旦詢問武王時，武
王說：「我未定天保，何暇寐！」從武王和周公的對話可知，令武王
惴惴不安的是，他還不能明確周的統治是否有著牢靠的理論根據。周
以蕞爾小國推翻泱泱大國，這是否是對天意的違背，是否會受到天的
懲罰。最後周人還是從天那裡找到了根據。周人指出，商王不敬上
天，所以，上天降災給殷商，而周人具有德行並能奉行上天的威命，
所以能替天行罰，摧毀殷商的統治。因而建立周朝是上天旨意的體
現。周的統治是對天的權威性和神聖性的體認。

　　貴族的宗法制是天意的體現。嫡與庶的結果不是人力所能決定
的，嫡長子的繼承權是遵循天意安排的結果。建立在天意基礎之上的
貴族特權，就具有神聖不可侵犯性，即具有先驗性，是不可證明、無
可懷疑的。同時，各級貴族的特權也是秉承天意的結果。周王對貴族
的分封和策命，一般都要在祖廟舉行隆重的儀式。《禮記・祭統》
載：「古者明君爵有德而祿有功，必賜爵祿於太廟，示不敢專也。」
在神前策命，表示各級貴族的統治都是神意的體現。同時，也希望君
臣間的權利義務關係受到神的監督。天命觀成為貴族統治合法性的理
論根據。

　　天神觀念也是周人時刻約束自己行為的內在根據。天神的存在使
周人具有濃重的敬畏意識。在這種無形的神靈的統治下，周人對人、
對事、對自然界的變化都充滿敬畏之情。如日食、地震會引起周人的
驚懼，會促使他們反省自己的行為。再如殷紂王是在甲子那一天自殺

的，夏桀是在乙卯那天被流放的，這些特殊的日子在周王生活中都具
有引以為戒的警示作用，都能引起周王的警惕和敬畏之情。因為時刻
受到一種無形的力量的監督，所以周人的行為就分外謹慎。這一方面
形成了周代貴族謹慎小心的人格特徵，同時也使周代貴族將更多的注
意力集中在對自我行為的調整方面。這是周代貴族行為舉止符合規
範，從而具有審美價值的內在促進因素。

　　天命觀念的存在不僅使貴族具有敬畏意識，更重要的是，天命觀
念的存在，在貴族物質生活層面之上，建構了一個更為豐富和廣闊的
精神存在空間，使周代貴族擁有物質生活和精神存在兩個層面，從而
使他們的生活成為立體化的生活結構圖式，使他們的生活具有一定的
深度。這種生活的深度模式是周代貴族生活具有藝術精神的條件。藝
術精神就是在平面的、物質的生活層面之上還擁有深層的精神追求和
意義生成空間，就是在追求口腹之欲、田產官爵的同時，還擁有超功
利的審美追求。天神觀念是周代貴族獨特的精神生存空間的基礎。周
平王的東遷，諸侯勢力的發展使天神觀念發生動搖，整個春秋時期，
周人生活在對天神觀念的猶豫和懷疑之中，也生活在對自身統治合法
性的困惑和思考之中，直到戰國時期，科技、經濟和商業的發展進一
步摧毀天神觀念，也摧毀了周人生活的精神空間。天神觀念衰落了，
貴族精神以及周代貴族生活所特有的藝術精神也就衰落了。

二　等級分封與周代貴族審美權利的等級劃分

　　西周建立初期，周代統治階級實行了分封制。據《史記‧周本
紀》記載，周代從武王到成、康之世相繼進行了大規模的分封，包括
分封的同姓諸侯、異姓諸侯、功臣和殷商後裔等，而所分封的諸侯王
就是周代貴族階層的主體。諸侯王又將土地和人口分封給下面的卿大

夫，這樣就形成了田產的層層分封以及與此相應的封建等級制度。貴族的層級主要包括天子、諸侯、卿大夫、士等。

周代的分封制規定了各級貴族在經濟、政治、生活等各個方面的權利，成為維護周代統治秩序的重要原則，也成為周代貴族存在的社會基礎。周代統治者通過等級的劃分，使各級貴族都有了明確和固定的社會地位。這一方面使貴族社會具有了上下貴賤的等級秩序，同時又使各級貴族的既得利益得到制度上的保障和鞏固。與中國歷史上其它朝代的分封制度相比，周代貴族擁有土地、人口並掌握著對諸侯國獨立的治理權。漢初劉邦封七個異姓王和九個同姓王。開始分封過寬，後來又裁撤過激，釀成後來的七國之亂，之後，諸侯王不能自己治民補吏，諸侯已名存實亡。明朱元璋定天下，封諸子三十九人，但諸王不得干預政事，封建實已成強弩之末。而清初之封三藩，只能算是權宜之計。至於歷代其它時期的封建子弟，則大都不過是以爵名受廩祿而已。魏文帝時，雖然分封了諸王，但實際上等於禁錮，諸王行動都不自由，連衣食也受到監視。相對而言周代的貴族不但擁有田產還擁有較多的自由，是中國歷史上最優越的一個貴族階級，西周貴族的心態最為平和，也創造了最為輝煌的貴族文化。

等級禮制不僅體現在各種祭祀和典禮中，還體現在日常生活的方方面面，包括城廟、器用、衣食住行、穿戴配飾、舉手投足、交遊嬉戲等都表現出明顯的等級特徵。這就形成了周代貴族文化的等級制特徵。等級制對貴族文化的影響主要表現在：將審美對象也進行了等級劃分，使各級貴族都心安理得地享受屬於自己的審美權利和審美對象。同時由於很多審美對象本身就是等級的標誌，所以等級的劃分從一個側面也使美作為等級標誌的地位得到了彰顯，使美的價值得到了更大地凸顯。總體來講，等級劃分使美的發展得到鉗制，同時，又使美在等級的框架中得到了強化。

三　宗法貴族地位的確立與悠閒審美心境的形成

　　與分封制相伴而存在的是周代的宗法血緣關係。可以說宗法制是維護封建制度的產物，封建制度依靠宗法制得以存在。宗法制的核心是嫡長子具有對田產和爵位的繼承權。貴族統治的穩固性還有賴於血緣的紐帶。周王分封的多數都是姬姓公族，即使是異姓諸侯，也都與王室有婚姻方面的姻親關係。這樣以血緣關係為基礎的周王朝就結成了一個龐大的親情關係網。周王室與各諸侯國有「伯父」、「叔父」、「伯舅」、「叔舅」等關係。這樣周代就具有了以宗法血緣關係為內在構架，以嫡庶關係為根據的統治網路。周王朝通過宗法關係來控制各諸侯國，就像家庭成員必須服從家長的支配一樣，各諸侯國又都從親情關係出發服從周王的統治。周代統治者以親親原則形成統治集團內部的有序狀態，貴族的統治就建立在相對穩定、牢靠的基礎之上了。崇拜先王，崇拜上帝二者的結合，既為王權塗上一層神秘的色彩，建立了一個形而上的根據，又為貴族的統治籠罩上一層溫情脈脈的血緣親情的面紗。

　　建立在宗法血緣關係基礎之上的世襲貴族，不用擔心自己的前途和命運，他們沒有衣食之憂，不用拼命地躋身官場，因為身分的「貴」與「賤」，不在於是否當官，而在於出身和血統（一般來講，貴族的嫡長子如果沒有殘疾癡呆等毛病，都會世襲長輩的官職）。貴族一出生就天然地擁有高貴的社會地位，就具有執掌政治、軍事、文化特權的可能。對社會地位、土地和人口的擁有使貴族有較穩定的社會地位和生活保障，能過上衣食無憂的日子。有了這些保障，他們才能有著悠然、嫻靜的心境。這給他們進行精神性的思考和在實用功利目的之上追求事物的審美價值提供了一定的條件。所以說宗法制是周代貴族優雅生活方式的基礎。

四　禮樂文化與貴族的詩意生存

　　周代貴族統治地位的確立不僅要依靠天神觀念、宗法血緣關係和等級制，還依賴於禮樂文化。禮樂制度既是國家的統治大法，也是規範貴族行為的較為細緻的行為準則。周人認識到商的滅國是因為紂好酒縱樂，不顧忌百姓的怨恨，致使上帝在殷邦降下了暴虐，所以周人應該借鑑商亡的教訓。正是在借鑑商亡教訓的基礎之上，為了配合宗法孝順觀念和強化君臣上下的等級意識，周代統治者推出了禮樂制度，從祭祀到慶典再到日常行為都要遵循種種禮節規定。禮樂制度是維持貴族地位的手段，禮樂制度也是周代貴族的人生腳鐐，束縛和限制了人的許多生存自由。但是，周代貴族正是戴著禮樂制度的腳鐐跳出了那個時代最為美麗的舞蹈。

　　禮樂文化成為貴族生活的藝術化的底蘊。首先，周禮規定了貴族的行為方式，要求貴族的舉手投足都要合乎一定的規範。所以貴族的舉止之間能顯示出內在的修養，透顯出一種溫文爾雅的藝術氣質。尤其是在儀式化的生活中，在典雅的禮樂的伴奏下，貴族的行為顯得是那樣的莊重和典雅。這就使周代貴族的行為本身具有了審美意味。其次，在周代貴族的禮儀和日常生活中，常常要演奏禮樂，這就使貴族生活籠罩在詩意的氛圍中。禮樂文化是周代貴族文化最突出的特徵。在禮樂文化中周代統治階級將等級政治的維持納入到美的形式之中，使直接的政治意識形態隱含在禮樂文化的背後，從而使周代貴族的生活呈現為富有詩意性的審美文化。

　　綜上所述，我們認為在周代貴族的統治地位和身分得到有力保障的同時，他們也為創造出具有審美價值的文化創造了條件。首先，是天神觀念的存在，使周代貴族的生活有了精神縱深度；其次，在等級禮制和宗法血緣關係的保障下，貴族擁有進行審美鑒賞活動的悠閒心

境；再次，在禮樂文化的背景下，他們力求使自己的言談舉止、形容儀態都符合一定的規範。這些規範又是時人的審美標準，所以周代貴族的行為舉止本身成為具有審美價值的觀賞對象。正如《禮記·少儀》中所講的：「言語之美，穆穆皇皇。朝廷之美，濟濟翔翔。祭祀之美，齊齊皇皇。車馬之美，匪匪翼翼。鸞和之美，肅肅雍雍。」這正是在周代貴族統治體制下所形成的審美境界。

第二節　肅雍和鳴的禮樂儀式與雍容典雅的貴族生活藝術

西周政權剛剛建立，天子和各等諸侯都能夠小心謹慎地反思和吸取殷商覆亡的教訓，採取各種措施鞏固剛建立起來的政權，禮樂制度就是周初統治者鞏固政權的主要舉措。禮既是西周初年的各項典章制度，又是具體的行為準則和規範，還是種種民風民俗，而禮樂儀式是周禮最為典型的表現形式。按《周禮》的說法，禮分為吉、凶、軍、賓、嘉五類，稱為「五禮」。周代貴族的一生中要經歷無數次禮儀，從出生儀式到喪祭儀式，從冠禮到昏（婚）禮，從鄉飲酒禮到諸侯國之間的朝聘禮儀。任何一次禮儀幾乎都在傳播著意識形態觀念，也都在強化著貴族周旋揖讓的行為規範。儀式在周代貴族的生活中占有很重要的位置，周人生活的意義是通過一系列儀式建構起來的。我們將這種通過多種儀式來確定生命意義的生活方式稱為儀式化的生活方式。換句話說，儀式化的生活方式指的就是周代貴族通過一定的儀式和程序來確立生命階段、確立夫妻關係、確立諸侯國以及貴族之間交往關係的生存方式。

生活的藝術就是在實用功利目的之上，對生活進行加工和改造，使生活本身具有了一定程度的藝術性。生活的藝術使人的自然生存狀

態具有了一定的超越性。正是在這一點上，禮儀化的生活方式與藝術是相通的，具有豐富的美學價值。在周代貴族儀式化的生活方式中蘊涵著濃厚的藝術性，體現著周人的藝術精神。

禮儀的社會價值已經非常明確，如《禮記‧經解》中所講的：「故朝覲之禮，所以明君臣之義也。聘問之禮，所以使諸侯相尊敬也。喪祭之禮，所以明臣子之恩也。鄉飲酒之禮，所以明長幼之序也。昏姻之禮，所以明男女之別也。夫禮，禁亂之所由生，猶坊止水之所自來也。」由此可見，各種禮儀所要達到的意識形態目的是較為明確的。但是時隔幾千年，我們看周代貴族的生活方式，不僅看到其中的意識形態蘊涵，而且更多地看到這種生活方式中所包含的審美意義和美學價值。所以，我們的論述要點不再是對禮儀程序的整理，也不再是對禮儀的意識形態意義的挖掘，而是通過幾種具有代表性的儀式的梳理來對周代貴族儀式化生活方式中所蘊涵的藝術精神進行挖掘。

一 出生禮——人生禮儀的開端

周代貴族子弟生在濃厚的禮樂文化氛圍之中，他們的儀式化生活從出生的那一刻就開始了。一系列的出生禮儀首先要確定和強化的就是周代貴族兒童的性別意識和社會角色。《禮記‧內則》記載：「子生，男子設弧於門左，女子設帨於門右。」意思是男孩子一出生就要在門的左邊掛一張弓，表示這個孩子的生活將與弓聯繫在一起。女孩子出生後就要在門的右邊掛一條帨巾，帨巾是用來擦拭不潔的生活用品，表示女孩子的生活將與帨巾聯繫在一起。在家時掛在門右，外出時繫在身左。古代女子出嫁時，母親授以帨巾。後世遂稱女子的生辰為帨辰。通過這一文獻記載，我們可以想見在兩千多年前的周代貴族社會中，一個孩子出生了，長輩是怎樣忙碌著，以怎樣興奮和喜悅的

心情將帨巾掛在門右，將弓掛在門左。這些小小的舉動中就已經蘊涵著詩的意味。儀式使平淡的人生開始具有了意義。

　　貴族子弟出生後還要舉行一系列的禮儀。據《禮記‧內則》記載，在太子出生三天後，要舉行接子禮。即太子出生以後，報告國君，國君設太牢禮以迎接太子的出生，即在孩子出生的那個房間陳設饌具，擺一桌酒席來迎接孩子的降臨。準備饌具的事情，一般由宰夫來完成。禮制規定：如果是國君的世子出生了，就要接以大宴，如果是其它級別的貴族子弟出生，接子禮所陳設的犧牲就要依照等級而減輕。

　　除了接子禮外，還要舉行射禮。不僅太子出生要舉行射禮，一般貴族子弟出生也要舉行射禮。《禮記‧內則》載：「三日，始負子，男射女否。」意思是，如果是男孩子出生，三天後，就舉行射禮，如果是女孩子，就不舉行了。在射禮之前，要通過占卜選擇一名士來抱太子。被選中的士要提前一天齋戒，然後身穿朝服等候在路寢門外，從保姆手中接過孩子來抱著。舉行射禮時，用桑木弓將蓬草莖製作的六枝箭，分別射向天地和四方。射完這六枝箭，保姆又從士的手中接過太子抱著。宰夫再負責向抱太子的士獻醴，並賜給他一束帛。這時，射禮結束。天地四方，是男子有所作為的廣闊空間，射箭是古代男子英武之氣的體現。當用桑木弓將蓬草莖製作的六枝箭分別射向這六個方位時，人就成為天地四方所形成的空間中的一個有機組成部分。

　　孩子出生滿三個月，要舉行命名禮。據《禮記‧內則》記載，在孩子出生滿三個月時，選擇吉祥的日子為孩子理髮，一般男孩留下頭頂兩旁的頭髮，好像牛角一樣。女孩則在頭頂上縱橫各留一道，呈十字相交形。或者是男孩在頭頂的左邊留下一塊胎毛，女孩在頭頂右邊留下一塊胎毛。如果是太子出生，行命名禮那天，國君就要沐浴，穿朝服。夫人也是這樣。父親如果是卿大夫以上的貴族，行命名時，就

穿著新製的衣服,如果是命士以下的人家也要穿著洗滌乾淨的衣服。行命名禮那天,無論男女都早早起床,並準備好夫妻共同進餐的食物。

命名禮的具體的禮節是,丈夫入門從阼階升堂,在阼階上面向西而立。妻子抱著孩子從房間出來,面朝東,在西階之上當屋楣的地方站立。保姆站在妻側稍靠前一些的地方向丈夫傳辭說:「孩子的母親某謹在今天這個時候,讓孩子恭見父親。」丈夫回答說:「教孩子懂得恭敬,凡事都遵循禮儀。」然後父親一隻手握著孩子的右手,另一隻手托著孩子的小下巴為孩子取名。母親說,記下這個名字吧,希望他將來會有出息。之後妻子把孩子的名字告訴婦人和各位庶母,丈夫把孩子的名字告訴家宰,家宰再把孩子的名字告訴同宗的男子。並且要鄭重地記下孩子的名字,然後收藏起來。

通過孩子出生時的各種禮儀,個體出生的偶然現象就成為整個社會都要加以關注的事件,自然的個體生命從此開始得到社會群體的認同,個體從出生開始就進入了社會群體之中,成為其中的一員。周代貴族子弟生於禮儀文化的氛圍之中,他們的儀式化的生活從出生的那一刻就開始了。

二　冠禮與人生意義的設定

(一)冠禮的主要儀程及冠禮中的藝術精神分析

周禮中的冠禮標誌著社會成員開始獨立承擔社會事務,是人生的轉捩點。有關冠禮的資料主要記載於《禮記‧冠義》和《儀禮‧士冠禮》之中。在《儀禮》中,士冠禮被列為貴族禮儀的第一種,可見其重要性不容忽視。《禮記‧冠義》載:「凡人之所以為人者,禮義也。禮義之始,在於正容體,齊顏色,順辭令……故冠而後服備,服備而

後容體正，顏色齊，辭令順。故曰：『冠者，禮之始也。』是故古者聖王重冠。」《禮記‧內則》曰：「二十而冠，始學禮，可以衣裘帛，舞《大夏》，惇行孝悌，博學不教，內而不出。」意思是，到了二十歲的時候，貴族子弟已經學習了禮、樂、射、御、書、數「六藝」，知識結構大致完備，身體也已經發育成熟，可以獨立承擔社會事務了，所以應當在適當的時候舉行加冠禮。一般來說，貴族子弟平時不能穿裘皮衣，但是冠禮之後就可以脫去童子衣，而穿上裘帛之衣。古人很看重冠禮，天子、諸侯的嫡長子，如果沒有舉行過冠禮，就沒有資格親政。比如周武王死後，成王年幼，還沒有舉行過冠禮，還不能親政，所以由周公來攝政。加冠的最終目的在於維護貴族的宗法禮制，但就加冠的儀式本身來講，其中也不乏藝術性和審美性。

　　冠禮對貴族具有重要的意義，所以要在宗廟中由父親主持舉行，冠禮之前要非常謹慎地筮日、筮賓。筮日時，將加冠者的父兄身著玄冠、朝服、緇帶、素韠，在門的東邊，面朝西站立。而參與加冠儀式的其它人員，包括宰、筮人、宗人和擯者、贊者等也要身穿和主人一樣的服飾，面朝東，恭敬地站立在門的西邊。

　　筮日、筮賓的儀節中貴族的服飾色調和站立位置，一方面營造了冠禮的隆重和嚴肅氣氛，烘托出了冠禮鄭重嚴肅的氛圍。在這種氛圍中，個體從思想上不敢將之苟同於日常生活，從而在心中升起恭敬之感；另一方面占筮時隆重的氛圍和參與者的服飾、站位、莊重的表情等也構成了一個具有藝術性的場域。

　　冠禮之日，正賓必須到場，否則不能成禮。所以，人選一旦確定，主人首先要前往賓的家中邀請賓，並告訴賓自己的孩子將要舉行加冠的儀式。正賓一般由德高望重的人擔當。舉行儀式的前一天，主人還要再次去賓家邀請賓。主人拜見正賓時，賓出門左，西面拜主人；主人站在門的西邊，面朝東答拜，並說：「我將給孩子舉行加冠

禮，特前來邀請您去主持。」賓回答說：「這麼重要的事情，我哪敢
不早早地準備去參加啊。」主賓之間的對話，體現了貴族之間的謙和
和禮讓作風。這樣的對話，已不具有實用目的性，它的意義，就在這
些語言本身。當語言本身成為一種具有表演性質的形式時，它就演化
為具有觀賞性的對象，這時的語言就具有了超越傳達實用信息的詩性
特徵，雖然它並不是詩。

到加冠的當日，一大早起，就要將冠禮中所要用的服裝以及各種
禮器都布置好。行加冠禮時所要穿的服裝陳設在東房的西牆下，衣領
朝東，其次序是最尊貴的服裝放在最北邊。其中有爵弁服一套，包括
纁裳、絲衣、緇帶和赤黃色的蔽膝等；皮弁服一套，包括白鹿皮製作
的冠、一種白色而腰間有褶皺的裙子、緇帶、白色的蔽膝、白色的鞋
子等，其中鞋子的絇、繶、純都是黑色的；玄端服一套，包括緇布
冠、玄色、黃色或雜色的裳一件、緇帶、赤而微黑色的蔽膝、黑色的
鞋子等，其中鞋子的絇、繶、純都是青色的。此外還有用來固定緇布
冠的附屬物缺項，有連綴在缺項上的青色的絲帶做的緌，有纏髮用的
黑色繒，有戴皮弁和爵弁後用來固定冠的笄，有繫弁用的淺絳色鑲邊
的黑色組紘。這些東西都放在同一個箱子中以備用。梳髮用的櫛放在
一個竹製的圓形簞之中。放衣服的箱子、放櫛的簞以及兩張蒲席都放
在服飾的南邊。加冠前，三種冠各放在一個竹器中，由三位有司捧
著，面朝南，依次站在西坫南邊堂下以待用，以站在東邊為上位。當
賓到來升堂後，三位捧冠的有司又面朝東而站。

這裡所羅列的服飾中包含著周代貴族對服飾美學的理解。第一，
冠禮中所要加的冠服從形制、質地到色彩都有嚴格的禮制規定。對衣
冠的禮制規定使衣冠開始神聖化，從而使冠禮神聖化；第二，三套服
飾都注重色調的配套和協調。如皮弁冠主要以白色為主色調，這樣上
衣和下裳之間就比較協調，具有整體性的審美效果；第三，為冠禮準

備的服飾按照一定的順序依次排列，這一排列方式體現出了秩序美。秩序美這一概念還沒有引起人們的重視，事實上，有很多時候審美感受恰恰是來源於一種有條不紊的形式和井井有條的秩序。如各國的升旗儀式、閱兵儀式等所能給人帶來的美感效應，正是由於嚴肅的秩序所帶來的震撼感而形成的。在冠禮中的服飾排列就體現了這種秩序美。

舉行冠禮的當日，將冠者身著用緇布做成而鑲以朱錦邊的採（彩）衣，用朱錦束著髮髻站在房中，面朝南而立等待具有人生轉折意義的加冠儀式。等待是漫長的，但漫長的過程也進一步增強了冠禮的重要性和神聖性。

賓和協助加冠的人來到後，將冠者走出房，面朝南而立。協助賓加冠的贊者將纏髮用的黑色繒、笄、櫛放在席的南端。賓揖請將冠者就席，將冠者就席坐下。首先由贊者坐下為將冠者梳好頭髮，並用黑色的繒束住頭髮。為了表示聖潔，賓加冠前要下堂盥洗，主人也跟隨下堂。賓向主人辭降。賓盥洗後，與主人行一揖一讓之禮，然後升堂來到將冠者的席前坐下，為將冠者扶正一下纏髮用的繒，然後起身，走到西階，下階一級，準備從執緇布冠的有司手中接過冠。此時，執緇布冠的有司升階一級，面朝東將冠鄭重交給賓。賓右手拿著冠的後項，左手拿著冠的前部，走到將加冠者的席前，端正自己的儀容，向將冠者致辭：「令月吉日，始加元服。棄爾幼志，順爾成德。壽考惟祺，介而景福。」[1]賓致辭完後坐下，給將加冠者戴上緇布冠。加冠畢，賓起身回到西序南端。最後由贊者為其繫好冠。賓揖請冠者回房脫去兒時的彩衣，換上與緇布冠配套的玄端服，繫上赤而微黑色的蔽膝。加冠者換好衣服，走出房門，面朝南而立，向來賓展示。完成第一次加冠的禮儀。

---

1 《儀禮·士冠禮》。

　　加皮弁和爵弁的儀節與加緇布冠基本相同,只是每次加冠的祝詞都有所變化。加皮弁冠時,賓致辭說:「吉月令辰,再次給你加冠,希望你保持成人的威儀,謹慎自己的德行而不懈怠,這樣你就可以長壽萬年,永享無窮之福。」加爵弁冠時,賓致辭:「在這美好的歲月裡,三種冠都依次給你加上了,兄弟們都來參加冠禮,以成就你的成人之德。祝你長壽無疆,享受天賜之福。」除了這些祝辭之外,賓還要向加冠者致以醮辭。醮辭就是古代舉行冠禮時,長輩酌酒給加冠者飲用時所念的祝辭。醮辭反覆三遍,大意都是美酒多麼芬芳,籩豆陳列多麼整齊。給你加冠後,你就要孝敬父母,友善兄弟,用這美酒祭先人,承受天賜之福。這些致辭使冠禮的意義得到昇華,它既是對加冠者的祝福,又是對加冠者的告誡和教育。而且,冠禮中的這些程序化的致辭,本身就是詩化的語言,它們的反覆唱歎使冠禮具有了節奏韻律,也加強了冠禮的詩意性。

　　加完冠,賓還要向加冠者授醴。賓接過協助者寄過來的觶,來到冠者的席前,面朝北向冠者授觶。冠者在席西端行拜禮,而後從賓手中接過觶。協助加冠的贊者進上脯醢。冠者就席中間的位置坐下,左手拿觶,右手取脯醢祭先人,又用柶從觶中舀取醴祭先人三次,祭畢起身,在席西端坐下,嘗醴。然後把觶放在地上,向賓行拜禮致謝,賓答拜。

　　三加之禮完畢後,冠者要以成年人的身分去拜見母親。行禮完畢,冠者再次上堂,由賓為他取字。古人除了姓和名外,還有字和號。小孩生下來三個月時,由父親給他取名,到了成年之後,周圍的人就不能直呼其名了,而要為其取字。取字時,賓再次祝福和告誡:「在這良月吉日,為你取字。這個字很美好,正是俊士所宜。字取得適宜,就是福,你要永遠保持,你的字就叫做伯某甫。」取字以後,加冠者去見兄弟姑姊。之後還要換上玄端服,拿上摯去見國君、卿大

夫以及鄉先生。冠者的父兄這時也醴賓以一獻之禮，並酬賓和贊者以束帛、兩張鹿皮，送賓於門外，向賓行再拜禮。之後主人派人把醴賓用的牲肉送到賓家。冠禮的儀程就算結束了。

　　在周代也要為女孩子舉辦類似於男孩子的成年禮。只是女孩所加的不是冠，而是笄。一般是十五歲時，為其舉行加笄儀式。加笄儀式時，如果女孩已經許嫁，就為其取字。如果還沒有許嫁，就不取字。

（二）冠禮的歷史文化語境及現代意義

　　隨著人類生活節奏的加快，冠禮就逐漸衰落了。唐代以後，很多人已經不知道什麼叫冠禮了。生存於現代化工業社會的人們越來越趨向於簡化生活中各種沒有直接經濟效益的程序，如周代貴族生活中這般煩瑣的禮儀，在現代人的生活中存在的空間是非常有限的。但是正因為缺乏一定的儀式使生活的意義和價值得到提煉和昇華，生活變得過於簡單和直接，所以現代人時常深感無聊和平淡。鑒於此，我們對於貴族的冠禮更多的不是去挑剔它的煩瑣和呆板，而是去反思與周代貴族充滿意義的生活相比，我們的生活缺少了一些什麼，從而更多地汲取冠禮的精神價值，並對周代的冠禮有一個正確的認識。

　　在煩瑣的儀程和緩慢的節奏中實現加冠的意義。縱觀貴族的加冠禮儀，可以感到這一禮儀是非常漫長和煩瑣的。但是可以說冠禮的重要性和冠禮的意義正是在這些細碎和漫長的儀程中得以實現的。如果說，現代電子傳媒以其快速和便捷的特點而使信息在極短的時間內在最為寬廣的空間中得到傳播，但卻不能在時間上給人留下深刻和長久的印象的話，那麼，三千年前的冠禮則恰恰相反，通過緩慢和穩重的節奏在以宗族為核心的較小的範圍記憶體在，但它正是通過時間上的長久刺激和其中傳播的信息的單一性給人留下較為深刻的印象。所以說，周禮中每一個儀程都包含著許多需要慢慢去體悟的人生意義，簡

化和省略將會使禮的意義不能得到充分地傳達。

　　具體來講，冠禮的意義在於使成人的意識在漫長的儀程中得以強化。在柔婉、綿長的禮節中，周人以冠為中心，開闢出了特定的時間和空間，使加冠者思考著如何做人的問題，也思考著生命的意義問題。正如瑪麗‧道格拉斯和貝倫‧伊舍伍德在《物品的用途》中所說的「社會生活當中要解決的主要問題是限定意義，使之暫時定格。如果沒有一些常規辦法篩選、確定大眾公認的意義，那麼，要在社會中達成共識，就不具備最起碼的條件。部落社會和我們一樣：兩者都有運用儀式來控制意義的趨向。舉行儀式是設定明確的公共定義的常規手法……有一些儀式純屬言辭上的儀式，這些儀式有聲音沒有記錄，最後消失在空氣中，無助於限定闡釋範圍。較為有效的儀式是使用有形物品的儀式，可以斷定，儀式包裝越奢華，想通過儀式把意義固定下來的意圖就越強烈。」[2]周代貴族的冠禮正是要通過冠這一物品以及煩瑣的儀式，使加冠者意識到自己的社會地位和角色身分的改變，從而建立起明確的社會責任意識。如初加冠的緇布冠就是使加冠者記住古禮；再加冠的皮弁使加冠者明白自己作為一個男人應該具有打獵和戰鬥的本領；三加冠的爵弁，是一種祭服，它和冕冠的作用基本相同，意在提醒加冠者從此具有了參加宗廟祭祀的權利。三次加冠使冠禮的意義得到三次提升，也使加冠者的責任意識逐步明確，並得到加強。應該說生命的意義是自己設定的，如果沒有意義的設定，那麼，任何事情都不會使人打起精神地生活下去。生活的意義正來源於這些明確的社會責任意識。

　　要更好地認識周代貴族的冠禮，就應當將加冠的儀式放回到它所存在的歷史文化語境中進行分析。周代貴族所生活的時代，物質條件

2　〔英〕瑪麗‧道格拉斯、〔英〕貝倫‧伊舍伍德：《物品的用途》，蕭莎譯，見羅鋼、
　　王中忱主編：《消費文化讀本》，北京，中國社會科學出版社，2003，第60-61頁。

極其簡陋，精神生活也較為單調。在這種狀況下，禮儀完成的就不僅僅是意識形態統治的目的，應當說，禮儀的意義還在於使周代貴族的生活變得豐富多彩。各種禮儀都是生活的點綴，是周人生命中的亮麗色彩。對周代貴族而言，生活的節奏和生命的意義需要靠這些儀式來調節和確定，所以，他們欣欣然投入到各種禮儀程序之中。正因為以這樣的心態來看待儀式，所以，我們在《詩經》中所看到的描寫儀式的詩篇，都充滿了節日慶典般的喜慶色彩，幾乎沒有一篇在抱怨儀式的煩瑣。周代貴族的這些禮儀儀程，對社會事務繁多的後人來說，顯然是煩瑣和令人難以忍受的，但是將禮儀放回到它所產生和存在的歷史文化語境中，就會明白正是在這一漫長的儀式之中，周人生活的意義得到了彰顯，人生的價值和意義賴以得到確定。

　　冠禮具有明顯的程序化的特點。冠禮中的幾乎所有儀節都超越了實際功利目的，而具有程序化表演的性質，也都在張揚著一種貴族生活的藝術性特質。貴族的加冠禮儀是按照一種有條不紊的儀程進行的，儀程中的每一個環節都有固定的行為舉止。從一個角度來看冠禮是刻板、煩瑣的，但從另一個角度來看，整個加冠儀程也正因為具有固定的程序，而具有表演性和藝術性。如三次加冠時的祝辭，如果從實用的目的來講，它們都沒有什麼實際的意義，但如果從冠禮所傳達的謙和精神和詩性特質來講，正是這些看起來多餘的、煩瑣的語言，使貴族的生活具有了藝術性。我們在這裡指出它具有藝術性，一方面是因為冠禮中的行為和祝辭充滿了貴族的儒雅、謙讓精神，另一方面也是因為這些舉止和言辭使整個加冠的過程具有不同於日常生活的表演性質。日常生活中的舉止和言談都具有散漫性，但是經過濃縮化的加冠祝辭和舉止是精粹的，甚至成為具有意味的詩化形式。我們認為藝術性在一定程度上說，就是不同於日常生活散漫狀態的、具有表演性的行為模式。

綜上所述，我們可以看到冠禮在周代貴族的生活中有著重要的意義，它是社會成員獨立承擔社會事務的開端。加冠儀式是漫長而煩瑣的，但是正是在這漫長而煩瑣的儀程中，加冠者的社會責任感和成人意識一點點得到了強化。加冠是貴族素質教育的一個重要環節，它所要明確的不僅是貴族的成人意識，而且要使其行為規範化，使其保持沉穩、莊重的心性。在加冠的儀式中，有許多舉止和話語並沒有直接的指令性，並不傳達實用的信息，所以這些言談舉止具有了一定程度的表演性。正是在這一點上，我們認為冠禮具有了一定的藝術性。

三 婚禮中的象徵藝術精神

周代的婚禮主要包括納采、問名、納吉、納徵、請期、親迎六個儀程。婚禮是繼冠禮之後周代貴族人生的第二個里程碑，是貴族生命中的重要禮儀之一。《禮記‧郊特牲》記載：「天地合，而後萬物興焉。夫昏禮，萬世之始也。取於異姓，所以附遠厚別也。」婚禮與貴族的宗廟祭祀、傳宗接代有著直接聯繫，又關係著兩姓之好，是貴族之間建立聯繫的重要管道，所以歷來頗受關注。

婚禮中的許多儀程都具有象徵性。如納采是男家看中了某家女孩，派使者到女方家裡去提親。使者以雁作見面禮，來到女方家裡，說明來意，並徵求女方家長的意見。行納采禮時，女方家長出門迎接使者，並與其行三揖三讓之禮。使者站在西階上，說明來意。主人站在阼階上，面向北行再拜禮。然後，於兩楹之間，使者將雁授給主人。在納采的儀程之中，以雁作為見面禮具有豐富的象徵意義。大雁是候鳥，秋天飛往南方，來年冰消雪化之時，又飛回來。這裡取雁為摯，就是取其順陰陽往來的意義；大雁一配而終，春天北去，秋天南往，來去有時，從不失時節；以雁為摯，也取其忠貞守信的特點，以

喻夫妻之間要相伴永遠，信守不渝；夫為陽，妻為陰，以雁為摯，還象徵著婦對夫的順從。此外，以雁為摯，還象徵著男子具有善射的英武之氣。

在親迎儀式中，新婿頭戴爵弁，穿著下緣鑲有黑邊的纁裳。在黃昏時分，新婿與身穿玄端服的隨從一起，點著火把照亮前面的路，乘坐著墨車一起到女家迎親。男到女家親迎，這象徵著男先女後、剛柔相濟。新婿來到女方家裡時，將會看到待嫁女的頭上裝飾著假髮，穿著下緣有纁邊的玄色絲衣。其傅母頭上用緇繒纏著髮髻，髮髻中插著笄，穿著黑色生絲繒製作的衣服站在新娘的右邊。隨嫁者都穿著黑色的衣裳，頭上用緇繒纏髮髻，髮髻中插著笄，披著繡有黼紋的衣服站在新娘的後面。由這些記載可見，周代貴族婚禮中的服飾以黑色為主色調，雖然在婿和婦的衣服下緣上都有鑲邊，在衣服上會有黼紋，但總體來看，周代貴族婚禮，除了溫暖的火光外，整個呈現出幽暗的色調和氛圍。

新婿上堂給岳父母行過跪拜禮，感謝他們對新婦的養育之恩，並感謝他們將女兒交給他。在新婦離別家人的時候，父親送女的戒辭是「戒之敬之，夙夜毋違命」。接著是母親為女兒束好衣帶，結上帨巾，告誡女兒說：「勉之敬之，夙夜無違宮事。」[3]帨巾是未婚女兒的佩巾，在婚禮中，由母親將其繫在即將出嫁的女兒身上，稱為「結縭」。《詩・豳風・東山》中「親結其縭，九十其儀」就是對離別之際，母親為女兒繫帨巾情形的描寫。然後是庶母送女兒到廟門口，並為女兒繫上囊，重申父母之命。臨別的贈物帨巾和囊既是情感的紐帶，又是凝結著父母婚前訓誡的象徵符號。

新婦下堂後，女方家長不下堂相送。新婦踏几上車時，由隨從者

3　《儀禮・士昏禮》。

為她披上一件御塵的罩衣。新婦上車後，婿御婦車，將車上的綏授給
婦人，待車輪轉過三圈後才由御者為婦駕車。這一儀程表示夫妻之間
的相親相愛，象徵著婿從此後將與婦同舟共濟。正如《禮記‧郊特
牲》所解釋的，「婿親御授綏，親之也。親之也者，親之也。敬而親
之，先王之所以得天下也。」敬而親之，這是夫妻之間相親相愛的表
示，也是先王之所以得天下的途徑。看來夫婿授綏的意義是很深遠
的。從女家返回男家時，新婿換乘自己的馬車，行駛在前，先期到
達，在大門外等候新婦的到來。這一儀程的含義是「男帥女，女從
男，夫婦之義由此始也」[4]。即婿車走在前面，婦車跟在後面，象徵
著剛柔相濟之意，以及新婦對婿的順從。

　　新婦到了婿家，踏幾下車。婿對婦行一揖之禮，請她進門。到寢
門前，婿還要向婦行揖讓之禮請婦進入。新婦進入婿家後要盥洗。由
媵為新婿澆水盥洗，由御為新婦澆水盥洗。接著是「共牢而食」。一
般情況下，周人飲食時，都是分餐制，即每人一份飯，各吃各的，不
公用同一餐具。但是在婚禮中卻有共牢而食的儀程，即在婿和婦的席
前，主食黍和稷，以及調味用的醬醢等各有一份，但魚俎、豚俎、臘
俎只有一份，供兩個人共用。進食時，婿對婦作揖請她入對面筵席。
夫婦一起坐下祭黍、稷和肺，然後飲食。婚禮中的飲食，只具有象徵
性，並不是為了吃飽，所以夫婦取食三次，進食便告結束。

　　在舉行婚禮的那天黃昏，婿家除了要在三個鼎中盛放豬、舉肺、
脊骨、祭肺以及魚、全兔、葵菹等祭品之外，還要準備四隻酒爵和兩
隻合在一起的巹。巹是將一個葫蘆分為兩半，成為兩個瓢，是古代婚
禮中所用的酒器。合巹，是指剖為兩半的葫蘆還可以合而為一。合巹
在這裡的象徵意義是：夫妻是獨立的，又是可以合二為一的一個整

4　《禮記‧郊特牲》。

體，也是天地合的意思。在進食結束後，贊者斟酒請夫婦祭酒，共三番祭。到第三次祭酒時，就以巹酌酒。巹以紅絲線相牽相連，飲半巹後，換杯而飲，稱為「合巹而飲」，象徵著夫妻的合二為一。

婚禮的第二天一大早新婦沐浴後，用纚纏髮髻，然後插上髮笄，穿上黑色的絲繒製的衣服來見舅姑（舅，即公公。姑，即婆婆）。婦以棗栗一籃為見舅之禮，以脩一籃為見姑之禮，贊者以醴與婦。此後婦饋食於舅姑，舅姑共用婦以一獻之禮。接著舅姑從西階下堂，新婦從阼階下堂。在這個儀程中包含著一系列象徵意義，如婦見舅以棗栗為摯，象徵著早自謹敬。婦人見姑以脩為摯，象徵著斷自修正。阼階是尊者和主人之位，西階是客位。舅姑從西階下堂，婦從阼階下堂，這象徵著將由婦代替舅姑主持家務，管理室事。

婚禮中的其它儀節也都有著豐富的象徵意義。如但凡有關婚姻的禮節，如納采、問名、納吉、納徵、請期等都要在黎明時分進行，親迎則要在黃昏時進行，選擇這樣的時段取其陽往陰來、天人合一的象徵意義。納采的儀式設置在禰廟進行，女方家長在禰廟的西邊為神布上席，席上放上供神依憑的幾。親迎儀式中，女家還是在禰廟為神布席。凡事都要先在禰廟中通過占卜向先父請示、接受了先父的命令後才敢去做。這些都表示要讓先祖也知道這樁婚姻的存在。在納徵的儀程中，男家派使者到女方家裡去致送聘禮，即送玄色的和纁色的絲帛共五匹，幅寬要二尺二寸，另外還有兩張鹿皮。關於致送的禮物，禮制規定：「摯不用死。皮帛必可制。膢必用鮮，魚用鮒，必殽全。」[5]意思是作為禮物用的束帛和儷皮，一定是已經加工過並足夠製作衣服的，這其中包含著教婦以誠信的意義。用作摯的雁不能用死雁，膢必用鮮，象徵著夫婦日新之義。魚必用鮒，取意於夫婦相依附的含義。

5　《儀禮·士昏禮》。

豚俎的骨體必須全而不折，象徵著夫婦全節無虧之理。

當一個行為的目的不單純是為了追求實際的功用目的，當一個物品不僅僅具有實用價值時，我們認為，這一行為和物品中就具有了豐富的象徵意義和審美價值。周代貴族的婚禮因為具有豐富的象徵性而成為詩意化的行為。它通過有限的形式包蘊著無限的內容，並且隨著時間的演進，許多形式中所蘊涵的深層內涵有可能被遺忘，這時儀式逐漸成為只具有形式美的有意味的形式。這就使貴族的行為舉止中積澱著深厚的文化蘊涵。可以說包含著越多的文化蘊涵，舉止和行為就越具有審美性。如舞蹈動作，就是因為具有象徵意義，濃縮了許多文化意義，所以具有高度的審美價值。周代貴族有許多象徵意味很濃厚的儀節，我們這裡只就婚禮作為一個例證來進行了一些分析，雖然這些儀節不是專門的藝術行為，但這些儀節中包蘊著很高的審美價值和藝術精神。

四　燕飲禮儀的藝術性

周代貴族的燕飲禮儀主要有鄉飲酒禮和燕禮。這兩種禮儀中有很多儀節是一致的，我們就以鄉飲酒禮為主要討論對象，選取其中有代表性的儀節來探討蘊涵在周代貴族燕飲禮儀程序中的美學精神。

（一）程序化的迎賓禮節

鄉飲酒禮和燕禮與貴族生活中的其它禮儀一樣，具有程序化的特點。如在鄉飲酒禮的迎賓儀節中，主人迎賓於門外，再拜賓，賓答拜。拜介，介答拜。揖眾賓。值得注意的是，這裡主人向賓行的是再拜禮，向介行的是拜禮，向眾賓行的是揖禮。拜禮是古代表示敬意的一種禮節。兩手合於胸前，頭低到手。揖禮是古代的拱手禮。在這細

小的迎賓儀節中，通過再拜、拜禮和揖禮，就將賓、介和眾賓的主從
關係分開了。

經過一系列的互拜之後，主人先進門做前導，揖請眾賓進門。賓
對介作厭禮，示意介從庠門左側進入。介向眾賓行厭禮，示意他們也
依次進入。來賓都從庠門左側進入，在庭西面朝東而立，以北邊為上
位。主人與賓進門後，先後行了三次揖禮，來到堂階前。升階前，主
人與賓又互相謙讓三次，然後主人升堂，賓也升堂。主人站在阼階上
當屋楣的地方，面朝北行拜之禮。賓站在西階上當屋楣的地方，面朝
北回禮答拜。

從迎賓的儀節中可以看到，每一個儀節都有固定的行為和舉止，
如賓主要行三揖三讓之禮；每登一級臺階都要前腳登上第一級，後腳
隨上來，與前腳並聚一起；主人上東階時要先邁右腳，客人上西階時
要先邁左腳等。這些都是非常固定和程序化的動作。程序化的缺點是
對人的行為有所禁錮，但程序化的禮節有章可循，每一個動作都有固
定的模式，就像事先已經編排好的節目一樣，只需要按著順序進行演
出就行，所以在程序化的禮節之中，貴族的行為和舉止穩重沉著而不
散亂慌張，貴族的優雅氣質得到了很好的呈現。這就是說，在程序化
的迎賓儀節中，周代貴族的行為也具有了一種特殊的藝術性，能給觀
看者帶來觀賞價值。

（二）進酒禮節中的節奏美

周人建國之初借鑑殷商覆亡的教訓，發布了戒酒令，但整個周代
社會，並不是沒有酒，而是用禮節對飲酒進行了限制，並使飲酒的
過程審美化、詩意化。鄉飲酒禮和燕禮都是圍繞著飲酒的過程進行
的，但是在這些禮儀中，飲酒都超越於滿足口腹之欲的直接目的之
上，而成為蘊涵著內在節奏之美的儀程。在觥籌交錯之際，在淺斟慢

吟之時，酒的醇香和酒器的精緻講述著周代貴族鄉飲酒禮文明的點點滴滴。

在感受鄉飲酒禮的儀式之前，有必要先來看看鄉飲酒禮上各種器物的方位。古人都是席地而坐，所以堂上有為主人和眾賓布置的席，這些席之間互不相連接。在東房門與室門之間放著兩個酒樽。其中西邊的一個樽中裝的不是酒，而是清水，周人稱之為玄酒。因為水早於酒，設置玄酒是為了表示對水的原始性和質樸性的尊崇。兩個酒樽上分別放著兩把舀酒的勺。並且兩個酒樽都放在斯禁上。禁是古時承放酒樽的器具，青銅製作，形如方箱。斯禁又叫棜禁，是一種沒有足的禁。籩放在禁的南邊。籩是一種圓形的盛物竹器。在堂下阼階的東南邊放著洗。洗是古代盥洗用的器皿，形似淺盆。一般用青銅鑄造，也有陶質的。供盥洗用的水放在洗的東邊。又一隻籩放在洗的西邊，籩的首端朝北而尾向南陳放。

進酒的禮節包括獻、酢、酬三個儀節，像音樂的三個樂章一樣具有迴環往復的內在節奏之美。這裡我們僅就主人獻賓的儀節來感受一下進酒禮節中的內在節奏。

在獻賓的禮節中，主人就席而坐，從籩中拿出酒爵，下堂準備去洗。為了表示客氣，賓也隨著下堂。主人看到賓下堂，趕快跪坐下把爵放在階前，起身向賓辭降。這一儀程就稱為辭降。

辭降之後主人又跪坐下取爵，走到堂下洗的北邊，將爵放到籩下，起身準備盥手洗爵。賓看到主人準備洗爵，為了表示客氣，下堂表示不需要洗了。主人坐下來放下爵，對賓的辭洗表示推讓，賓復位。這一儀程稱為辭洗。

主人洗完酒爵後與賓行一揖一讓之禮，然後升堂。賓拜謝主人洗爵的行為，主人將爵放在地上，向賓回禮答拜，拜完後又一次下堂洗手。賓同樣要跟隨主人下堂，主人辭降後賓站到原來的位置。主人洗

完後，又與賓行一揖一讓之禮登階升堂。這期間還是一次拜洗和再次下堂洗手，以及再次相互揖讓升堂的儀節。它們穿插在洗爵和酬賓的儀節之間，就像一個小小的過渡曲。之後才是主人取爵酌酒獻賓。

主人獻賓時，賓拿到爵，要向主人行拜受禮，主人向賓行拜送禮。接著進脯醢設折俎，賓就席而坐，左手舉爵，右手取脯醢祭先人，祭完後放下爵和脯醢，用肺祭祀，即嘗一嘗肺，又把它放在俎上，坐下擦擦手，接著用酒祭先人。祭完後向主人行禮，感謝主人的美酒，主人阼階上答拜，賓西階上飲完爵中酒，跪坐放下爵，起身向主人行拜禮，然後拿起爵。主人阼階上回禮答拜。主人獻賓的禮節結束。很顯然，飲酒禮是舞蹈表演，它已經超越了飲酒的直接目的。

主人向賓的進酒禮節像一首舒緩的抒情詩。辭降、辭洗、酌酒、互拜、祭酒、再互拜等禮節構成了這首詩的主旋律，每一個儀節又由更細微的儀節組成。所以，整體看來主旋律是清晰明確的，而整首樂曲又是豐富多彩的，構成一支柔婉又耐人尋味的樂曲。這樂曲成為周人進酒儀節的內在旋律。很顯然，進酒儀節的目的並不在於飲酒本身，而在於通過飲酒傳達群體生活所必要的謙讓、恭敬觀念。這是飲酒禮的節奏，也是詩和音樂的節奏，還是周代貴族的生活基調。正是因為這一樂曲的婉轉與和緩，才顯示出貴族雍容華貴、禮節有序的氣度。

從主人獻賓的禮節中，我們還可以看出，周人的禮儀行為是有意味的形式，它所關注的不是行為的目的性，而是行為本身的價值。進酒的儀式就是一個塑造貴族行為儀態，從而使其行為具有觀賞性的過程。這些行為本身具有極強的觀賞價值。事實上，周人的群體生活中，這些行為也的確是做給別人看的。每一個舉止是否到位，是否符合一定的規範，這是周代貴族評價一個人的重要標準。正如波德里亞論述脫衣舞時所說的「脫衣舞很慢：假如說它的目的是暴露性器官，

那它就應該盡可能地快速進行，但它很慢，因為它是話語，是符號的建構，是延宕的意義的精心製造。」「動作的緩慢是詩化的，就像電影慢鏡頭中的爆炸或墜落也是詩化的一樣，因為此時，某種東西在完成之前有時間讓你想念……」[6]同樣，周人的進酒儀式也在舒緩的節奏中具有了藝術性。

（三）燕飲禮儀中的禮樂之美

詩樂在周代貴族的生活中占有重要地位，各種各樣的場合都需要音樂伴奏，用音樂來烘托氣氛。詩樂烘托出一種異於日常生活的氛圍，使儀式顯得嚴肅、隆重。詩樂在各種禮儀中還有調節貴族行為節奏的作用。音樂使周代貴族的禮儀活動分出步驟，劃出階段，從而產生儀式感，禮儀、詩歌和音樂成為不可分割的一體。

在燕飲禮儀中，從賓進門到燕飲禮儀結束，賓離開，都有固定的禮樂。如在燕禮中，如果有異國之賓進入，就要演奏音樂，甚至有舞蹈。演奏迎賓禮樂的一般情況是，當賓進門走到庭前時，開始演奏《肆夏》。賓嘗酒後向主人拜酒，主人答拜時，音樂停止。當主人向君獻酒，君行拜受禮時，又開始演奏《肆夏》。當君飲乾爵中酒時，音樂停止。如果表演舞蹈的話，就表演《勺》舞。可以說，禮樂是一道無形的屏障，它將散漫的日常生活與貴族的禮儀生活區分開來，烘托和渲染了一種不同於日常生活的燕飲氣氛。作為個體的人不由自主就受到了這種氛圍的感染，從而使參與者得到精神的陶冶，乃至得到靈魂的淨化。

在燕飲禮儀中，當主人與賓及眾賓的獻、酢、酬儀節都絲毫不含

---

6 〔法〕讓・波德里亞：《象徵交換與死亡》，車槿山譯，南京，譯林出版社，2006，第164、162頁。

糊地舉行完之後，開始為樂工在堂前鋪設席位。樂工四人來到堂前，其中瑟工二人由協助者引領升席就座。等坐定後，協助者將瑟交給瑟工。瑟工就演唱《鹿鳴》《四牡》《皇皇者華》三首樂曲。「呦呦鹿鳴，食野之蘋。我有嘉賓，鼓瑟吹笙。吹笙鼓簧，承筐是將。人之好我，示我周行。」一群神態悠閒的麋鹿在不遠處吃著野地裡的蒿草，我迎來了自己的嘉賓……詩中所唱的情景與眼前的飲酒禮交相輝映，詩就是生活的寫照，生活是正在進行的詩。賓主都沉浸在優美的歌聲中，思緒隨著呦呦的鹿鳴聲飄到很遠很遠的地方……演唱完畢，主人向樂工獻酒，樂工用酒和脯醢祭祀先人。堂上以歌唱為主，是為了表示對人聲的尊崇。古人認為聲之出於人者精，寓於物者粗。

　　堂上唱畢，接著是笙入堂下，磬南北而立。笙工吹奏《南陔》《白華》《華黍》三首曲子。吹奏完後，主人給笙工獻酒。接著是堂上彈瑟歌唱與堂下笙樂吹奏交替進行。堂上歌《魚麗》、堂下笙奏《由庚》；堂上歌《南有嘉魚》，堂下笙奏《崇丘》；堂上歌《南山有臺》，堂下笙奏《由儀》。演唱和笙奏交替表演結束後，是堂上和堂下一起演奏《周南》中的《關雎》《葛覃》《卷耳》三首曲子，以及《召南》中的《鵲巢》《采蘩》《采蘋》三首曲子。當這六首詩樂演奏完畢，樂工之長向樂正報告說：「規定的樂歌均已演奏完畢。」樂正也向賓這樣報告，然後下堂。至此，貴族鄉飲酒禮中的此起彼伏、熱鬧歡慶的樂曲演奏就暫時算告一段落。

　　但音樂的旋律還要在鄉飲酒禮中繼續蔓延。在互相飲酬的儀節中，賓主之間可以不計杯數地隨意飲酒，然後徹俎，脫屨升堂，坐宴進饈，這時的音樂就改為比較隨意的無算樂。賓主盡歡之後，賓開始離開，當賓退席走到西階時，樂工開始演奏《陔夏》，主人送於門外，再拜。在微弱的火把之光的燭照下，賓已經走遠，但是，音樂似乎還在遼遠的夜空中吹奏著，觥籌交錯的熱鬧氣氛似乎還在夜空中彌散。

儀式化的生活是周代貴族生活方式的一個重要特徵。周代貴族的
生活離不開溫文爾雅的禮儀形式。禮樂在禮儀化生活方式中的最初作
用在於協調貴族上下貴賤尊卑之間的關係，同時使貴族禮儀中的行為
符合一定的節奏。禮樂在完成這一實用目的的同時，也起到了營造交
往氣氛和使交往和樂有序的作用。正因為音樂的存在，貴族的交往禮
儀擁有了詩性的浪漫氣質。鄉飲酒禮為我們呈現的是周代貴族富有詩
意的生活場景。升歌三終，笙奏三終，間歌三終，合樂三終達到高潮
然後戛然而止。禮樂演奏實際上是在貴族的燕飲禮儀中專門開闢出一
定的時空舉行一個音樂會，從而使人們都沉浸在藝術的氛圍之中。這
是有閒階層與平民百姓的不同。作為有閒階層，貴族有經濟實力去享
受音樂，有條件生活在一種超越實際功用目的之外的詩意境界之中，
同時也是因為他們所受的教育使他們具備了享受音樂的素養。音樂不
僅僅存在於鄉飲酒禮之中，而且還存在於鄉射禮、燕禮等各種禮儀之
中，音樂生活是貴族生活的一個標誌，音樂使貴族沉浸在詩意的氛圍
之中，也使貴族的生活富有藝術韻味。

（四）燕飲禮儀中的超功利性與意識形態蘊涵

通過以上有關鄉飲酒禮和燕飲禮儀中的主要儀節的分析，我們可
以深感貴族交往內在節奏和詩性氣質。可能也只有在生產力有了一定
發展，而社會事務還比較單純的西周時代才有可能推崇這樣的禮儀規
範。然而正是這些禮儀形式使貴族的行為在直接的目的性之外有所延
宕，使其行為具有超越於直接功利性之外的藝術氣質。

酒在周代貴族生活中占有舉足輕重的地位。酒本是一種使人精神
鬆弛的東西，但通過各種儀式，周代貴族將對酒的自然欲求規訓成一
種自我行為的約束和遵循群體生活規範的素養。周人在進酒的儀節中
所要傳達的信息是，通過飲酒的禮節，來表現周人對酒的欲望的節

制。正如《禮記‧樂記》中所講的：「是故先王因為酒禮。壹獻之
禮，賓主百拜，終日飲酒而不得醉焉，此先王之所以備酒禍也。」酒
食之樂、口腹之欲曾經造成了殷商的滅亡，周人對此須臾不忘，所以
將飲酒納入到禮樂儀式之中，通過這種儀式，使個體對耳目口腹之欲
有所超越，這就是鄉飲酒禮的精神所在。在這裡欲望幻化為舉止有度
的禮節，成為一種行為藝術。

　　燕飲禮儀中包含著明確的意識形態目的，通過這些儀式化的行
動，貴賤尊卑和等級秩序等意識形態目的就蘊涵在詩意的形式之中
了。正如《禮記‧鄉飲酒義》中所總結的：「主人拜迎賓於庠門之
外，入，三揖而後至階，三讓而後升，所以致尊讓也。盥、洗、揚
觶，所以致絜也。拜至、拜洗、拜受、拜送、拜既，所以致敬也。」
主人迎賓於門外，並行三揖三讓之禮，這是為了宣揚敬讓之道。盥、
洗、揚觶，這是為了推行潔淨的生活習慣。拜洗、拜受等禮節，是為
了表達對對方的敬意。所以說，燕飲禮儀中的每一個儀節都寄寓著意
識形態蘊涵，都是希望通過藝術的形式達到社會治理的目的，都在宣
揚著敬讓之道，但是直接呈現在人們眼前的卻是詩意化的生活藝術，
這就是審美意識形態的特徵。將意識形態灌輸到典雅的生活藝術之
中，使政治與藝術合而為一，這是周代統治者的高明之處，也是社會
文明進步的表現。數千年過去了，鄉飲酒禮中所蘊涵的政治功用性已
經淡化，直接呈現在我們面前的是具有抒情意味的敬酒過程和令人神
往的禮樂精神。

五　鄉射禮中的藝術精神

　　在周代貴族的鄉射禮中，射箭已經不是一種生產形式而是一種展
現貴族素養的藝術。當射箭從一種為了捕獲獵物而進行的生產行為變

成一種藝術行為時，射箭就超越了外在實用功利性，而成為具有超越性的審美行為。但是與純粹非功利性的審美活動不同的是，射箭之中又蘊涵著一種政治功利性。鄉射禮所體現的正是周代貴族審美超功利性和功利性交織的特點，即將一種功利行為進行藝術處理，使政治的實用目的不知不覺地鑲嵌在藝術性的行為之中，反過來看，又可以說是一種功利性行為中隱含著藝術性。

射禮之前基本都要先舉行飲酒禮。鄉射禮和燕禮是整個鄉射禮和大射禮的序曲。舉行射禮前首先是主人戒賓；然後是鋪席和布置各種器物；等到牲肉煮熟時，主人迎賓，進門時主人與賓也是行三揖三讓之禮；接著還是主人與賓行獻、酢、酬的進酒禮節；直到瑟工和笙工合奏《周南》和《召南》中的六首曲子，算是享禮的結束。

從立司正開始，鄉射禮進入了另一個環節。首先是請射，即司射脫去左臂的衣服，在右手大拇指上戴上扳指，在左臂上套上遂，拿著四支箭來到賓的面前說：「弓矢既具，有司請射。」[7]賓回答說：「我不善射，既然他們幾位提出請求，那就開始比賽吧。」司射又來到位於阼階的主人面前把賓同意比賽的信息傳達給主人。這就等於宣布射箭開始。鄉射禮中的這個禮節基本不是為了實用的目的，而是為了完成一種藝術的表演過程。因為如果僅僅是為了傳達一種實用的信息，這個禮節整個都是完全不必要的。

接著是納射器，比三耦，以及司射誘射。司射誘射的實質是對射箭行為之美的一次展示過程，司射的每一個舉止都是為被觀看而做的帶有演示性和表演性的動作。他在進行射箭姿勢的演示，同時也是在展示射箭的禮節。射箭前，司射目視侯中，然後低頭俯視自己的兩腳，以擺正腳步。這個舉動就比較誇張，完全是一種藝術表演的性

---

7 《儀禮‧鄉射禮》。

質。另外值得注意的是，司射在誘射的時候要揖好多次，拿了箭後揖
進，快到階時揖，當階揖，升堂揖，當物揖，及物揖，射完四支箭
後，又面向南揖，下堂時和上堂時一樣，每到一處都要行揖禮。與其
說司射在這裡完成的是誘射的任務，不如說，他在表演揖的規範和藝
術。在這種規範化的行為舉止中，貴族的行為舉止具有表演的性質。
而其它禮節中也點綴著許多揖的動作。揖讓的姿勢成為展示貴族儀態
美的一個典型動作。

　　在射禮中，上射射過第一矢之後，接著將一支矢附在弓上，做出
待射的姿勢，這就像一個舞蹈造型一樣，暫時定格在那裡，然後等待
下射射。唱獲者這時也要唱出一種滋味，「獲者坐而獲，舉旌以宮，
偃旌以商。」[8]即唱獲之聲隨著舉旌而聲音高亢，與宮聲相應，又隨
著偃旌而聲音漸小，與商聲相應。周代貴族儀禮行為藝術性的表現也
許正在於動作的誇張性和非目的性。這樣的行為之所以瑣碎但不令人
厭煩，也許正是因為當時的人並沒有從實際功用的角度去看待這些舉
止，而是用藝術的眼光來看待這些行為和舉止的。這就像我們對待
戲劇動作一樣，如果用生活真實和實際效用的標準來衡量戲劇動作，
毫無疑問，那些動作都是做作和誇張的，有些甚至是變態的，但是如
果在具有藝術修養的人看來，就能領會其中的韻味。所以說，對周代
貴族禮儀行為只有將其放置到它所產生的歷史語境中，以一種詩意的
眼光來審視才能領會其中的藝術性，也才能體悟到周代貴族的藝術
精神。

　　此外，就射禮來說，其詩意性還表現在整個射禮的儀節雖有重
複，但絕不是簡單的重複。如司射誘射完了之後，是初射，即第一番
射。初射是不計算勝負的，這樣射者就可以更多地關注每一個禮節的

8　《儀禮・鄉射禮》。

藝術性，爭取每一個動作都做得符合禮儀；接著是再射，再射就要計算射中的多寡，而且，射完後還要行飲酒禮。與初射相比，儀節有重複的地方，但是，又有新的內容；然後是三射。不同於前兩番射的是，三射時，以鼓樂為節奏，樂工演奏《騶虞》，間隔如一地助射，射箭的節奏須與鼓聲配合。禮儀中有三次射，但射的形式是不一樣的，使射禮的節奏在重複中又有變化，三次射逐漸將射禮推向高潮，參與射禮的人情緒也高漲起來。三次射，同中有異，寓變化於不變之中。三射都進行完之後，徹掉俎，脫屨升堂，人們的心情開始放鬆下來，從賓和大夫開始不計數地依次交錯酬酒，受酬酒後也不行拜受禮。音樂也不計數地一遍一遍地演奏，直到盡歡而止。像鄉飲酒禮一樣，賓離開時，樂工演奏《陔夏》送賓。

整個鄉射禮中都是通過有板有眼的舉止傳達著禮的信息。這就像部隊的立正和稍息之類的訓練一樣，它的意義是給軍人灌輸必須遵守紀律、聽從命令的信息。鄉射禮中的每一個儀節的意義也是這樣，它的意義和價值不在於其本身，而在於它所傳達的禮的精神。而禮的精神的灌輸又是通過具有審美性的舉止和行為來傳達的。與鄉射禮一樣，周代貴族的許多其它禮儀都首先呈現為一種具有審美價值的儀態美，對儀態美的追求使貴族的生活具有超越於實際功利目的之上的詩意化特徵。

六　朝聘禮儀中的藝術精神

貴族之間交往的禮儀主要包括諸侯朝覲天子，天子招待諸侯和各邦國使臣的禮儀。朝聘的儀式有使介、具幣、釋幣、過邦、入境、郊勞、賜舍、戒覲、日享、告聽事、賜車服等禮節。朝聘不僅時間上有規定，隨行人員的多少也有定制，朝聘的主要使臣稱為「賓」，隨行

人員稱為「介」，介的多少取決於賓的爵位之高低。《禮記・聘義》記載：「上公七介，侯伯五介，子男三介。」朝聘的禮物稱為「幣」，常用的幣包括玉石器、絲帛、馬匹、獸皮等物品。使臣出國要乘車，車後載旜（赤色曲柄旗），到達要朝聘的國家邊境和近郊時要「張旜」，以示使節身分。如果要借道經過其它國家，需行「過邦假道」之禮，以示尊重別國領土的主權。諸侯之間相互朝聘也是朝聘制度的一個組成部分。凡是諸侯即位，則小國朝之，大國聘之，以繼好、結信。新君即位後也要派遣卿出聘各國。朝聘的目的是搞好諸侯國之間的關係，以保衛社稷，同時也是周代貴族禮尚往來精神的體現。

　　西周和春秋時期，諸侯貴族之間的交往是相當頻繁的。只是西周時期，主要是各諸侯國與周天子之間的來往，而春秋時期，主要是霸主國和各諸侯國之間，以及各個諸侯國之間的往來。西周時期，諸侯國對周王的朝聘，是周天子用以維護其核心統治地位的手段；春秋時期，各諸侯國之間的聘問是尋求和諧發展的管道。無論何時的聘問都具有一定的功利目的，但是，諸侯貴族之間的相互聘問禮儀卻常常以藝術的形式表現出來，具有較高的審美價值。這裡我們就幾個小的禮節來對朝聘禮儀中所蘊涵的藝術精神性予以分析。

（一）傳遞圭璋的藝術性

　　周人總是能夠用具有藝術性的舉止來超越對直接功利目的的追求。正如《左傳・昭公五年》所記載的：「朝聘有珪，享頫有璋，小有述職，大有巡功。設几而不倚，爵盈而不飲；宴有好貨，饗有陪鼎，入有郊勞，出有贈賄，禮之至也。」這段話的意思是在朝聘享頫之中圭（珪）璋很美，卻沒有實用價值；設有雕花的玉几，卻不是為了倚靠；將酒爵斟得滿滿的，卻不是為了口腹之欲的滿足。朝聘禮儀之中的美都是為了張揚禮的精神而存在的。但是，在我們看來，朝聘

禮儀的目的恰恰被掩飾在審美追求的背後，朝聘禮儀具有了一種超越實用功利之上的審美價值。

圭璋是諸侯貴族出使他國的信物。圭和璋本身都是珍貴的玉器，而且還點綴著美麗的飾物，具有玩賞價值。如《儀禮・聘禮》中對圭璧的形制和裝飾物都給予了特別的關注，指出：「朝天子，圭與繅皆九寸，剡上寸半。厚半寸，博三寸。繅三採六等，朱白蒼。問諸侯，朱綠繅八寸。皆玄纁系，長尺，絢組。」朝天子所用的圭和繅都長九寸，圭的上段削去一寸半，厚半寸，寬三寸。繅上裝飾著朱、白、蒼三色花紋。聘問諸侯的圭，圭墊上裝飾著用朱、綠兩種顏色組成的花紋，圭和繅都長八寸、厚半寸、寬三寸。在所有的圭墊上都點綴著長一尺、色彩絢爛的絲帶。在色彩較為單調的周代，圭之美顯然是引人注目的。

使者出發前要到朝廷去拿出使他國作為信物的圭璋等器物，據《儀禮・聘禮》記載，從國君處領取圭璋的禮儀是：賈人面朝西而坐，打開裝著圭的木匣子，把裡面的圭以及圭墊一起拿出來，交給宰，在這一交接的過程中要使圭墊末端的裝飾絲帶垂著。宰接過圭，要將圭墊上的絲帶屈握在手中，交給使者。使者奉著圭聽君之使命時，要使圭墊上的五彩絲帶下垂。使者聽完使命後將君的使命轉達給上介，然後再將圭交給上介。上介將圭墊的絲帶握在手裡，出雉門，把圭授給等待在門外的賈人。從這一段記載可以看出，受圭璋的儀節態度非常謹慎，充滿了對這一器物的珍視。在接受玉圭聽取使命的過程中，美麗的絲帶是否下垂都成為周代貴族審美關注的焦點。在圭的裝飾絲帶垂下或握在手中的小小禮節中，體現了周人細膩的審美心性。垂與握的舉止成為有意味的藝術形式。與此不同的是，現代人的生活中雖然也有著豐富的審美對象，但是這些審美對象時常被人們忽視，甚至是熟視無睹，而周代貴族的生活中雖然審美對象比較少，但

是他們對其表現出凝神關注的態度，並且他們要通過一系列儀節將器物之美淋漓盡致地表現出來。在這裡圭的授受儀節，就超越了實用目的性。所有的舉止都不是為了實用目的性，而是為了顯示圭的重要性。而圭之美要通過圭墊上美麗的五彩絲線來襯托，五彩絲線的不容忽視，要通過其不同情況下的下垂或收起來強化。所以說，對器物之美麗，周人時常要通過儀式去定格、去關注。在儀式中美麗器物的審美價值就被凸顯出來，在儀式中器物就煥發出耀眼和迷人的光彩。同樣，使者接受作為享禮而將加放在玄纁束帛上獻給主君的璧和聘問夫人時的璋，以及作為享禮而加放在玄纁束帛上獻給主君夫人的琮時，都要像接受圭時的禮儀一樣，去強化它的審美價值和作為信物的價值，而對它的實用價值予以超越。

　　到了要拜訪的諸侯國後，授玉的儀式是又一次對器物審美價值的張揚。在接受使者的拜訪時，主國的國君穿著皮弁服迎賓於大門內。當主國在廟堂上為神設置好几筵之後，上擯便出來請賓行正聘禮。賈人就打開裝圭的木匣，取出圭，使圭墊的絲帶垂著，不起身將其授給上介。《儀禮·聘禮》中記載著到達要拜訪國時的授玉禮儀：「上介不襲，執圭屈繢授賓。賓襲執圭。擯者入告，出辭玉，納賓。賓入門左。介皆入門左，北面，西上。三揖至於階，三讓……公側襲，受玉於中堂與東楹之間。擯者退，負東塾而立。賓降階，逆出。賓出，公側授宰玉，裼降階。擯者出請。賓裼，奉束帛加璧享。」在這一段記載中，我們同樣可以看到在聘禮中，使裝飾圭墊的絲帶下垂還是將其握在手中的細節成為貴族們關注的行為細節和審美焦點。而且，還值得注意的是，在聘禮中，衣服的裼與襲也表現了周代貴族對服飾之美的關注。一般來說，古人冬衣裘，夏衣葛，在裘葛之上有罩衣，叫做裼。裼衣的外面再加朝服或皮弁服。繫上朝服的前襟叫襲，敞開朝服的前襟露出裼衣的美麗，叫做裼。而在聘禮的授玉禮節中，正是通過

服裝的裼與襲來強化服飾的等級和裼衣的美麗的。如上介從賈人的手中接過圭的時候不襲，使裼衣的美麗呈現在人們眼前。而公受玉時則襲，將內服之美遮掩起來，追求質樸莊重的風格，表示受玉的禮儀隆重。

使者回到自己的國家要將圭璧等信物返還給朝廷。返還時「使者執圭垂繅，北面。上介執璋屈繅立於其左」。[9]絲帶在傳遞的過程中的一垂一握，又突出表現了周代貴族行為的藝術性。圭璧的五彩絲帶在垂與握的多次反覆中也變得異彩紛呈，成為貴族眼中受到特別關注的審美現象。也正是在這個過程之中，諸侯國之間行聘禮的直接功利性就得到了掩飾。

此外，我們在這裡指出聘禮具有超越實用目的的審美價值，還是因為在聘禮中要互相贈送的禮物很多，如賓要向主國贈送虎豹皮、馬匹等，主國也要向賓回贈許多禮物，這些物品都比玉更加具有實用價值，但是在聘禮中玉卻受到特別關注。對圭璧的重視這一行為本身也是周代貴族對物質實用價值的有意輕視和對信物價值的有意提升。並且到聘禮將要結束時，主國國君還要使卿身著皮弁服將圭璧還給賓，表示輕財重禮之義，進一步強化了玉超越於實用功利價值之上的精神價值和審美價值。

（二）隆重而宏大的觀禮場面

如果說聘禮主要是諸侯國之間的交往禮儀，其禮節主要是圍繞著圭璧以及進獻和饋贈的禮物而進行的，突出的是圭璧的審美價值，那麼，觀禮則主要是諸侯見天子的禮儀，諸侯在不同的季節和不同的情況下觀見天子有不同的名稱：春天朝見天子叫「朝」，夏天叫「宗」，

9　《儀禮・聘禮》。

秋天叫「覲」，冬天叫「遇」，因大事召見諸侯叫「會」，天子十二年
不巡狩，諸侯來朝見天子叫「同」，諸侯有事臨時派遣臣下來聘問叫
「問」。所以說覲禮是諸侯秋天覲見天子的禮儀。

　　在覲禮中具有突出審美價值的是諸侯朝見天子時的氣氛。《儀
禮‧覲禮》中記載諸侯身穿裨服頭戴冕冠，先在禰廟釋束帛告祭祖先
神，然後才乘坐墨車，去覲見天子。墨車上載著龍旗，張龍旗的竹弓
上套著衣套。去覲見天子時諸侯拿著的圭帶有繅墊。在覲禮中，天子
在廟的戶牖之間設斧依，左右設幾，穿著袞服，頭上戴著冕，背靠著
斧依，南向而立。

　　《禮記‧明堂位》記載覲禮中各等諸侯的立位是，天子站在堂
上，其餘的人都站在堂下。臣屬中地位最高的是三公，他們面朝北，
站在天子正對面的堂下。諸侯站在庭的東邊，面朝西。伯站在庭的西
邊，面朝東。子站在靠門的地方，面朝北。此外，還有九夷、八蠻、
六戎、五狄、九採等站在門外。這就是天子明堂各等諸侯國的朝位，
按照與天子關係的親疏，以及公、侯、伯、子、男、九夷、八蠻、六
戎、五狄的等級高低，形成了重疊而具有對稱性的治朝位置。這種位
置的排列顯得緊湊而井然有序，烘托了天子明堂的威嚴和氣勢。通過
這樣的儀式，天子的神聖性和諸侯之尊卑無形中就得到了強化。

　　如果是天子因事召見諸侯，就要在都城外用土圍宮，在宮中築
壇，壇上放置方明。「方明者，木也，方四尺，設六色：東方青，南
方赤，西方白，北方黑，上玄，下黃。設六玉：上圭，下璧，南方
璋，西方琥，北方璜，東方圭。」[10]方明象徵著天地和四方之神。除
了這種濃厚的意識形態象徵意義之外，方明也是一件不可多得的藝術
品。它將青、赤、白、黑以及玄、黃六種色彩集於一體，同時將圭、

10　《儀禮‧覲禮》。

璧、璋、琥、璜等幾種美玉集於一體。

各級諸侯在郊外覲見天子時，都在各自的旗位下站立。與諸侯覲見天子的明堂位相一致，「諸公的旗設在中階之前，北面，東上；諸侯的旗設在東階之東，西面，北上；諸伯的旗設在西階之西，東面，北上；諸子的旗設在門東，北面，東上；諸男的旗設在門西，北面，東上。」[11]不同等級貴族的旗位不同，旗幟的圖案裝飾不同，旗子上飄帶的數目也不同，據《禮記‧樂記》載：「龍旗九旒，天子之旌也。」即天子的龍旗點綴著九條飄帶。這些旗幟點綴和烘托出諸侯向天子行覲禮時的宏大場面和隆重氣氛，而各種色彩和形制的旗幟又成為具有觀賞價值的審美對象。

天子在行覲禮時，乘坐著龍馬駕的車，車上豎著大旗，旗上畫著日月和升龍、降龍圖案，出宮，到東門外拜祀日神，返回來再祭祀宮壇上的方明。可以想像天子的旗幟上的旒如何飄動在由各種旗幟和整齊的貴族方隊構成的盛大場面之中，天子先到東方祭拜日神，再返回來祭拜宮壇上的方明，天子的視野從遼遠的東方日神再返回到位於宮壇的、美麗而神聖的方明，這其中蘊涵著宏大的氣勢，而且整個過程都具有震撼和提升人的靈魂和內在精神的作用，使人不得不折服於這樣的宏大場面和天子神聖的統治。這是諸侯覲見天子的禮儀，同時又是值得體味的審美氛圍。

《詩‧大雅‧韓奕》中就描寫了韓侯覲見周王的情景，使我們從另一個角度領會到諸侯覲見天子的禮儀的宏大氣勢。在覲禮中首先引人注目的就是來朝諸侯那旗幟鮮明的車馬。韓侯乘坐著四匹馬拉的路車，四匹馬都健壯修長。接著是覲禮的生動場面。詩中寫到韓侯獻上大圭，然後天子賜韓侯旗章、車馬飾以及服飾等。天子賜給韓侯的黑

11 楊天宇：《儀禮譯注》，上海，上海古籍出版社，2004，第294頁。

袍紅鞋，顯得富麗堂皇；天子賜給韓侯的旗子上畫著有蛟龍，旗杆上飾以染色的鳥羽或旄牛尾，馬額前的金屬裝飾物，色彩格外鮮亮，所有器物都金光閃閃，發出耀眼的光芒。頒賜和冊封之後還有盛大的燕禮。燕禮中有清酒百壺，炰鱉鮮魚無所不有。足見覲禮中器物之豪華、氣氛之熱烈、場面之宏大。《詩經》通過韓侯朝覲周天子時所穿著的服飾的華貴，周天子賜韓侯賞賜物的光彩照人，以及燕禮中食物的豐富，使我們深感覲禮的盛大和覲禮場面的熱烈。

　　覲禮的美來自於富有氣勢的朝覲佇列，來自於朝覲時，天子和諸侯耀眼的服飾和隨風飛揚的旗飾。朝覲禮儀在傳達了各級貴族服從天子統治的同時，也在展示著周代貴族禮儀的盛大之美，是一次視覺的盛筵。

七　喪禮中的藝術精神

　　喪葬禮儀是周代貴族處理死亡事件的特殊方式，體現了周人的文明程度。喪葬禮儀一方面使死亡的事件能夠得到很好的處理，另一方面，喪葬禮儀又很好地傳達了禮樂文化精神，使社會等級秩序和家庭倫理秩序得到加強，使尊尊親親的觀念得到強化。關於周代貴族喪葬的基本儀程和喪服的定制，前人已經進行了詳細的整理。因而我們不準備對這些知識性的內容進行贅述，而只就周代喪葬禮儀中具有審美內涵的文化精神進行粗淺梳理，其中包括對儀式與情感的關係、喪葬儀式中的詩意情懷、喪葬禮儀中的美飾等幾個問題的分析。

（一）喪葬儀式與情感的關係

　　喪禮的本義是用儀式來肯定情感和節制情感，因而情感是喪葬儀式的基礎。

　　第一，喪葬儀式中的一系列規定都建立在尊重情感的基礎之上。始喪時，要哭泣無數。《禮記‧檀弓上》記載：「父母之喪，哭無時，使必知其反也。」即父母死後，停柩期間，孝子悲慟異常，沒完沒了地哭，希望這樣能使父母或許飄游在外的靈魂聞聲而返回。這種無望之中的希望，表達了對親人無以言說的深摯情感。《禮記‧問喪》記載父母去世後，孝子因為悲傷要匍匐於地而哭，慟不欲生地呼喚著親人，總覺得他的離去是不可能的，三天以後才會從情感上逐漸接受這樣不幸的事實。因而死後三天而葬，這是根據人的感情而定的禮規。設置喪杖，是因為孝子喪親，哭泣無數，服喪憂勞三年身體病弱，用喪杖是為了支撐病體。所以喪杖的禮規的內在根據也在於人的情感。

　　在送親人下葬時，「其往送也，望望然，汲汲然，如有追而弗及也。其反哭也，皇皇然，若有求而弗得也。故其往送也如慕，其反也如疑。求而無所得之也。入門而弗見也，上堂又弗見也，入室又弗見也，亡矣喪矣。不可復見矣！故哭泣辟踊，盡哀而止矣。心悵焉愴焉，惚焉愾焉，心絕志悲而已矣。」[12]去送葬時，望望然，汲汲然，好像在追趕著什麼不可得的東西。返回時，皇皇然，惘惘然，似乎遺忘了什麼東西，這裡所描述的與其說是禮的規定，還不如說是對失去親人的悲哀心情的深情描寫。從中可見情感原本是喪葬儀式中各種規定的基礎。

　　送葬回來後的返哭禮，也淵源於人的本真情感。《禮記‧檀弓下》記載，送葬後回到家裡，主人升堂哭，這是因為回到了親人在世時行禮的地方；主婦進入室內哭，這是因為回到了老人在世時，她侍候奉養老人的地方。送葬回來，在這些熟悉的地方，再也看不到親人的影子，所以這時是喪家最悲傷的時候，親友就應該前來慰問。返哭

12 《禮記‧問喪》。

禮，是一種儀式，但是其中的每一個儀節又都與人的情感緊密相連。

第二，喪禮中的情感還包括他人對喪家心情的理解。《禮記・檀弓上》指出，作為旁觀者，應當體諒喪家的心情，所以，在喪者之側進食，就不要大吃大喝。這是淵源於真摯情感的一種禮制規定。還有「弔於人，是日不樂」，「行弔之日，不飲酒食肉焉」[13]等禮規，也是建立在對喪家心情體諒的基礎之上。《禮記・曲禮上》中還規定，到了墓地，不要登上墳頭。前來助葬，就要手執牽引棺車的繩索。臨喪不笑。向人作揖，一定要離開原位。在路上看到有棺柩，不要唱歌，進入喪所去弔喪，就不要大咧咧的。鄰里有喪事，舂米時，不要大聲吆喝，不要在巷道大聲唱歌。這些行為都是建立在對他人情感理解的基礎之上的。

不僅是對鄰家和鄉黨之喪應當如此，在自己家裡，當父母有喪時，雖然自己可能不會像父母那樣悲傷，但也要注意照顧父母的情緒，《禮記・雜記》指出，父親有喪服在身，做兒子的就不要參與娛樂活動；母親有喪服在身，在她能聽到的範圍內，就應當不彈琴鼓瑟；妻子有喪服在身，不要在她的身邊奏樂；有大功之喪的人將至，避琴瑟；有小功之喪的人將至，就不用避樂了。這些舉動都是處在服喪人的位置，對他人的心情予以理解。

第三，禮在肯定情感的基礎之上，又是對情的調節和約束。《禮記・檀弓下》記載：「喪禮，哀戚之至也。節哀，順變也，君子念始之者也。」父母的喪禮，孝子悲慟到了極點，節制悲哀，是為了順應生活的劇變，是君子考慮到先人的初衷才這樣做的。所以，「辟踊，哀之至也。有算，為之節文也」[14]跳著腳痛哭，這是悲哀到了極點的

13　《禮記・檀弓下》。

14　《禮記・檀弓下》。

表現，但是，禮對此有次數的規定，就是為了對這種極其悲慟的動作，做節制性的文飾，以防悲傷過度而發生意外。喪禮中還有終止喪家無時無刻哭泣的卒哭祭，其目的也是提供禮節使他們不要過於悲哀，以免過分悲傷損壞了身體。

　　禮對情感的節制和約束，一方面使情感得到適度的節制，另一方面也使自然的情感成為社會性的情感。在後人看來，這種情感表達的方式帶有藝術的性質。正如蘇珊‧朗格在《藝術問題》中所說的「一個藝術家表現的是情感，但並不像一個大發牢騷的政治家或是像一個正在大哭或大笑的兒童所表現出來的情感」[15]，因為藝術不僅僅需要真摯的情感，還需要外在的形式和主觀情感的客觀化處理。從這個角度來看周代貴族的喪葬儀式，喪禮中的哭就帶有幾分藝術性。首先，哭的時間、地點都有一定的限制；其次，各等親疏關係的人要有不同的哭法。禮制規定：「斬衰之哭若往而不反，齊衰之哭若往而反，大功之哭三曲而偯，小功、緦麻哀容可也。」[16]「往而不返」，是因為氣絕而不續；「往而返」，是氣絕而勉強能夠繼續；「三曲而偯」，是聲音不質直而稍文也，即要哭得餘音嫋嫋。如此這般的規定，使哭喪實在像是一首合奏曲，並且是將情感一定程度地懸置起來以後的理性化演奏，所以藝術的意味相當濃厚。

　　但是禮在節制情感的同時，就有對情感進行鉗制的弊端。如禮制規定喪容：服斬衰之人的面色就像雌麻的顏色，蒼黑而粗惡。服齊衰之人的面色就像雄麻一樣呈淺黑色，服大功喪服之人的容貌枯寂靜止，服小功和服緦麻之人的面色保持平時的容貌就可以了。這些容貌特徵最初可能都是情之所至，但凝固為禮制規定之後，喪家的容貌非

15　〔美〕蘇珊‧朗格：《藝術問題》，滕守堯等譯，北京，中國社會科學出版社，1993，
　　第25頁。
16　《禮記‧間傳》。

要做出如此這般的樣子，就具有一些做作和扮演的性質了。過多的、過度的禮制限制使喪禮走向了情感表達的反面。所以喪葬禮儀從肯定人的情感出發，最後又成為自然情感的約束，從而使喪葬中的情感成為被窒息的情感。

（二）喪葬禮儀中的詩意態度

喪禮有一個重要的特點是，將死人當活人來看待和侍奉。正如李安宅在《儀禮與禮記之社會學的研究》中所說：「……兼顧感情和理智兩方面的，明知其非而姑且為之，便是詩的態度——姑且信之，以濟眼前之窮罷了，換句話說，就是自己故意欺騙自己。如藝術家粉墨登場，本非所擬之人，然猶揣摩化身，姑且擬之。」[17]可以說，周人喪葬禮儀中的許多行為都體現了這種詩意的生活態度，明明知道親人的離去已是不可挽回的事實，但是還要欺騙自己，像敬仰活著的親人一樣地敬仰死去的親人。

這種詩意的態度體現在喪禮中的許多方面。如活人的冕上有綴在耳邊的玉珠，叫做瑱，人君用玉，臣用象牙質地的材料。死人的耳邊也要有瑱。還有往死去的親人的嘴裡填米放貝，是不忍心讓死去的親人口內空虛。不用熟食填放，是由於自然天成之物更為美好。再如在堂上停柩期間，喪家早晚都要在靈柩東邊擺放一些酒食供奉。遇到新熟的五穀或其它鮮果也供奉一些。一般是「朝奠日出，夕奠逮日」[18]。即每日太陽剛剛出來的時候以及太陽剛剛下山的時候，都要為死者奠放食物，稱為朝夕奠，這是設想死去的親人也像活著時一樣早晚都要用餐。這些都是用對待生時的態度來對待死去的親人，這是周人在虛幻的境界中的一種詩意的生活態度的表現。

---

17 李安宅：《儀禮與禮記之社會學的研究》，上海，上海人民出版社，2005，第14頁。
18 《禮記·檀弓上》。

明器是知道親人已經死去，但是還堅信其有知覺，所以供奉給死去的親人一些生前就用著的器皿，或生前喜愛的器皿。較常見的隨葬品有陶器、玉器、車馬等。但這些器皿又與活人的器皿不同，據《禮記・檀弓上》所載：「竹不成用，瓦不成味，木不成斲，琴瑟張而不平，竽瑟備而不和，有鐘磬而無簨虡，其曰明器，神明之也。」《禮記・檀弓下》也記載了孔子對明器的認識：「『其曰明器，神明之也。』塗車、芻靈，自古有之，明器之道也。」知其已死，但不將他看做死者，心中也知道其不可再生，所以隨葬品就是一些表達喪家迷離恍惚情感的東西，隨葬的竹器不編織邊緣，瓦器不加光澤，木器不加雕飾，琴瑟張弦而不能彈奏，竽瑟外形具備而不能吹奏，有鐘磬卻沒有懸掛鐘磬的簨虡。換個角度說，這些沒有美飾的器物也表達了失去親人時的哀痛心情，正如《禮記・檀弓下》中所載：「奠以素器，以生者有哀素之心也。」以這些沒有裝飾的素器來給親人陪葬，表達了人們認識到親人已經死去，已經沒有知覺了，但冥冥之中又覺得他們的生命還依然存在著，所以寧可固執地認為他們還有知覺，還需要人間的一切的矛盾心態。反過來，一旦做得實在，反倒失去了詩意。正如《禮記・檀弓上》所載，宋襄公葬其夫人，給陪葬的甕中裝滿了可以食用的醯醢。子思反而批評說，既然是明器，就不應該當真。這是一種對生死的詩意理解，假的器物中飽含著真實的感情，同時，不能將假的做成了真的。在假假真真之間透顯出周代貴族對待喪禮的詩意情懷。

（三）哀素之心與喪禮中的美飾

追求美飾是周代貴族文化的一個重要方面。這種美飾化的藝術精神在喪禮中是通過兩個方面體現出來的。

首先，是以去除美飾表達心中的悲哀。因為重視美飾，所以在喪

禮中才特別地提出去除美飾來表達悲哀的情懷。如斬衰是禮節最重的
喪服，同時，又是一種最粗糙的服飾，加工極簡單，甚至不縫邊，顏
色也很粗惡。因為孝子驟然遭逢大喪，哀痛欲絕，無心修飾，所以，
斬衰恰好能夠表現孝子內心的悲哀之情。《禮記‧檀弓下》中也講到
逢喪時去美的情況：「袒、括髮，變也。慍，哀之變也。去飾，去美
也。袒、括髮，去飾之甚也。有所袒，有所襲，哀之節也。」袒衣、
括髮是孝子悲哀心情的體現，是去其華美也。喪禮中的主要裝扮是袒
露左肩，摘去包髮巾，用麻縷縮住髮髻。除去身上的美飾，就是除去
華美，以表達心中的悲傷。隨著親人離去的日子漸長，悲哀的心情漸
淡，逐漸除去喪服，服飾上開始有一些裝飾。一般是小祥之後戴練
冠，中衣也可以變成練衣，領口可以鑲嵌紅色的邊。大祥之後，服飾
基本恢復正常，可以戴縞冠，冠邊鑲以白綾。祭是大祥之後的除服之
祭，從此正式脫喪，不再有禁忌。這也意味著可以對美飾有正常的追
求了。

　　周人日常生活中追求美飾，但是喪禮的器皿都沒有過多的美飾，
以表達去美盡哀之情。《禮記‧檀弓下》記載：「奠以素器，以生者有
哀素之心也。唯祭祀之禮，主人自盡焉爾，豈知神之所饗，亦主人有
齋敬之心也！」供奉死者的酒食，用質樸的器皿盛放，因為生者的心
緒悲哀灰冷。只有埋葬以後的種種祭禮，主人才用有紋飾的器皿，這
也是自盡敬愛之心罷了。喪禮中對哀素風格的重視，從反面表現了美
飾對周人的意義。

　　其次，喪禮中的美飾，表現在對死者的屍體、棺槨等的紋飾方
面。雖然周人有事死如事生的對待死者的主觀願望，但是人死後畢竟
會變得令人感到可怕。即便是人們主觀上希望能以對待生者的態度來
對待死去的親人，還是排除不了對屍體的厭惡和恐懼心理，所以對屍
體進行美飾，以達到使人不致於厭惡和恐懼的目的就成為喪禮中的重

要環節，也成為周代貴族審美追求的一個重要方面。

喪禮中的美飾還表現為對屍體進行美飾，包括為之洗浴、著裝等環節。《周禮‧春官‧鬯人》記載，王及王后死後，要為其沐洗屍體。這時鬯人就要設置斗，提供塗抹屍體用的秬鬯。沐洗屍體的目的就是使其香美而不致使人厭惡。

沐浴之後為屍穿衣也是對屍進行美飾的重要環節。對屍體和送葬的一系列器物都進行美飾正是為了不使人對死屍過分厭惡。關於給屍所穿的衣服，《禮記‧雜記上》有記載：「公襲：卷衣一，玄端一，朝服一，素積一，纁裳一，爵弁二，玄冕一，褒衣一，朱綠帶，申加大帶於上。」即國君死後所穿的衣服有繡著滾龍圖案的禮服；有玄衣朱裳的燕居服裝；有緇衣素裳的朝服；有皮弁禮服；有玄色上衣，赤黃色下裳，並繡著鳥獸圖案的絲質禮服，有玄衣赤裳，繡著青黑相間花紋的禮服。還有腰間束著的帶子，纏腰部分用朱色布鑲邊，下垂部分用綠色布鑲邊，另外還要加束一條五彩大帶。最美麗的服裝，最高貴的圖案設計，最講究的滾邊裝飾，這就是天子在另一個世界對美的霸權式擁有。這是從著裝的角度對屍體的美飾。

《禮記‧喪大記》記載著棺槨內部的美飾情況：國君的內棺用朱色和綠色綢襯裡，釘上各色金屬釘，色彩富麗，裝飾精美；大夫的內棺用玄色和綠色綢子襯裡，釘子用牛骨釘，這樣的內棺裝飾也相當的富貴華麗；士的裡棺只用玄色的繒做襯裡，不用綠色的繒。這是各等貴族棺槨內部的美飾。

棺槨外部的美飾。《禮記‧檀弓上》記載：「孔子之喪，公西赤為志焉。飾棺牆，置翣，設披，周也；設崇，殷也；綢練設旐，夏也。」公西赤，孔子的弟子，字子華。志，謂章識。披，是裝飾在柩的兩側，行進中由人牽持著以防傾斜的長帶。崇，即崇牙，是裝飾在旌旗邊緣的飾物。綢練設旐，指的是用練綢裝飾旐的旗杆。這段話的

意思是，孔子死後，學生們尊崇孔子，所以綜合運用了三代的禮儀來為孔子送葬。按照周禮裝飾了遮擋靈柩的布帷，置辦了障棺的翣扇，安裝了分披靈車左右的長帶；按照殷禮，在旗上裝飾了齒牙形的邊飾；按照夏禮，以素練纏束旗杆，上面高挑八尺長的魂幡。《禮記‧檀弓上》中還記載著子張喪事中棺槨的美飾情況：「褚幕丹質，蟻結於四隅，殷士也。」褚，是覆棺之物，其形似幄。即以丹質之布為褚，並在褚的四角畫蚍蜉之形來裝飾。這是殷禮的規定。無論孔子的喪事還是子張的喪事都說明在春秋時期，人們對棺槨的美飾還依然存在。

載屍之車的美飾。據《禮記‧檀弓上》記載：天子出殯要用輴車，在輴車的轅上畫著龍形圖案，棺材上鋪著一塊刺繡著黑白分明的斧形圖案的繡幕，在棺槨上還有四面帶斜坡的屋頂。如果諸侯出行國外，死於道，「其輤有裧，緇布裳帷，素錦以為屋而行。」[19]輤者，載屍車飾之總名。就要用緇布做成車帷，用素錦做成帷幄罩在屍上，然後載屍往回運。如果是大夫死於道，其載屍的車的裝飾是，用白布做頂蓋、車帷、載屍往本國運行。如果是士死於國外，其運屍車的裝飾是，以葦席做裡面的帷幄，以蒲席做外面的車帷。從這些文獻記載可見周代貴族喪葬禮儀中對載屍之車的裝飾。

貴族出葬時的棺罩是非常講究的，要裝點得色彩繽紛。如《周禮‧天官‧縫人》中記載：「縫人掌王宮之縫線之事……喪，縫棺飾焉，衣翣柳之材。」「縫人」的職責就是在喪事中專門縫製棺飾和美飾棺柩。翣之上有木框，下有木柄，都要用彩繪纏飾，叫做衣翣。柳是出殯的柩車上，在棺柩周圍用木框架支撐而用布張起的帳篷形的裝飾物，形同生前的宮室。柳上也要用彩繪纏飾，即衣柳。在翣和柳上

---

19 《禮記‧雜記上》。

用彩繪裝飾的活都由「縫人」來完成。從「縫人」的職責可以推斷周人棺柩的裝飾分工是很細緻的，由此也可以推斷出整個棺柩裝飾是很精細、考究的。《禮記．喪大記》載有送葬時棺罩的美飾狀況：

> 飾棺，君龍帷，三池，振容，黼荒，火三列，黻三列，素錦
> 褚，加偽荒，纁紐六，齊，五采，五貝，黼翣二，黻翣二，畫
> 翣二，皆戴圭，魚躍拂池。君纁戴六，纁披六。大夫畫帷，二
> 池，不振容，畫荒，火三列，黻三列，素錦褚，纁紐二，玄紐
> 二，齊，三采，三貝，黻翣二，畫翣二，皆戴綏，魚躍拂池。
> 大夫戴前纁後玄，披亦如之。士布帷，布荒，一池，揄絞，纁
> 紐二，緇紐二，齊，三采，一貝，畫翣二，皆戴綏。士戴前纁
> 後緇，二披，用纁。

棺罩的上頂叫做荒，四周叫做帷。荒中央安裝一個彩綢縫合的瓜形圓頂，叫做齊。荒的周圍懸著承接雨水的池。池是半筒形的長槽，用竹條編架，外面附上青布。池下懸掛著畫有山雞圖案的幡狀絲帛，長丈餘，叫做振容，靈車行走時，振容就隨風飄動起來。出葬時，諸侯的棺罩四周掛有龍形圖案的帷幕，前、左、右三面懸掛有池，池下有振容飄拂。池下還懸掛著銅魚。棺罩行進時銅魚就上下跳動，上拂於池。[20] 上面蓋著邊緣繡有斧紋的帷頂，帷頂上中間繡有三行火和三行「弓」字形的花紋圖案。用白錦做齊，用六隻紅黃色的組來連接。四周圍著五彩的繒，掛五串貝殼。邊上用兩把畫有斧紋的障扇遮著，

---

20 在河南濬縣辛村的多處墓葬中都出土有扁平狀銅魚，有頭有尾有鰭，以眼為穿，可以繩串之。如M21：八號墓出土銅魚六十九枚；M18：十六號墓出土銅魚二十二枚，M1：九十三號墓出土銅魚二枚。三處共出土銅魚九十三枚，應該與棺罩外的銅魚不無關係。

障扇的角都裝飾著圭。此外，用六條赤黃色的帛帶捆著棺材，綁在車架上。再用兩條同色的帛帶伸出帷外，讓送葬的人牽引。這就是為國君送葬的靈車，其裝飾的精緻、鮮豔和繁複都令人歎為觀止。這些經過精心裝飾的喪葬器物自然烘托出了一種濃烈的喪葬氛圍。大夫級貴族的棺罩也很精緻考究，但比起國君的，其美飾程度就要略遜一籌。至於士比起大夫就更遜一籌，其華麗的程度大大降低。

關於槨的美飾，在出土實物資料中，還可看到河南濬縣辛村出土的槨頂飾，如 M21：十一、十二號墓出土有象首飾，為兩個左右對稱的象首形飾物，長鼻的特徵甚顯。還有 M1：八十一號墓中出土的捲曲作雲紋形的槨頂銅飾。[21]從中依稀可辨西周喪葬禮儀的美飾化特徵。

此外，喪禮中的美飾化特徵還體現在祖廟中各種器物的布置和美飾方面。《尚書‧顧命》記載了成王去世後祖廟的布置。掌管宗廟的官員擺設好飾有斧形花紋的屏風和先王的禮服。然後在祖廟門窗間朝南的位置，鋪設幾重鑲著黑白色絲邊的篾席，未加裝飾的五色玉擺在几案上；在西牆朝東的位置，鋪設幾重鑲著有圖畫花邊的竹席，帶有花紋的貝殼放在几案上；在東牆朝西的位置，鋪設有幾重鑲著雲氣花邊的莞席，未加裝飾和雕刻的玉器擺在几案上；在西牆朝南的位置，鋪設著幾重青竹席，席子鑲著黑色絲邊，未加裝飾的漆器擺在几案上。擺放出來的器物還有越地進獻的玉、紅色的大刀，華山進獻的玉器，雍州進獻的美玉、河圖洛書，胤製作的舞衣、大貝殼、大鼓，兌製作的戈、弓等。這些各地進獻的寶物和質地、色彩各異的席子，以及擺放在几案上的五色玉、貝殼、雕刻的玉器、漆器等顯示著喪禮的考究和貴族審美趣味的細膩。戴著黑色禮帽的衛士分別站在祖廟大門的裡面、堂外臺階的兩邊、堂前、堂外、臺階下層等位置，使喪禮的

---

21 郭寶鈞：《濬縣辛村》，北京，科學出版社，1964，第59頁。

氣氛隆重又森嚴。從成王的喪禮來看，祖廟的布置富貴而不華麗，體現了周代喪禮重視美飾，但在喪禮中又要體現喪葬哀素氣氛的特點。

　　喪禮是周代貴族等級禮制思想的集中體現，也是等級美學思想的集中體現。最悲哀的心情卻襯以最煩瑣的禮儀、最精緻的美飾，這是自古至今中國喪葬文化的一個共同特點。

八　祭祀禮儀的美學價值

　　祭祀是人類對超自然的神靈崇拜之風俗的繼續，周人的祭祀之風有增無減。粗略地講，周代的祭祀對象主要包括祭祀天神、地示、人鬼等幾個方面。祭祀表達了人與天地自然神靈的溝通感應關係。祭祀也具有維護等級體制，維護和凝聚血緣宗族關係的意義。對天地和四方之神的祭祀還在提請人們關注自己的行為，以免受到懲罰，並以謹慎的行為報答神靈的恩賜。祭祀在周人的生活中具有這樣重要的意義，所以受到很高的重視。在我們看來，周代貴族的祭祀禮儀中有很多方面具有藝術性，是周代貴族生活藝術的集中體現。

（一）祭祀方式的藝術性

　　祭祀是周人生活中的重大儀式，不論是祭祀天地，還是進行宗廟祭祀，幾乎都有眾多的人來參加。龐大的祭祀人群、隆重的祭祀禮樂，精緻的祭器，精美的祭品，繁複而有序的祭祀程序，這一切無不透露出一種濃濃的藝術韻味。

　　周人的祭祀禮儀繁多，每一種祭祀儀式都具有藝術表演的性質。如天子祭天一般是在春耕之前，祭時要以赤色的小公牛作祭品，演奏黃鐘之樂。天子祭天，是相信天命的存在，祈求天賜福人間，也是希望能夠秉承天命，給自己的統治披上神秘的合法外衣。在天神中還要

祭祀日月星辰，以及風師、雨師等。祭祀天界的神靈都要燃燒堆積的柴薪，使煙氣上聞於天神。祭地的方式是用祭牲的血澆灌於地，使其氣下達，及於地神。祭祀山林是將玉幣、牲體等埋於地下，以達到與幽明之神相溝通的目的；祭祀川澤是將犧牲、玉帛沉入川澤，以表示對川澤之神的祭奠。周代貴族在祖廟中祭祀祖先之神。祠、嘗、烝分別是春、夏、秋、冬四時之祭的祭名。對祖先神的四時祭，就是每逢季節轉換，子女都要用時令蔬果供奉在父母的靈前，請他們享用。每到歲末，舉家歡慶之時，也要請父母的在天之靈回家，接受子女的祭饗。各級貴族出行前都要到禰廟行告祭禮，即到禰廟行釋幣禮，將準備出行的事告訴先父的神靈，之後還要到廟門外告祭行神。

　　每一種祭祀儀式都像一場話劇表演一樣，豐富著周人的生活。難怪文獻中多處記載著周人像等待隆重的節日一樣，等待著祭祀儀式的到來。《國語·楚語下》描述了祭祀的盛況：「百姓夫婦，擇其令辰，奉其犧牲，敬其粢盛，絜其糞除，慎其彩服，禋其酒醴，帥其子姓，從其時享，虔其宗祝，道其順辭，以昭祀其先祖，肅肅濟濟，如或臨之。」從這一段文字可以看出，祭祀前人們像迎接重大的節日一樣，忙碌地進行各種準備。而祭祀的場面既豐盛、熱鬧又虔誠、肅穆，蘊涵著藝術的意味。《詩經》中有關祭祀場面的描寫大多都從人們祭祀前準備階段匆忙的身影、歡慶的氣氛寫起。如《小雅·信南山》通過優美的語言將生活中的豐收與和諧狀態展示給祖先神，使他們在陰間或天堂能夠看到子孫後代的生活狀態，從而能繼續賜福人間。

　　在祭祀的場合中，人們暫時拋棄了生活瑣事的煩擾而進入到一種超現實的境界，而這一境界又不同於後世宗教對人的現世存在和現世歡樂的極度壓抑。周代貴族的祭祀中有對神的敬畏，但不是對神的恐懼，更多的是對神的感激，並希望神繼續賜予莊稼的豐收和人間的和諧。

在周代貴族的祭祀禮儀中，詩有著重要的作用，同時，詩也使貴族的祭祀儀式具有藝術性。在祭祀中，詩是溝通天地神人的媒介。在周代貴族的觀念中，語言具有神秘的力量，生活中重大的事件都應該通過語言向神靈稟告，或問卜於神靈。詩就是一種伴著音樂和舞蹈講給神靈聽的語言。在伴隨著音樂和舞蹈的反覆演唱中，就可以使神靈得到感應，從而使神靈現身、到場。

尤其是在對祖先神的祭祀中，周人通常是通過追述和頌揚祖先的豐功偉績，從而與神靈相溝通，獲得神的護祐。如《大雅‧綿》寫了公劉遷都於豳，古公亶父又遷都於岐的歷史，歌頌了古公亶父遷國開基的功業，是周人在神前詠唱的詩歌，也是周人將現實世界的功績唱給神靈傾聽的詩歌。《周頌‧思文》是周王祭祀上帝和后稷、祈禱年穀豐收所唱的樂歌。《周頌‧執敬》是周王合祭武王、成王、康王時所唱的樂歌。《周頌‧時邁》是周王望祭山川時所唱的樂歌。《周頌‧載芟》是周王在秋收以後，用新穀祭祀宗廟時所唱的樂歌。《周頌‧維天之命》是告祝之辭。《周頌‧維清》是儀式最後的舞詩。

周王朝的祭祀就是在這樣一種由詩、樂、舞共同組成的複雜而微妙的氛圍中進行的，不可大悲也不能大喜。這種祭祀時的唱詞，可以使人神溝通，還具有符咒的性質。正是在詩使一切不可見的東西現身在場，並且對每一個觀賞它的人現身在場，在這樣的氛圍中每一個人無形中都會以莊重肅穆的心情來感受天地、鬼神的到場，從而獲得靈魂的昇華。這就是祭祀場合所蘊涵的天地神人相融合的藝術精神。

還應該注意的是，由於是作為儀式的組成部分與樂舞緊密聯繫在一起，要符合一定的韻律和節奏，詩雖然不是專門的藝術品，但是詩也具有了審美的功能。所以說，詩在周人的生活中是為意識形態服務的，但是在肅穆的神聖性的背後也潛存著審美價值和藝術性。

面對著西方工業文明的長足發展，許多哲學家和詩人深深地慨歎

世界的貧乏，慨歎諸神遠去，存在晦暗不明，人處於一種非本真的生存之中。然而，在周代的祭祀詩中，正是詩使神靈現身。祭祀體現了人類對神靈的敬畏意識，這是周代貴族生活中的精神層面。由於有這個層面的存在，周代貴族的生活就有了縱深感。

（二）祭祀中的靈魂淨化和情感溝通

祭祀前要靜心養性，剔除私心雜念。即剔除自己的各種欲望，內斂自己的情感，做到心平氣和。《禮記·郊特牲》中講：「齊（齋）之玄也，以陰幽思也。故君子三日齊，必見其所祭者。」就是說，為了能夠達到心志的專一，齋戒時要穿著玄冠、玄衣、玄裳，這是因為玄色為幽陰之色，利於凝神靜思。穿著這樣的服飾，專心致志齋戒三日，就能滌除心中雜念。

滌除心中的雜念，純淨心神，使人歸於最素樸的狀態，這既是祭祀的心境，也是有意營造一種無功利的審美心境。祭祀就是要用心去感應神靈的存在。因為齋戒時已經對心境進行了一番調整，所以，祭之日，常常能感受到神靈的現身，「入室，優然必有見乎其位；周還出戶，肅然必有聞乎其容聲；出戶而聽，愾然必有聞乎其歎息之聲。」[22]家裡的角角落落似乎都有著逝去親人的影子，冥冥之中，祭祀者已經進入了一種虛幻的生活空間。所以「祭之日，樂與哀半，饗之必樂，已至必哀。」[23]祭之日，歡樂和憂戚參半，恍惚中，能與雙親交互感通，使人歡樂，但是這種短暫而虛幻的歡樂很快就要消失，所以又令人備感憂傷。

因為恍惚中能與神明交通感應，所以，孝子真誠地對著這虛幻的神靈表達敬仰和思念之情。孝子的一舉一動、一進一退都畢恭畢敬，

22　《禮記·祭義》。

23　《禮記·祭義》。

就如同親人就在眼前。神靈看不見，聽不見，但是只要以真誠的心去祈禱和感知它的存在，用真誠的心去感受神靈的顯現，神靈似乎就能時時矚目和保祐著後代。既然相信神靈的存在，人們就把對生活的期望訴說給神靈聽。也是因為相信神靈的存在，人們把最美的食物獻給神靈來享用。

祭祀時，在想像的虛幻境界中與祭祀對象的情感溝通，這種想像中的情感溝通無疑是具有藝術性的。《禮記・祭義》中記載：「君子合諸天道，春秋嘗。秋，霜露既降，君子履之，必有悽愴之心，非其寒之謂也。春，雨露既濡，君子履之，必有怵惕之心，如將見之。樂以迎來，哀以送往，故有樂，而嘗無樂。」這裡講的是春季舉行禮和秋季舉行嘗禮的狀況。春天，春雨滋潤著大地，萬物復蘇，在這樣的場景中，好像將要見到失去的親人，所以春以樂迎接著親人的到來。秋天霜露降臨大地，走在上面心中難免會升起一股寒意，所以秋嘗以悲哀的心情送走親人，因而秋嘗時沒有音樂。在祭祀時，由於外在環境的影響，也是由於祭祀者通過齋戒有意調節自己的心境，所以在祭祀中，與所祭祀的對象之間能夠有很好的情感溝通。

周代貴族的祭祀心境具有超越功利的詩性特徵。通過滌除私心雜念，祭祀者的心境變得澄明、純淨，從而獲得一種超然物質欲念之外的藝術心境，並且在這種恬淡的心境中，人與各種神靈時常能夠達到冥冥之中的交感呼應，這又為人開闢了一個虛幻的情感世界，類似於藝術創作中的審美想像。藝術在一定程度上就是對現實生活的超越，是創作一方精神存在的虛幻空間。在這一點上，周人的祭祀儀式和藝術有相通之處，即祭祀為周人開闢了一個精神生活的空間，將人們從日常生活引導到與神溝通的幻影世界。如《禮記・祭義》記載：「齊之日，思其居處，思其笑語，思其志意，思其所樂，思其所嗜。齊三日，乃見其所為齊者。」即在一片恬淡的心境中，就有可能與已經失

去的親人在想像世界中相溝通，這雖不是審美想像，但在內在精神上
與藝術想像是相通的。所以說，祭祀雖不是專門的藝術創造，但是其
中蘊涵著藝術的靈性。

（三）祭禮中的素樸美

　　追求文飾是周代貴族藝術精神的一個特徵，但是周人在祭祀禮儀
中卻追求素樸美。正如《禮記・禮器》篇所說「至敬無文」，最虔誠
恭敬的心情要通過最質樸的形式來表達。

　　就天子所乘的車馬來看，天子祭天時所乘的車，最為尊貴卻相當
質樸。周王祭天時用的車，叫大路，也叫木路。木路是木頭製作的
車，該車只刷漆，不加雕飾，也不覆革，上面鋪著蒲席，非常素樸。
天子祭天時用的就是這樣素的木路。天子乘坐的其它車馬的裝飾，就
繁纓而言，「大路繁纓一就，先路三就，次路五就」[24]，即馬頸上的裝
飾繁纓，有三股絲線編織的，有五股絲線編織的。天子用來祭天所用
車的馬頸上，只有一股五彩絲線編織的纓來作為裝飾。相對而言，祭
天的車馬的裝飾就是最簡單樸素的了。

　　天子所居住的殿堂的堂基高九尺，體現了高門大宅的氣魄。天子
祭天是最隆重、最誠敬的大祭，卻只是掃地為壇，在壇上燔柴告祭天
神。周代有茅草屋，有瓦屋。天子用來祭祀的太廟，卻是覆蓋著茅草
的茅屋。用最質樸的形式表達了最虔敬的心理。周人認為只有這樣才
能與神靈相溝通。

　　周代貴族已經有了非常考究的飲食文化，但是祭祀時卻用最為素
樸的食物和食具。《禮記・禮器》篇記載，天子祭天大典不講求紋
飾，祭天時所設的肉湯，不加任何調料。祭天禮中的犧牛形的酒樽，

24　《禮記・郊特牲》。

用粗麻布覆蓋樽口，用白理木做的勺來酌酒。這些都體現了對素樸之
美的追求。

這種貴質尚本的審美追求還表現在酒和酒器的陳列方面。在祭祀
時「玄酒在室，醴、醆在戶，粢醍在堂，澄酒在下。陳其犧牲，備其
鼎、俎，列其琴瑟管磬鐘鼓，修其祝、嘏，以降上神與其先祖，以正
君臣，以篤父子，以睦兄弟，以齊上下，夫婦有所。是謂承天之
祜。」[25]玄酒，即清水。在祭祀中，要將玄酒放在室中北牆下，以示
尊崇。將盛放少米多的甜醴酒的酒樽和盛著白色糟滓很多的醆酒的酒
樽放在室內靠近室戶的地方，將盛放著紅色糟滓很多的粢醍放在堂上
接近室戶的地方，將糟滓下沉、酒色稍清的澄酒放在堂下。酒味越
薄，發明的年代越古，陳列的位置越尊貴，正所謂「酒醴之美，玄
酒、明水之尚，貴五味之本也」。[26]通過這些質素古樸的物品以及莊嚴
肅穆的祭禮，可以端正君臣的身分，增厚父子之間的恩情，和睦兄弟
之間的情誼，整齊上下之間的心志，使夫婦各得其所。達到這樣的效
果，就可以交於神明，從而承受上天的賜福。

祭祀中返璞歸真的審美追求表現了對事物初始狀態的崇敬之情。
《禮記‧禮器》指出，禮就是為了使人返其本性，遵循古制，不忘其
最初的淵源，尤其在祭天大禮中，從祭祀的方式到祭器、祭品的選用
都充分體現了對古樸藝術精神的追求。《禮記‧郊特牲》中也指出，
南郊祭天的目的在於報本返始，在於使人回歸最原初的狀態，因而祭
祀時：

> 黼黻、文繡之美，疏布之尚，反女功之始也。莞簟之安，而蒲

25　《禮記‧禮運》。

26　《禮記‧郊特牲》。

越、稿鞂之尚,明之也。大羹不和,貴其質也。大圭不琢,美
其質也。丹漆雕几之美,素車之乘,尊其樸也。貴其質而已
矣……祭天,掃地而祭焉,於其質而已矣。醯醢之美,而煎鹽
之尚,貴天產也。割刀之用,而鸞刀之貴,貴其義也,聲和而
後斷也。

　　這一段文字集中論述了周人祭天儀式中對古樸美的追求,以及追
求古樸之美的意義:刺繡著各種花紋的絲綢是很華美的,但祭祀中卻
崇尚用粗麻布覆蓋酒樽,這是為了追念女工之始;日常生活中所用的
莞蒲席,上面鋪著竹席,坐著很舒適,而在祭天禮中卻使用穀稈編製
的粗席,在宗廟祭祀中為神鋪設著蒲草墊,這是為了表明祭祀的對象
是神靈;祭祀的大羹是不加調料的肉湯,這是為了珍視它的本質。天
子用的大圭,並沒有雕琢精美的花紋,這表示對本質之美的推崇;天
子平常所坐的車,既有丹漆塗飾又雕刻著花紋,非常華美,但是去祭
天時,天子卻乘坐著素車,這也是對素樸之美的尊崇;醯醢雖美,但
祭禮中卻將放鹽塊的竹籩置放在上位,這是珍視天然物產的意思;日
常生活中所用的割刀方便好使,而祭禮中卻用帶著鈴的鸞刀來切割,
那是因為鸞鈴隨著手的切割會發出悅耳的聲音,鈴聲和諧而牲肉應聲
而斷開,這也是追求古樸之美的表現。
　　祭禮中的質樸之美,從另一個角度說,表現了對神明的崇敬和對
個體欲望的超越。正如《禮記·郊特牲》中所言:

籩豆之薦,水土之品也,不敢用常褻味而貴多品,所以交於神
明之義也,非食味之道也。先王之薦,可食也,而不可耆也。
卷冕、路車,可陳也,而不可好也。《武》壯,而不可樂也。
宗廟之威,而不可安也。宗廟之器,可用也,而不可便其利

也。所以交於神明者，不可以同於安樂之義也。

　　祭器中陳列的各種祭品，不敢用精意烹調的美味，而以品類眾多為貴，因為這些食品是敬奉神明的，而不是為了食用。袞冕、路車尊貴，雖可陳列，但不可時常穿著、乘用，或者說袞冕、路車不是為了實用的目的而製作的。《大武》之舞，發揚蹈厲，陣容壯勇，但不可常奏之以為娛樂。宗廟之中，莊嚴肅靜，但不可常處之以為安好。宗廟之器，供事神明，但不是為了方便利用。祭祀之物，不同於尋常安樂之義，這是對質樸之美的追求，也是為了對個體自我欲望予以限制。

（四）祭品的審美價值

　　祭祀是人們對神靈敬仰之情的體現，祭品是奉獻給神靈享用的天地之精華，所以在祭禮中也受到特別的關注。從《周禮》中的有關記載可知，膳夫在各種祭祀中專門為天子提供祭品；甸師在祭祀時，主要提供蕭茅和野果之類的祭品；籩人負責各種不同場合中籩中所盛放的祭品；醢人提供各種祭祀中豆中所薦獻的各種祭品。

　　祭品是神靈恩澤的凝聚物，所以選擇祭品要謹慎而小心。在祭天大典中要選用沒有交配過的健壯的、毛色純正的小牛犢來作為犧牲，這是因為牛犢純真誠樸，還不懂得牝牡之情。祭天只用一頭牛來祭，這是因為郊天之祭，貴在內心的恭敬篤誠，而不需要繁多的牲體。不同的祭祀要選擇不同的祭品，而且不同等級的貴族用於祭祀的祭品也不同。據《禮記・王制》篇記載，祭天時所用的牛的品級最高，是牛角只有繭栗般大小的牛犢；宗廟祭祀卑於天地之祭，故可用角長到用手能握住的牛；賓客燕飲置放在俎上的牛就更大一些。這是以小為貴，而不求豐大。《國語・楚語》也記載了不同等級的貴族所用的祭品，認為牛最尊貴，是國君的祭品，羊是大夫的祭品，豬是士以下人

的祭品，庶人只能用魚來薦。

祭品包蘊著天地四時之和氣。除了牛、羊、豬等牲畜以外，作為祭品的還有穀物、果蔬乃至蟲草等。祭祀時所用的食物講究順應自然天時，據《禮記·祭統》載：「水草之菹，陸產之醢，小物備矣。三牲之俎，八簋之實，美物備矣。昆蟲之異，草木之實，陰陽之物備矣。凡天之所生，地之所長，苟可薦者，莫不咸在，示盡物也。」天之所生，地之所長，水草之菹，陸產之醢，無不可以成為祭品，而且祭品中還秉承了天地間之和氣，《禮記·郊特牲》載：「恒豆之菹，水草之和氣也；其醢，陸產之物也。加豆，陸產也；其醢，水物也。籩豆之薦，水土之品也。」籩豆中所盛放的各種乾、濕食品都是水中、土裡生長的各種食物，它們是四時之和氣所生，將這些包蘊著天地四時和氣的物產供奉給神靈，是對神靈能給予人間美好之物的感謝。《禮記·祭統》中也對天子大饗時的食品之美進行了由衷地讚美，認為三牲、魚、臘是四海九州之美味。籩、豆中薦獻的祭品，凝聚著四時之和氣。這裡雖然講的是天子舉行饗禮時的美味佳餚，其實在祭禮中為神所供的祭品也是這樣的。祭品中凝聚著四時之和氣，彙聚著天地間之精華，怎能不使人發出由衷的讚歎呢。

《詩·小雅·魚麗》就是一首讚美祭品的詩歌。詩人通過重章疊句的手法，讓我們看到鱨鯊鰋鯉等各種各樣的魚都被捕魚的竹簍子捕住，成為祭祀時的祭品。「物其多矣，維其嘉矣。物其旨矣，維其偕矣。物其有矣，維其時矣。」表達了詩人對豐盛、繁多的祭品的欣賞，也表達了周代貴族對祭品美味的欣賞，以及對適合時令祭品的感歎，因為在祭品與節令的配合中隱含著自然界生命周流不息的精神。

關於祭品的美學意義，《左傳·隱公三年》也有記載：「苟有明信，澗、溪、沼、沚之毛，蘋、蘩、蘊藻之菜，筐、筥、錡、釜之器，潢、污、行潦之水，可薦於鬼神，可羞於王公……」意思是如果

有著誠信的心，那麼，即使是山澗、水邊的茅草，蘋蘩之類的野菜都可以達到祭祀的目的，祭祀的意義不在於祭品本身有多少實用價值，而在於它所傳達的精神價值。對個體欲望的超越和對質樸之美的敬仰，這是周代貴族祭祀中的美學精神之所在。

（五）祭祀禮儀中天地神人合一、陰陽和諧的美學追求

周代貴族的祭祀禮儀中體現著對天人合一、陰陽和諧美學境界的追求。《禮記‧祭統》記載，祭祀時夫婦要一起參與。在太廟舉行祭祀時，國君頭戴冕冠站在阼階上，夫人頭戴副、身穿褘衣站在東房中。國君拿著以圭為柄的玉勺酌酒供屍行祼祭禮，大宗拿著以璋為柄的玉勺酌酒，在國君之後，供尸行祼祭禮。到迎牲入廟的時候，君牽著拉牛的紖，卿大夫跟從在後面，士抱著餵牛用的芻草。同宗的婦人端著盎齊，跟從在夫人後面。夫人將涗水摻入盎齊中，向尸進獻。國君用鸞刀割取牲肉進獻給尸嘗，夫人則進獻上盛在豆中的食物。這是一幅廟祭中夫婦男女之間和諧與默契的生動圖景，體現了夫唱婦隨，陰陽和諧的美學原則。「升歌《清廟》，下管《象》；朱干玉戚，冕而舞《大武》，皮弁素積，裼而舞《大夏》。《昧》，東夷之樂也。《任》，南蠻之樂也……君卷冕立於阼，夫人副褘立於房中。君肉袒迎牲於門，夫人薦豆、籩，卿大夫贊君，命婦贊夫人，各揚其職。」[27]這是天子祭祀祖先神的盛況，其中所張揚的也是夫唱婦隨、陰陽和諧的觀念。同樣，也是為了達到陰陽的和諧與平衡，春天的時候，天子頭戴繫著朱紅組帶的冠冕，親自在千畝籍田上耕種。諸侯頭戴繫著青色組帶的冠冕，親自在百畝之田上耕種。這是男耕女織的古代社會生活理想的體現，是日月輪迴、陰陽平衡的哲學精神的體現。

---

27 《禮記‧明堂位》。

　　周代貴族宗廟祭祀中的陰陽是具有互動性的。「廟堂之上，罍尊在阼，犧尊在西；廟堂之下，懸鼓在西，應鼓在東。君在阼，夫人在房，大明生於東，月生於西，此陰陽之分，夫婦之位也。君西酌犧象，夫人東酌罍尊，禮交動乎上，樂交應乎下，和之至也。」[28]意思是在廟堂上進行祭祀時，君的位置在東邊，卻到廟堂西邊的犧尊中去酌酒，象徵著太陽出於東而向西運行。夫人的位置在西邊，卻要走到東邊酌取罍尊中的酒，象徵著月出於西而東行。君與夫人交獻，是禮交動於上；懸鼓與應鼓合鳴，是樂交應乎下。禮樂相應，使祭祀達到陰陽和諧的極致。因為周人重視天地、陰陽的平衡，所以，在一個男權社會中，女性的地位，表現為對男子的順從，承接著生兒育女、繁衍後代的角色，這是對一個宗族而言，女性處於較為被動的地位。但是在周代貴族社會中，女性的地位也是不可忽略的，因為她們在祭祀儀式中是作為平衡陰陽的另一極而存在的。女性在周代貴族的精神世界中有著更為重要的地位。

　　陰陽之間的平衡也要通過人為的努力才能達到。《左傳》記載，昭公四年，天下冰雹，季武子問申豐冰雹能否防禦。申豐回答季武子時，談到了古代藏冰和出冰時的祭祀活動。即在寒冷的冬天於深山窮谷中取冰藏之。在貯藏冰的時候，用黑色的公牛及黑色的黍米祭祀司寒之神，亦即冬神玄冥。在取冰的時候，以桃木為弓，以棘為箭，置於冰窖口以禳災。桃木具有避邪的作用，屬陽。藏冰之所屬陰，一旦取冰時洩露陰氣，就會造成危害，所以用桃木弓來除災避邪。取意於以陽治陰，使其伏而不出，藏而不泄，用以保持陰陽的平衡。

　　祭祀中的陰陽和諧觀念也體現在祭器和祭品中。在周人的觀念中，食物也有陰陽之分，飲是陽，食是陰。用火烹熟的肉屬陽，而穀

28　《禮記·禮器》。

類作物製作的食物多半屬陰。金屬器皿屬陽，陶瓠則屬陰。什麼食物置於什麼樣的器皿中要符合陰陽平衡的原則。祭品和祭器之間也要體現陰陽和諧的美學思想。《禮記・郊特牲》記載：「鼎俎奇而籩豆偶，陰陽之義也。」奇數為陽數，偶數為陰數，鼎俎中盛放著動物類的牲肉也屬陽，籩豆中盛放的基本上是菜果之類，植物屬陰，這樣就達到了奇偶陰陽和諧的美學境界。還有各種祭祀之間的陰陽和諧問題，如「饗、禘有樂，而食、嘗無樂，陰陽之義也。凡飲，養陽氣也；凡食，養陰氣也。故春禘而秋嘗，春饗孤子，秋食耆老，其義一也，而食、嘗無樂。飲，養陽氣也，故有樂；食，養陰氣也，故無聲。凡聲，陽也。」[29]春屬陽，秋屬陰。凡是聲樂都是屬陽的。飲酒屬於保養陽氣，故有音樂伴奏；進食，屬於保養陰氣，故無音樂伴奏。饗有樂，食、嘗無樂，都是為了達到陰陽之間的和諧。

到此為止，我們對出生禮儀、冠禮、婚禮、燕飲禮儀、朝聘禮儀、喪禮、祭禮等幾種主要禮儀中的藝術精神進行了梳理。對周代貴族而言，他們的生活中有著豐富多彩的儀式，這就是他們獨特的生活方式的體現。時隔千年，我們站在旁觀者的角度來觀照周代貴族的生活方式，就會發現這些生活方式本身具有豐富的藝術性，體現了周人的詩性氣質。各種禮儀的藝術性主要表現為：第一，儀式是對日常生活的提煉，它不同於日常生活；第二，儀式中的言談舉止都具有程序化的特點，可以在多次儀式中反覆出現，具有戲劇表演的性質；第三，儀式中的舉手投足具有表演性，很大程度上是做給別人看的，具有藝術的觀賞性。這與藝術表演也是相近似的；第四，各種儀式中的行為都具有繁複、緩慢的特點。更多的時候，這些行為和言語定格在那裡，傳達著內在的精神蘊涵，卻不具有直接的目的性，這就使這些

---

29 《禮記・郊特牲》。

儀式化的舉動具有了觀賞效果和藝術性；第五，與藝術表演一樣，儀式也要傳達和承載深厚的意識形態蘊涵，發揮豐富的社會功能，給人生設定意義。可以說，生活世界本身是沒有意義的，所謂的意義都要靠人自己來設定，周代貴族的生活意義就是在儀式中得到設定和昇華的。但是，儀式畢竟不是藝術，因為藝術是在生活之外開闢出來的一個虛幻的表演空間，而儀式就是鮮活的生活本身。因而，我們說周代貴族的生活方式中具有一定的藝術性，周代貴族生活方式本身就是一首意蘊豐富的詩，周代貴族的藝術精神就集中體現在這些詩意化的行為方式中。

第三節　周代貴族日常生活中的藝術精神

為了維護以血緣關係為紐帶、以封建等級制為核心的統治秩序，周代統治者制定了一系列的禮，從言談舉止、吃飯穿衣到車馬器用、咳唾應答等各個方面對貴族的行為和思想予以規訓，使其有別於普通勞動者，從而使貴族的特權地位和貴族的內部等級秩序得到維護。這就是周代貴族生活中的等級禮制。禮不僅僅體現在各種重大的儀式中，也滲透在貴族日常生活的方方面面，在日常行為和舉止中得到傳播和強化。周代貴族之所以在歷史上留下令人難忘的記憶，其中一個重要原因就在於他們的日常行為方式包括他們的日常餐飲、揖讓周旋、俯仰進退也都呈現出一種特別的精神和氣質。而他們的車馬器用、被服裝飾也折射著他們優雅、別致的審美趣味。這一節我們對周代貴族日常行為方式中的藝術精神予以探討。

日常生活是一個包羅萬象的概念，在這裡我們不可能面面俱到地對其進行論述，而且並不是周代貴族日常生活的所有方面都具有藝術精神，甚至可以說，有許多禮的規定是違背人性發展的。這裡我們

主要選擇具有藝術性的日常生活行為如洗浴、進食、穿衣、穿鞋、侍坐、郊遊等幾個具體生活細節來探討貴族日常生活中所蘊涵的藝術精神。

一　周代貴族沐浴中的藝術氣質

（一）清晨的盥洗、美飾

黎明即起，是周代貴族遵循的生活方式。起床之後的盥洗、灑掃表達了他們對生活的熱愛，對自我形象的關注。

《禮記·內則》較為詳細地記述了周代貴族每日清晨對自我的美飾過程：「雞初鳴，咸盥、漱，衣服，斂枕、簟，灑掃室堂及庭，布席，各從其事。」即雞叫頭遍時，就開始洗漱，穿衣，把晚上睡覺時用的枕頭和臥席收拾起來，然後灑掃房間、廳堂和庭院，鋪好坐席，各執其事。

關於洗漱的過程，《禮記·內則》中也有較為詳細的記載：「雞初鳴，咸盥、漱、櫛、縰、笄、總、拂髦、冠、緌、纓、端、韠、紳、搢笏，左右佩用：左佩紛帨、刀、礪、小觿、金燧；右佩玦、捍、管、遰、大觿、木燧。偪、屨著綦。」縰，指的是用黑繒纏髮髻。大觿，是古代用骨頭製的解繩結的錐子。小觿，是古代解衣結的用具，形如錐。金燧和木燧，都是古代的取火工具。玦，是古代射箭時套在右手大拇指上的象骨套子，鉤弦時可保護拇指。捍，亦名「拾」，皮製的臂衣，射箭時套在左臂上，以免發矢時左臂衣袖礙弦。管，即今天的鑰匙。遰，即刀鞘。綦，即鞋帶。這裡為我們展示的是周代貴族早晨的洗漱過程及佩飾情況，即他們每天早晨雞叫頭遍就起來洗臉，漱口，梳頭，包上頭巾，插上髮笄，繫上髮帶，梳理齊眉的劉海，戴

上帽子，繫好帶穗的冠纓，穿上玄端服，繫上皮蔽膝，腰上加上大帶，再插上笏。貴族身上還要佩戴許多佩件，左邊有拭手擦物的佩巾、小刀、磨石、解小結用的骨錐、打火用的燧；右邊佩的對象有射箭時套在手指頭上的玉扳指、射箭時用來保護左臂的皮套、筆管、刀鞘、解大結用的大錐、鑽木取火用的木燧。

　　貴族婦女的日常生活也是這樣的：「雞初鳴，咸盥、漱、櫛、縰、笄、總、衣紳。左佩紛帨、刀、礪、小觿、金燧；右佩箴、管、線、纊，施縏褧，大觿、木燧。衿纓、綦屨。」[30]可以看到貴族婦女早晨生活順序與男子差不多，只是婦女身上所佩戴的主要是用來做針線活的用具，並且要將針、鑰匙、線、絲棉等四件較小的對象一起裝進隨身攜帶的精緻小繡囊之中，最後繫上香囊，穿好鞋子，繫好鞋帶。

　　即使是未成年人也非常注重自己的形象。「男女未冠笄者，雞初鳴，咸盥、漱、櫛、縰、拂髦、總角，衿纓，皆佩容臭。」[31]即未成年的貴族少年每天也要雞剛剛叫，就起床洗臉漱口，梳頭，梳理劉海。其髮型是在頭頂左右兩邊各綰起一個小髻。身上還要佩繫繡囊，繡囊中裝上香料。

　　周代貴族不但自己每天要將自己收拾得乾淨整潔，還要為父母洗漱，而且平時「父母唾洟不見。冠帶垢，和灰請漱；衣裳垢，和灰請澣；衣裳綻裂，紉箴請補綴。五日，則燂湯請浴，三日具沐。其間面垢，燂潘請靧；足垢，燂湯請洗」。[32]即平時生活中老人的唾液、鼻涕要隨時為其打掃乾淨。老人冠帶髒了，要調和草木灰，請其脫下來為其洗滌，衣裳開了線，要為其縫補好。五天為老人洗一次澡，三天洗一次頭。其間老人若臉面和腳髒了，則要熱一些淘米水（潘）請其洗

30　《禮記‧內則》。

31　《禮記‧內則》。

32　《禮記‧內則》。

乾淨。這是為老人所做的清潔工作。

從這些文獻記載中，可看到周代貴族是非常注重自己形象的，每一天他們都要將自己收拾得乾淨、整潔。並且可以看到，即使是一些日常生活用品，他們也將其非常仔細地佩掛在身上，甚至這些日常生活用具也成為美飾自己的佩件，成為具有觀賞價值的物品。

（二）其它時間的洗浴方式

周人非常注意衛生，將盥手、洗爵作為各種禮儀中重要的環節，反覆予以強化，在日常生活中，他們也有良好的衛生習慣。如怎樣洗澡、洗頭、洗完後如何梳理、怎樣保養等都受到他們的關注。甚至於他們還追求將洗浴的過程藝術化和詩意化，從這些細微之處可以看到周人心性的細膩和雅致。

周人的梳洗是非常細緻和考究的。《禮記・玉藻》詳細記載了貴族的洗浴過程：「日五盥，沐稷而靧粱，櫛用樿櫛，發晞用象櫛，進禨進羞，工乃升歌。浴用二巾，上絺下綌。出杅，履蒯席，連用湯，履蒲席，衣布晞身，乃屨，進飲。」沐為洗髮，浴為洗身。君子每天要洗五次手，洗頭要用糜子米湯，洗臉要用黃粱米湯。洗頭後用樿木梳子梳頭，頭髮乾了後就要換用象牙梳子來梳理頭髮。洗浴時，用兩條浴巾，一條是細葛布的，用來擦洗上身，一條粗葛布的，用來擦洗下身。洗完後，邁出洗浴盆，站在蒯草編織的席子上用水沖洗全身，然後站在蒲草編織的席子上，擦乾身子，穿上浴衣，穿上鞋子。梳洗完後，向鬼神求福、進獻，然後樂工升堂奏樂，開始飲酒聽音樂。洗浴的每一個步驟都不急不躁，絕不匆忙慌亂，帶有程序化的特點，甚至洗浴之後還要向鬼神求福、進獻，還有樂工升堂奏樂，還要飲酒聽樂。這實在不僅僅是簡單的洗浴，而是意蘊豐厚的洗浴文化，是周代貴族考究、細緻的生活方式的集中體現。洗得如此仔細已令人歎為觀

止了，竟然在洗浴結束後，還有飲酒、聽音樂，這其中的悠閒和優雅更令人驚異。

考察貴族的清晨梳洗和其它時間的洗浴過程可以深刻體會到：第一，周代貴族對自身形象非常關注。他們追求美好的生活，是從美飾自身形象開始的。同時，梳洗和沐浴使他們精神飽滿、意氣風發，表現了他們積極的生活態度；第二，從盥洗和沐浴過程也可以感受到，周代貴族的生活中有著濃鬱的文化氛圍。洗浴成為一種有文化底蘊的行為，並且他們做得那樣講究、細緻，使這一行為本身成為具有觀賞價值的藝術過程。同時，洗浴之後的聽樂養性，也表現了他們對待生活的一種藝術心態。

二 貴族日常飲食的藝術性

從茹毛飲血到滿漢全席、從手抓羊肉到竹筒粽子，不同的餐飲方式中隱含著不同民族和不同階層對食物的理解，也正是不同的飲食方式，以及對待飲食的不同態度，使不同的民族、不同的人群有了屬於自己的文化。周代貴族的飲食方式中不僅體現著周人的精神追求，而且也體現著他們的藝術追求。除了宴享儀式中的盛大餐飲場面外，周人日常生活中的飲食方式也別具特色。關於周人飲食文化的文獻記載比較豐富，這裡我們只就能夠體現出貴族審美情趣的方面予以梳理。

（一）食物中的天人合一理念

周代貴族的飲食講究場面的宏大、氣氛的和諧。《周禮·天官·膳夫》記載：「凡王之饋，食用六穀，膳用六牲，飲用六清，饈用百有二十品，珍用八物，醬用百有二十甕。」即周王每天飲食都要殺牲、備有十二鼎，從這些數位中可以想見周王飲食的規模和考究程

度，同時六穀、六牲、六清等無一不是天然的物產。

周代貴族的食物種類非常豐富。從《禮記‧內則》所載可以看出，他們的主要食物有「饘（稠粥）、酏（古代一種用黍米釀成的酒）、酒、醴、羹、菽、麥、蕡（大麻；大麻籽）、稻、黍、粱、秫」，以及用來使飯食味道甘美的「棗、栗、飴、蜜」和使食物柔滑和滋潤的「菫、荁（菫菜一類的植物，古時用來調味）、粉（一種榆樹）、榆、免、薧（調味品）、瀡、灂」等。此外還有菱、棋、榛、柿、瓜、桃、李、梅、杏、楂、梨、姜、桂等都是周人的食物，這些食物集四時之靈氣，蘊天地之精華，不僅是果腹之物，也體現了周人對世界的理解，體現了天人和諧的生活狀態。

周代貴族注重食物的搭配。據《禮記‧內則》記載，貴族的食物搭配觀念是：「春多酸，夏多苦，秋多辛，冬多鹹，調以滑甘。牛宜稌，羊宜黍，豕宜稷，犬宜粱，雁宜麥，魚宜苽。春宜羔、豚，膳膏薌；夏宜腒、鱐，膳膏臊；秋宜犢、麛，膳膏腥；冬宜鮮、羽，膳膏膻。」「膾，春用蔥，秋用芥。豚，春用韭，秋用蓼。脂用蔥，膏用薤，三牲用藙，和用醯，獸用梅。」從所列舉的食物與季節之間的搭配原則，以及食物之間的搭配方式來看，周代貴族的飲食是非常考究的。並且，飲食中考慮到四時的變遷，在飲食中蘊涵著天人合一的哲學精神。

周人有一定的食物禁忌，如不吃小甲魚，不吃狼肺，不吃狗腎，不食免臀等。發現牛夜裡鳴叫、羊的毛稀稀零零等狀況，這表明它們的肉都有了腥臊味，不可再食用。周人的這些食物禁忌說明他們已經擺脫了茹毛飲血的時代，有了一定的飲食文化。此外，周代貴族的飲食禁忌還有一重含義，即表達對災難的警惕，如「子卯稷食菜羹」[33]。

---

33 《禮記‧玉藻》。

因為商紂死於甲子日，夏桀死於乙卯日，這些日子對周人來說都帶有警示意義。日食月食，以及國有災難在貴族的飲食中也要有所反映。在這些日子裡，要吃素食，以便反思。事實上，前車之鑒，在周人的記憶裡，留下的印象是頗深刻的，這使他們的生活中具有敬畏情懷。

（二）優雅的進食文化

飲前祭是周代貴族獨特飲食方式的體現。飯前祭，即為了報答最先創造此食物的祖先，舉起食物，象徵性地薦祭先民，稱為泛祭，或周祭、遍祭。《周禮・天官・膳夫》記載：「膳夫授祭品，王乃食。」又《禮記・玉藻》記載國君：「又朝服以食，特牲，三俎，祭肺，夕深衣，祭牢肉。」從這些記載都可推知國君吃飯前要進行祭祀。《禮記・玉藻》：「客祭，主人辭曰：『不足祭也。』」表明有客人時的飯前祭祀還要有一番主客之間的謙讓。《論語・鄉黨》中也講道：「食不語，寢不言。雖蔬食菜羹，必祭，必齊如也。」這些文獻記載表明，在周代貴族的生活中飯前祭祀已經成為一種生活方式。飯前祭的飲食方式顯示了周代貴族對神靈和祖先的敬畏情懷和感恩意識。飲食既是物質生活層面，同時又蘊涵著精神生活的內容。

以樂侑食，即在吃飯時用音樂來伴奏，營造出一種溫馨舒適和愉快的飲食氣氛，體現了貴族生活中對食物的物質需求的超越和對精神生活的追求。《禮記・王制》中記載：「天子食，日舉以樂。」《周禮・天官・膳夫》中也記載著天子每天「以樂侑食」，當王飲食完畢之後，還要奏樂撤膳。《周禮・春官・大司樂》還記載：「王大食，三宥，皆令奏鐘鼓。」可見，周王的日常飲食程序大致是，飯前行祭，吃飯時以樂侑食，食終，奏樂撤膳。音樂為周王營造了優雅的進食環境，使周王的飲食具有藝術性。

周代貴族的飲食還要追求舉止的文雅。如《禮記・玉藻》篇記

載：「食棗、桃、李，弗致於核。瓜祭上環，食中，棄所操。」即吃
桃子、棗子、李子等帶核的水果時，吃前要用最上段祭一下，然後吃
中段，吃到手拿過的那一部分就不吃了。這是周代貴族吃水果的方
式。集中體現了周代貴族生活方式的文雅和考究。吃東西之前先祭一
下，這表明貴族的生活中神靈的存在，表明貴族的生活中具有敬畏意
識。不吃最後一段，說明貴族的生活中物質產品已經比較豐富，在物
質文明具備的基礎上，已經開始追求飲食文明，注意不再狼吞虎嚥地
去吃東西，而是力求樹立一種溫文爾雅的形象。這樣，周代貴族吃
桃、棗的方式就具有了一定的表演性和觀賞性。《禮記・曲禮上》中
還記載：「為天子削瓜者副之，巾以絺；為國君者華之，巾以綌；為
大夫累之，士疐之，庶人齕之。」意思是為天子削瓜，要去皮，切成
四瓣，再橫切一刀，用細葛布蓋上。為國君削瓜，去皮，切成兩瓣，
再橫切一刀，用粗葛布蓋上。為大夫削瓜，只去皮，不蓋葛巾。為士
削瓜只去掉瓜蒂。庶人則直接咬著吃。這一方面表現出貴族生活的奢
華，另一方面也表現了貴族飲食的細緻和文雅。甚至文雅和考究的程
度與貴族地位的尊貴是成正比的。

由於有一定的田產和社會地位，貴族有條件追求細緻、考究的飲
食方式，以及追求飲食中舉止的文雅。同時，飯前祭、以樂侑食和文
雅的飲食形象也成為貴族身分的標誌。鐘鳴鼎食成為貴族生活方式的
集中體現。這既是生活化的藝術，又是藝術化的生活。

（三）尊重他人存在的飲食禮節

貴族優雅的精神氣質還來自於對他人存在的關注。貴族吃飯時，
有許多禮節就是建立在對他人尊重和照顧的基礎之上的。《禮記・曲
禮上》對此有較為細緻的記載：

客若降等，執食興辭，主人興，辭於客，然後客坐……主人未
辯，客不虛口……侍食於長者，主人親饋，則拜而食。主人不
親饋，則不拜而食。共食不飽，共飯不澤手。毋摶飯，毋放
飯，毋流歠（羹湯），毋吒（詫異、驚異）食，毋齧骨，毋反
魚肉，毋投與狗骨，毋固獲，毋揚飯，飯黍毋以箸，毋嚃
（退）羹，毋絮（調）羹，毋刺齒，毋歠醢。客絮羹，主人辭
不能亨；客歠醢，主人辭以窶。濡肉齒決，乾肉不齒決，毋嘬
（吮吸）炙。

這裡所記載的是主客共同進食時的飲食禮節，非常具體，具有很
強的操作性。也許貴族的日常生活中不一定完全能夠做得到這些，但
是否具備這些飲食的觀念和意識是一個人是否有教養的標誌。這一段
話包含著這樣三重意思：第一，貴族的飲食中以謙讓為美。客人的級
別如果比主人低，客人就要手執食物起立致謝，主人對客人說不必客
氣之類的話後，客人坐下；第二，在貴族交往中的飲食，已經超越了
滿足基本生存需要的層次，而成為展示貴族修養的一個重要環節。在
這些飲食的基本原則中，明確地規定，「共食不飽」「凡侑食，不盡
食。食於人不飽。」[34]即飲食的目的不在於吃飽，而在於人與人之間
的交往，以及傳達上下尊卑的觀念；第三，在貴族的飲食中還具有很
強的他人意識，甚至他人的存在成為決定自我行為的出發點，如對客
人的關照、對長者以及國君的尊敬等都體現在飲食的過程之中。並
且，有許多飲食禁忌都是考慮到有他人在關注著自己，所以才反過來
更加注意自己行為舉止是否合適，如飲食的過程中，不搓飯團、不要
把手裡的飯再放回盛飯的器皿、不要吃得滿嘴帶響、不要啃骨頭、不

---

34 《禮記・玉藻》。

在有客人的情況下叱責狗、不在有他人在的場合將食物扔給狗等,這些行為都是預設有一雙時刻關注自己的眼睛,都是將他人的存在看成左右自己行為的根據。對他人的關注使周代貴族的行為謹小慎微,唯唯諾諾,但是,從另一個角度看,也正是因為具有關注他人存在的意識,周代貴族的行為才更加優雅文明。他人的存在是塑造自我、完善自我的動力。

《禮記·曲禮上》記載著陪長輩進食的規矩:「侍飲於長者,酒進則起,拜受於尊所。長者辭,少者反席而飲;長者舉未釂(盡),少者不敢飲。長者賜,少者賤者不敢辭。賜果於君前,其有核者懷其核。」即陪伴長輩飲酒,看到長輩為自己斟酒,晚輩就要趕快站起來,走到設酒樽的地方,拜後雙手接杯。長者說不必這樣,晚輩才敢執杯返回自己的席位。長者還沒有飲完杯中酒,晚輩不敢飲。長輩賜給晚輩食物,晚輩不能推辭。國君賜給帶核的水果,吃完後,要悄悄地把核放在自己的懷裡,不能亂扔。

縱觀周代貴族的飲食方式,可以看到,貴族的食物已經相當豐富,食物的製作過程已經比較精細,貴族的飲食要遵循一定的禮節,要表達對神靈的感恩和敬畏,所以要行飯前祭祀之禮,吃飯時要伴著音樂,創造一種輕鬆愉悅的飲食氛圍,表現了貴族對食物果腹價值的超越。在貴族的生活中,對食物的消費,還具有表現其優雅舉止和傳達謙讓孝敬精神的意義。周代貴族的飲食行為是優雅的,處在一種無形眼光的關注之下,因而一舉一動都具有觀賞價值,顯示出溫文爾雅的貴族氣質。

三 周代貴族日常生活中的儀態美

周代貴族生活的藝術性還體現在對禮容的關注方面。禮容包括儀

容和儀態。儀容主要指人的面部神情。儀態主要指人的身體姿態。對禮容的關注，表現了周代貴族對自我內在精神氣質的關注。

　　眼睛是心靈的窗戶，眼神是內在精神的無言表達，是一個人精神氣質的外在表露，因而周代貴族對視線有許多規定。「凡與大人言，始視面，中視抱，卒視面。毋改，眾皆若是。若父則遊目，毋上於面，毋下於帶。若不言，立則視足，坐則視膝。」[35]即平時與長者說話，首先要看長者的臉色，看其臉色是否可以傳言；說完話後，看著長輩的懷抱處，容對方思索並作出反應；最後再觀察長輩的臉色，看其反應。在等待長輩作出回應的過程中，始終應當安靜和耐心，而不要左顧右盼，也不要動來動去，顯得懈怠、不虛心。如果是向父親進言，目光可以比較隨意，但是目光上不可及面部，下不可超過衣帶。如果侍候在父親身邊站著不說話，眼睛就要看著父親的腳；坐著，就應當看著父親的膝。《禮記・曲禮下》記載看各種人時應有不同的視閾範圍：「天子視，不上於袷，不下於帶。國君綏視，大夫衡視，士視五步。凡視，上於面則敖，下於帶則憂，傾則奸。」袷，交領。天子至尊，臣視之，視線不可高於衣領，不可低於腰帶；臣子看國君，視線可稍高於衣領；看大夫，可以平視；和士在一起，不僅可以平視，視野還可以稍寬一些，但不能超過五步。視線過高會顯得傲慢，過低將顯得憂愁，這些都不是一個貴族所應當有的表情。這是周禮中對視線的規定。

　　君子行走坐臥都要在儀容上顯示出不同一般的氣質。《禮記・玉藻》記載：「君子之容舒遲，見所尊者齊。足容重，手容恭，目容端，口容止，聲容靜，頭容直，氣容肅，立容德，色容莊，坐如尸。燕居告溫溫。」這裡講了君子日常生活中的儀容和姿態。其容貌是從

35　《儀禮・士相見禮》。

容嫻靜的，遇到所尊敬的人，就特別謙恭謹慎。日常生活中，走路時，腳步要穩重，不要懈怠；手的儀態要恭慎，不可妄加比劃；目光要端正，不要斜視；嘴不要總是動來動去；聲音要平靜和緩；頭要端正，不要縮著脖子；氣度要嚴肅；站立時要微微向前俯身，象恭候對方授物的樣子；面色要莊重；坐時要像祭禮中接受祭祀的尸一樣敬慎莊嚴。使喚別人時，態度要和善。《禮記‧曲禮上》記載貴族的儀態應當是：「坐如尸，立如齊。」坐就應當像祭祀中扮演受祭的祖先的尸一樣坐得端端正正，立就應當像祭祀前齋戒時那樣恭敬、端莊。

行走時的儀容儀態應該是：「凡行，容惕惕，廟中齊齊，朝廷濟濟翔翔。」[36]這是行走時的面部表情。從行走的姿態來說，一般情況下，貴族在路上行走，步態要直而且快；在宗廟，步態要端莊虔誠；在朝廷，步態要莊敬安詳。如果手執神龜、玉器，走時要更加謹慎小心。

坐立行走的位置是否恰當也是關乎儀態美的重要因素。周代禮制中對貴族行走坐臥的位置和處所都有較為詳細的規定：「為人子者，居不主奧，坐不中席，行不中道，立不中門。」[37]意思是，做兒子的平時在家裡，不要居住在屋子西南角的位置。一張席子獨坐時，以中為尊，為人子者，即使獨坐也要靠邊，不要坐在席的當中。不要走在道路的中間，不要站在門的當中。反過來說，日常生活中不但坐臥立站姿勢要端正，還要處於合適的位置，不要坐在本該長輩坐的位置，不要站在道路中間或閘中間妨礙了他人。

一個具有涵養的人，他的舉手投足之間就透露出一種值得人欣賞的藝術氣質。貴族的等級不同，所展示出的精神氣度也應該不同。

---

36 《禮記‧玉藻》。
37 《禮記‧曲禮上》。

《禮記‧曲禮下》記載：「天子穆穆，諸侯皇皇，大夫濟濟，士蹌蹌
（翔舉舒揚），庶人僬僬（不謹飭）。」天子要深沉肅穆、諸侯要顯赫
軒昂、大夫要端莊穩重、士要容貌舒暢、庶人要急促慌張，不同的人
其儀容神態就要顯示出不同的精神特徵。所以說，貴族之貴，並不僅
僅表現為擁有田產和爵位，他們看人的眼神，坐立的神態和位置等日
常生活中的點點滴滴，都要透露出貴族的氣質。這種精神氣質需要幾
代人的積澱才可以形成，那些暴發戶是不可能在短時間內具備這種內
在的精神氣質的。

四　周代貴族的行為舉止之美

　　舉止美，指的是一個人的舉手投足、言語行動要適度、優美。當
然，這是一個具有時代性的概念，在一個時代視為優美的舉止，在另
一個時代，就有可能顯得迂腐、造作和煩瑣。因而，我們只有將問題
置於它所賴以存在的歷史文化語境之中進行討論，才能是一個有意義
的問題。周代貴族的行為舉止，首先建立在對他人存在的關注的基礎
之上；其次，貴族的舉止大多符合一定的行為規範，要顯出溫文爾
雅、不急不躁的氣度。

　　周禮的目的就是維護上下尊卑的等級秩序，而周禮的中心內容就
是對人的行為進行規範，因而行為的規範化是周代貴族生活方式的又
一特徵。就算平時在家裡起居也是要符合一定的行為規範，據《禮
記‧玉藻》篇記載：「君子之居恒當戶，寢恒東首。若有疾風、迅
雷、甚雨，則必變，雖夜必興，衣服冠而坐。」即貴族平時在家裡生
活要面向門坐著，睡覺的時候頭要朝東。如果夜晚突然颳風下雨打雷
閃電，就應當穿好衣服，戴好帽子，端端正正地坐起來。貴族的這一
行為不僅表現了他們對日常起居規範的遵循，而且，表現出對自然界

的變化的敬畏意識，足見貴族的行為不是隨便和散漫的，而是充滿了警惕和對生活原則、自然變化的畏懼情懷。

《禮記・玉藻》篇記載了應答父親呼喚的規則：「父命呼，唯而不諾，手執業則投之，食在口則吐之，走而不趨。」就是說應答父親的呼喚要符合一定的規範。當聽到父親在召喚時，如果正在看書，就應該立即放下手中的書，回應父親的召喚，而且聲音應是響亮而恭敬的唯，而不是怠慢的諾。父親呼喚時，即使是正在吃東西，也應該立即將食物從口中吐出來，快步跑向父親，而不是磨磨蹭蹭。應對父親呼喚的小小舉動中，所體現的不僅僅是對外在行為規範的遵循，更重要的是它展現了貴族子弟內在的精神氣質。因為只有具備了一種做人的精神和氣質的人才能有這樣乾脆利索的舉止。

再如幼子平時的行為規範還有：「立必正方，不傾聽。長者與之提攜，則兩手奉長者之手。負、劍，辟咡詔之，則掩口而對。從於先生，不越路而與人言。遭先生於道，趨而進，正立拱手。先生與之言則對，不與之言則趨而退。從長者而上丘陵，則必鄉長者所視。登城不指，城上不呼。」[38]即貴族兒童的站立應當姿態端正，不能歪頭側耳聽大人說話。長者要牽著他的手時，就應當伸出一雙手捧著長輩的手。當長輩回過頭或側身給孩子說話時，孩子就應當以手掩口來回答，以免口氣觸著尊長。平時和先生一起在路上走，不要橫越道路去和別人說話。在路上遇到先生，就要快步走向先生，正立拱手。先生跟自己說話，就對答。先生不跟自己說話就快速退下。跟從長輩登上丘陵，就一定要看著長輩所看的方向。登上城牆，不要指手畫腳，也不要大聲呼喊。

平時在父母的居所，不僅老人有什麼吩咐要細聲地答應，恭敬地

---

38 《禮記・曲禮上》。

回答，進退、轉身都要敬慎端莊，升降、出入都要俯身行走，而且不敢隨意地乾咳、打飽嗝、打噴嚏、咳嗽、打哈欠、伸懶腰、單腿支撐著站立、依靠門牆、斜視、吐唾沫、流鼻涕等。甚至於當著老人的面，冷了也不敢去加衣服，癢了也不敢隨意去搔，貼身穿的衣服的裡子不能顯露出來。這些要求雖然有些過分，但是排除那些過分的要求，我們還是可以看到，這些要求的出發點是要求貴族即使在父母面前也要站有站相，臥有臥相，行為舉止要有精神。說白了，就是作為貴族其行為舉止，在任何情況下都要符合一定的規範，行為要莊重、和諧、有涵養。再如，為長輩掃除時，要有掃除的規矩。《禮記·曲禮上》記載，為長輩清掃衛生，一定要用笤帚遮住簸箕，然後用衣袖遮擋著笤帚邊掃邊退，使灰塵不要飛向長輩，並將簸箕朝向自己收拾垃圾。這些動作是何等地謹慎和恭敬。

　　《禮記·玉藻》記載周代大夫將要去宮裡朝君時，不但要提前一天齋戒，靜心養性，還要「既服，習容觀玉聲」，即臨出發前還要在家裡穿好朝服，先檢查一下自己的儀容和舉止是否得當，走動一下，聽聽佩玉所發出的聲音是否與步伐協調。《禮記·玉藻》篇還記載著：「古之君子必佩玉，右徵、角，左宮、羽，趨以《採齊》，行以《肆夏》，周還中規，折還中矩，進則揖之，退則揚之，然後玉鏘鳴也。故君子在車則聞鸞、和之聲，行則鳴佩玉，是以非辟之心無自入也。」佩著玉的貴族行走的時候，玉佩上的玉也隨著走路的節奏而發出悅耳的聲音，右邊的玉佩發出征聲、角聲，左邊的則發出宮聲、羽聲。貴族們向前走的時候，玉佩發出的聲音與樂曲《採齊》的樂調相似，向後退的時候，玉佩發出的聲音與《肆夏》的樂調相似。貴族返轉回身，要走出似弧線的樣子，拐彎則要走得像直角一樣。貴族車子行進時鸞、和發出悅耳的聲音，行走時玉佩又發出美妙的聲音。周代貴族生活在一個創造美、又欣賞美的藝術氛圍之中。

就是穿鞋子這一日常生活細節，在有修養的貴族做來也要顯出溫文爾雅的氣度，也要考慮到不要讓別人看著不舒服。《禮記‧玉藻》篇記載著君子穿鞋的規範：「退則坐取屨，隱辟而後屨，坐左納右，坐右納左。」即穿鞋子的時候不當著別人的面，要退到避人的地方，跪坐著拿起鞋子，跪左腿穿右腳的鞋，跪右腿穿左腳的鞋。《禮記‧曲禮上》記載：「侍於長者，屨不上於堂，解屨不敢當階。」意思是侍坐於長者，侍坐於長輩，不穿鞋上堂，要將鞋子脫於堂下，解繫鞋的帶子也不敢正對著臺階。下堂穿鞋的時候，跪著拿起鞋來，到側階去穿。如果在長輩面前穿鞋就要跪下，挪開鞋子，然後背著長輩彎腰穿鞋。穿鞋的細節顯示著周代貴族穩重從容的氣質和對他人存在的關注。他人既是自己行為的監督者，同時又是自己行為的鑒賞者，正是因為心中有他人的存在，所以周代貴族才能在他人這面鏡子中更好地審視自己的行為，使自己的行為具有審美性。他人不是地獄，不是魔鬼，而是促使自己向善向美的力量，這是周代貴族和諧人際關係的出發點。

周代貴族的行為要遵循一定的規矩，這使他們成為舉止有涵養的族群。這一點還較為突出地表現在男女關係的處理之中。貴族男子主外，不過問家庭瑣事；女子操持家務，不過問家庭以外的事務。即使是一家人，男女之間的行為也要檢點，除了祭事、喪事，男女之間不能親手傳遞器物。在遞交器物的時候，女人就用竹筐來接。沒有筐的話，就要跪坐著將器物放在地上，然後對方也跪坐下來從地上去取。男女之間不同用一口井打水，不同用一個浴室，不混用寢席，不混穿衣服。閨門內的話，不傳出門外，外面的話，也不傳入閨中。男子進入內宅，行為要莊重，不能大聲叫喚，不能指指點點，夜晚的時候要有燭光，沒有燭光的話，就不要出門。女子出門必須遮掩著面龐，夜裡出門也要有火炬，沒有的話，就不能出門。男女之間在道路上相見要互相迴避，男子由路的右邊走，女子由路的左邊走。

　　這就是我們比較熟悉的古代男女之間授受不親的原則，相對於現代生活中男女之間的自由交往來說，它的確是一種約束，但是，當我們看到現代生活和現代傳媒中，男女之間旁若無人的過分親密舉止時，我們應當認識到，適當的行為約束，在生活中是必要的。反過來講，如果我們對人的行為的場合性沒有任何約束和限制，我們的生活將變得平面化，整個生活將因過分放任而沒有了屬於男女之間的私人生活空間。因為失去私人空間的概念，所以整個社會生活中就充滿了散漫、甚至無聊的氣息。因而，從這個角度說，關注男女交往的度，使自我行為具有一定的約束，注意生活的場合性，這是人與動物的主要區別之一，也是周代貴族行為具有高貴性的表現。

　　乘車馬的規矩也有很多，如：「車上不廣咳，不妄指。立視五巂，式視馬尾，顧不過轂。國中以策彗恤勿驅，塵不出軌。」「入國不馳，入里必式。」[39]車上大聲咳嗽會顯得自矜。車上亂指，容易引起他人的迷惑。所以一個行為端正的貴族，坐在車上不會大聲地咳嗽，不會隨意地妄指。站立在車上，向前看車輪轉五周遠的距離，憑軾俯身的時候，眼睛看到馬尾，回頭看時，視線不要超過車軸兩端。在城裡行車，要用馬鞭輕輕地趕馬，不要讓馬跑得太快，以致塵土到處飛揚。

　　在周代貴族的眼中，舉止符合規範，就具有審美價值。沒有規矩不成方圓，行為的規範化使貴族的一舉一動都優雅、得體，使貴族的儀容儀態中顯示出一股特別的精神氣質，也使日常生活中的一招一式都成為具有可觀賞性的行為。佩著玉的貴族把周人的行為美和身體節奏的音樂美發揮得淋漓盡致。甚至穿鞋的細節中都體現著一個人的教養，都能體現出貴族的舉止之美。

39　《禮記·曲禮上》。

五　日常交往的藝術性

　　周代貴族之間除了在重大儀式中互相走訪之外，日常生活中也相
互來往。我們這裡對日常生活中的貴族交往所遵循的原則和行為舉止
進行分析。周代貴族非常關注與他人相處。而如何與他人和諧相處，
關注他人的存在，這是周代貴族禮儀文化中很重要的一環。這裡我們
從如何到他人處進行拜訪，拜訪時，如何談吐、坐臥等幾個方面探討
貴族日常交往方式中的藝術氣質。

（一）日常交往的禮儀

　　周代貴族的交往，一般來說，兩個人相見，必先有介紹人，然後
還要拿著摯去相見。《禮記‧曲禮下》記載：「凡摯，天子鬯。諸侯
圭，卿羔，大夫雁，士雉，庶人之摯匹，童子委摯而退。野外軍中無
摯，以纓、拾、矢可也。婦人之摯椇、榛、脯、脩、棗、栗。」意思
是說，天子用黑黍米酒作見面禮，諸侯用圭，卿用羔羊，大夫用雁，
士用野雞，庶人用鴨子。婦人用棗、榛等作見面禮。在野外駐軍時，
彼此相見，可以更隨便一些，用軍中能找到的物品纓、拾、矢等都可
作見面禮。

　　拿著這些見面的禮物，見面以後要說某某讓他來見，主人推辭說
請他回去，他隨著訪他去。賓說「某不足以辱命，請賜見」，經過幾
番謙讓之後，主人才同意相見。對於賓拿來的見面禮，主賓之間同樣
要幾番謙讓之後，主人這才收下。即使是日常生活中的走訪，進門
時，也要與客人行揖讓之禮，主人從門右而入，客人從門左而入，每
門讓於客，客到了寢門前，就要客氣地請求先進去為客人鋪席。禮
畢，賓出門後，主人讓人轉達希望再敘談之意。賓於是又一次返回，
與主人相見，敘畢退出。主人送賓到大門外，行再拜之禮。賓回家後

的第二天，主人要回拜賓，且奉雉而還曰：「曩者吾子辱使見，請還雉於將命者。」經過幾番推讓後，雉仍然歸還原主。儀式化的生活方式滲透在周人生活的方方面面。

儀式化的日常交往方式，在現代人看來極為煩瑣，但在社會事務較為單一的周代社會，卻有其存在的合理性。程序化的禮儀，表達著賓主之間交往的嚴肅性和對彼此的誠敬情懷，也使貴族的行為散發著典雅的氣息。

除了必要的禮儀環節外，貴族在社會交往中還要遵循一些基本的禮貌原則。這一點《禮記‧曲禮上》中有相應的記載：「將適舍，求毋固。將上堂，聲必揚。戶外有二屨，言聞則入，言不聞則不入。將入戶，視必下。入戶奉扃，視瞻毋回。戶開亦開，戶闔亦闔。有後入者，闔而勿遂。勿踐屨，毋踖席，摳衣趨隅，必慎唯諾。」這是到他人處所時所要遵循的基本規則。要去他人的處所，必須得到同意方可進入，不能強行進入他人的家。將上堂，必須大聲招呼，使主人知道有人來了。戶外如果有兩雙鞋子，就表示裡面有人正在交談，因而大聲詢問一下，使裡面的人知道有人要來，得到允許再進，沒有得到允許，就不要擅自進入。在堂下脫鞋的時候，要注意不要踐踏到別人的鞋子上了。將進屋門，視線一定要向下。進了屋門，恭敬地奉著扃，不要回頭瞻望。屋門原來開著，就依然讓它繼續開著，如果原來門關著，就讓它仍然關著。如果後面還有人來，就不要將門關緊。就座時，提起衣服走向席的下端，然後升席就座。答話時，用「諾」還是用「唯」，一定要謹慎。

如果是與父輩交往，言談舉止要更加謹慎。「見父之執，不謂之進不敢進，不謂之退不敢退，不問不敢對，此孝子之行也。」[40]見到

---

40 《禮記‧曲禮上》。

父親的同志好友，長輩不叫就不敢進前，不讓退下，就不敢退下，不問話，就不能隨便多言。《禮記‧曲禮上》記載：「謀於長者，必操几杖以從之。長者問，不辭讓而對，非禮也。」與長輩商議事情，必須替老人拿著几杖跟從在老人的後面。長者問話，要謙讓之後再回答。這兩點都說明，在與長輩的交往中，言語要謹慎，最好不要多嘴多舌。

貴族的交往，非常重視語言藝術。如果要見的是等級、年齡相當的人，就說：「某固願見。」如果見到一個不太熟悉的人，就說：「聞名。」見到盲人，也說：「聞名。」問某人的道藝，就說：「子習於某乎？子善於某乎？」問國君之子的年齡，根據年齡的大小，要分別回答「能從社稷之事矣」，或者回答「能御」與「未能御」。問大夫之子的年齡，回答分別是「能從樂人之事矣」，「能正於樂人」，「未能正於樂人」。[41] 程序化的交往辭令，表現了周代貴族恭順、含蓄的處世風範，也體現了貴族謙和文雅的精神氣質。

看來貴族之間的日常交往也很講究，包括用什麼東西作為見面禮，相見時應該說什麼話，如何行禮，如何招待，如何送客等，都有一套程序。日常生活中的禮節是判斷一個貴族是否具有修養的重要標誌，是判斷一個人是否懂規矩的標準。交往時的謙和、交往時語言的文雅使周代貴族遠離粗野的狀態，也使他們的交往成為一門藝術。

（二）侍坐

周代貴族的日常生活主要是在室內進行的，而室內的主要行為方式就是坐，在貴族日常交往中侍坐又是交往中的重要環節，坐的姿勢和禮節是周代貴族精神氣質和藝術精神的重要體現。

---

41 《禮記‧少儀》。

　　古人坐時兩膝著地，兩腳的腳背朝下，臀部落在腳踵上。如果將臀部抬起，上身挺直，就叫長跪，也叫跽，是將要站起身的準備姿勢，也是對別人尊敬的表示。將兩腿平伸，上身與腿成直角，形成簸箕狀的一種坐法，叫做箕或踞。古人認為箕踞是對他人的不敬，所以，《禮記·曲禮上》規定：「坐毋箕。」

　　周代貴族坐時常常是坐在席上，因而坐席也有一定的行為規範。「群居五人，則長者必異席。」[42]即一張席子只能坐四個人，四個人中的長者應坐席端（合坐以端為上），多了一個人，不能尊卑擠在一起，於是請其中的尊者到另外一張席子上去獨坐。已經坐在席上，如果有尊者離席或走到跟前來，就用「避席」的辦法自表謙卑。席子在堂屋中要放正。《論語·鄉黨》中講道：「席不正，不坐。」因為席子正了，心情也就鄭重嚴肅了。古人室內的座次也是很重要的，《禮記·曲禮上》記載：「席南鄉北鄉，以西方為上；東鄉西鄉，以南方為上。」如果席子是南北向的，就以西為上位；如果是東西向的，則以南為上位。

　　侍坐於國君的坐席規範是：「侍坐則必退席，不退則必引而去君之黨。登席不由前，為躐席。徒坐不盡席尺。讀書。食，則齊，豆去席尺。」[43]即士大夫奉陪國君而坐時，為了表示地位低下，不敢與國君同起同坐，必須先向後移一移席子，如果國君不讓移動席子的話，那麼入坐時也要盡量坐得靠後一些，盡量離國君所坐之處遠一些。升席時，要由席的下端，不能從席的前端徑直進入。由席前逕自升席，叫做躐席，是失禮的行為。無事而坐的時候，雙膝要距離席的邊緣有一些距離。只有在讀書、吃飯的時候，為了讓國君聽清楚、為了不把

42　《禮記·曲禮上》。

43　《禮記·玉藻》。

席子弄髒，才使雙膝與席邊一樣齊。放食物的器皿也要離席子有一尺遠的距離。這是周代貴族關於坐的規矩。

侍坐於客人時，要與客人相互謙讓之後才能就座。《禮記・曲禮上》記載：「若非飲食之客，則布席，席間函丈。主人跪正席，客跪撫席而辭。客徹重席，主人固辭。客踐席，乃坐。」如果來的不是飲酒吃飯的客人，就將賓主的坐席對鋪，兩席之間相距一丈遠。主人跪坐下來替客人整理席位，客人跪下來按住席子婉言推辭。主人為客人鋪設兩重席，客人要請求撤去一層席，主人一再請他別撤，客人這才上席就座。

侍坐於尊長，將要上席就座，容顏不要羞慚拘謹，兩手提起衣服，使底邊離地一尺來高，不要大幅度地扇動衣服，腳步不要慌張。如果先生的書策琴瑟在前面，就跪下將其移開，不能從上面跨過去。不吃飯時，坐在席子上，儘量往後坐，這是謙恭的表現。吃飯時，儘量往前坐，是為了不污染席子。坐時一定要坐安穩，容顏莊敬。侍坐於長者，長者沒有提到的，就不要插嘴亂說。侍坐於君子，如果君子打哈欠、伸腰，問日之早晚，就告訴他晚飯是否做好。如果君子變動坐的姿勢，那就表示他已有倦意，這時就應當請求退下。這些都是侍坐時的行為規範。再比如說，侍坐於所尊敬的人，就儘量靠近尊者，而不要留出很多餘席。見到同輩的人，不用起身。燭火端來了，要起立；食物上來了，要起身；貴客來了，要起身示意。關於侍坐的規矩還有，「侍坐，弗使不執琴瑟，不畫地，手無容，不翣也。」[44]這是侍坐於長者應當注意的又一原則。如果尊長者沒有讓彈琴瑟，就不要自作主張地彈琴瑟。侍坐於長者時，手不要在地上亂畫，不要弄手，也不要漫不經心地為自己扇著扇子。《禮記・曲禮下》還記載：「侍於君

---

44 《禮記・少儀》。

子，不顧望而對，非禮也。」即奉陪君子時，如果君子有所問，不看看還有沒有其它人要回答，就率然相對，這是不禮貌的行為。

侍坐是貴族交往中的重要環節，從這些有關侍坐的文獻記載來看，貴族的侍坐要遵循較為嚴格的行為規範。一方面要對客人、長輩、國君等表示謙讓和恭順；另一方面侍坐時要安靜，手不能亂動，眼睛不能隨意亂看，即使是看到長輩的琴瑟、扇子之類的器物，也不要隨意拿過來彈奏和扇動。從侍坐的主要特徵來看，周代貴族是比較喜歡安靜的生活格調的。安靜而不浮躁是貴族性情的一個重要方面。

從以上分析可以看到，貴族之間的日常交往雖然沒有場面宏大的儀式，但也很講究，一言一行、一舉一動都要遵循一定的禮儀程序。侍坐，更是在輕鬆的氛圍中傳達著行為規範、體現著儀態之美。可謂站有站相，坐有坐相。規範化的日常舉止使貴族的行為高貴優雅，富於藝術性。日常生活中的禮節也是判斷一個貴族是否具有修養的重要標誌。

第四節　周代貴族教育與貴族藝術氣質的養成

貴族品格的養成在很大程度上有賴於周代的教育制度。周代貴族教育的目的不只在於知識的傳輸，還在於對言談舉止進行規範化的訓練。在貴族的教育體制之中，藝術素養的培養占有很大比重，這種教育的結果無疑會使貴族子弟具有獨特的藝術氣質。所以說，周代貴族的教育是一個塑造人的過程，是一個從各個方面培養貴族的過程。

一　貴族教育

周代貴族對子弟的教育非常重視，認為「玉不琢，不成器，人不

學，不知道」[45]。力求通過教育將子弟都塑造成舉止適度又有涵養的貴族。

受教育是貴族兒童生活中的重要內容，貴族教育與貴族行為的規範性和審美性正是通過教育得到了傳承。就家庭教育而言，可以說，從孩子剛剛出生就開始了。周代貴族兒童的撫養有專門的育兒室，還要在諸母及其它婦人中，選擇「寬裕、慈惠、溫良、恭敬、慎而寡言者，使為子師，其次為慈母，其次為保母，皆居子室」[46]。寬裕、慈惠又寡言的老師，以及慈母、保姆等人環繞在嬰兒的身邊，形成了一個慈愛、溫厚的教育氛圍。

到了幼兒階段，貴族子弟的教育就有了較為明確的教學內容。一般十歲以前學習日常生活禮儀和幼儀。《禮記‧內則》記述了貴族子弟受教育的階段和主要內容。小孩能獨立吃飯時，就教其用右手吃飯。等到能說話時，教男童回答大人的問話用唯，女孩用俞。在穿著方面，要體現男女性別的差異，男孩的囊用革製成，女孩的囊用繒製成。六歲時，開始學數數。七歲時男女孩不同席，不同食。男孩教以陽剛之氣，女孩教以陰柔之美。八歲教導其禮讓長者，九歲教以干支節令。十歲時就要出外跟老師學習。應當說到十歲時學前教育就結束了。

男孩子十歲以後就要接受學校教育。在入學之前，要舉行釋奠和釋菜禮。釋奠禮，就是陳設酒食用以祭祀先聖先師。釋菜禮，就是用蘋蘩等菜蔬祭奠先聖先師，用以表達對他們的崇敬之心。有了這樣的儀式，正規的學校教育階段就開始了。周代的學校教育較夏商更為完善，學校的結構也更為完備。大體來說，西周的學校分為「國學」和

---

45 《禮記‧學記》。
46 《禮記‧內則》。

「鄉學」兩種。國學是中央設立的學校，有「大學」和「小學」之分。小學設在王宮南邊左側，大學設在國都的南郊。周天子的大學叫「辟雍」，諸侯國的大學叫「泮宮」。《禮記・王制》中記載：「小學在公宮南之左，大學在郊。天子曰辟雍，諸侯曰泮宮。」這些學習的場所，一般都是三面環水，一面留有通道。中間是高地，高地上設有廳堂（明堂），附近廣植林木。樹林中鳥獸群居以供習射。山水宜人的自然景觀造就了貴族子弟一種詩化的觀照世界的視角，陶冶了他們的性情。

女孩子十歲以後，就不能隨便出門了，要待在家裡，由傅母教她如何做一個溫婉柔順的人。女孩子還要學習紡麻織布、煮繭繅絲、紡織繒帛絲絛、製作衣服等活計。如果到了祭祀時，則要觀察和學習如何捧酒、漿、籩、豆、菹、醢等祭品和祭器，按照祭禮的要求幫助大人放置祭品和祭器。

從十歲以後貴族子弟的教育內容來看，既有知識的培養，也包括言談舉止的規範化教育，同時還頗重男女性別意識和社會責任意識的教育。教育的目的是使貴族兒童的行為優雅、具有禮節。如教女孩說話做事要柔婉，就是要使女孩的聲音情態符合當時社會的審美標準。

除了學前教育和學校教育之外，教育貫穿在貴族的整個生命過程之中。如周代貴族婦女的教育，並不是終止於兒童階段的「姆教婉、娩、聽從」「學女事」的階段，而是存在於整個生命過程。如將要出嫁前，父母以及庶母的訓導，也屬於教育內容。在王宮中，還有專門的官吏教婦女在生活中應當遵循的禮法。據《周禮・天官・內宰》記載內宰的職責就是：「以陰禮教六宮，以陰禮教九嬪，以婦職之法教九御，使各有屬，以作二事，正其服，禁其奇邪，展其功緒。」「二事」，指的是編織絲、枲二事。枲是大麻的雄株，只開雄花，不結果實，可用來織布。在周代貴族婦女的生活中，內宰充當著教育者的角

色。同時在禮儀中內宰又是協助婦女行禮的贊和對婦女服飾進行監督的管理者。《周禮‧天官‧內宰》記載：「大祭祀，後祼獻，則贊。瑤爵，亦如之。正後之服位，而詔其禮樂之儀。贊九嬪之禮事。」九嬪的職責是「掌婦學之法，以教九御婦德、婦言、婦容、婦功」。[47]從這些文獻記載可見，貴族婦女雖然不用專門到學校去學習，但是其所受的教育也是相當全面的，並且教育貫穿了整個生命過程。

通過以上分析可見，貴族教育就是培養貴族的教育。周代貴族教育從言行舉止等各個方面對貴族進行全方位訓練，最終使貴族子弟成為一個一顰一笑都適度、合禮的人。貴族教育是一個培養和塑造貴族的過程。

二　貴族教育與貴族藝術氣質的養成

周代貴族文化是禮樂文化，周代貴族有著濃厚的藝術氣質，這種氣質的養成與貴族的教育方式和教育內容有著密切的聯繫。在貴族的教育中，不僅要進行舉止言談以及文化知識等方面的教育，還有著豐富的藝術素養的訓練。

周代貴族子弟教育要遵循時令，「春夏學干戈，秋冬學羽籥」，「春誦夏弦，大師詔之；瞽宗秋學禮，執禮者詔之；冬讀書，典書者詔之。禮在瞽宗，書在上庠。」[48]春天誦讀《詩經》，夏天用弦樂伴奏，秋天在瞽宗學禮，冬天在上庠讀書，都有專門的教師指導，這就是貴族的教育。在學習的過程中伴隨著對季節變換的體認，也許周代貴族自己並沒有意識到這其中的詩性成分，但是我們時隔千年的時空

47　《周禮‧天官‧九嬪》。
48　《禮記‧文王世子》。

再看古人的這一教學方式，就深感這種教學方式可以使學生更多地去
感受自然的變換。這種感受本身就是一種詩意的生存態度，體現了天
人合一的美學思想。

從教學內容看，周代貴族的教育也有助於詩性氣質的培養。《周
禮・地官・保氏》中講到了貴族子弟學習的主要內容：「乃教之六
藝：一曰五禮，二曰六樂，三曰五射，四曰五馭，五曰六書，六曰九
數。乃教之六儀：一曰祭祀之容，二曰賓客之容，三曰朝廷之容，四
曰喪紀之容，五曰軍旅之容，六曰車馬之容。」可見周代貴族教育內
容是相當寬泛的，既包括貴族子弟必備的六種技藝的教育，也包括六
種禮儀中的儀容教育。六藝主要指的是禮（規章儀式）、樂（音樂舞
蹈）、射（射箭）、御（駕車）、書（歷史）、數（數學）等。六藝中的
禮又包括吉、凶、賓、軍、嘉五禮。御包括鳴和鸞、逐水曲、過君
表、舞交衢、逐禽左五種駕馭技巧和方法。禮樂射御的學習是有一定
難度的，所以，大學以詩、書、禮、樂為重點，小學則以書、數為重
點。《禮記・內則》記載：「十有三年，學樂，誦詩，舞《勺》。成童
舞《象》，學射御。」即十三歲才可以學習禮樂、學習誦詩，學習
《勺》舞。到了十五歲以後才可以學習舞《象》和射御。二十歲行冠
禮，才開始學習各種重大的禮儀，也才可以穿皮裘和絲帛，學習名叫
《大夏》的大型舞蹈，篤行孝悌之道。經過了六藝的學習和訓練，貴
族子弟就成為一個擁有各種技能和藝術氣質的人。

儀容和儀態是貴族氣質的外在顯現，所有貴族教育中對子弟在何
種場合應當有何種儀容都有嚴格的規定，在貴族的教育中，儀容也就
成為重要的教育內容。《周禮》記載，對國子的教育有六儀，即祭祀
之容、賓客之容、朝廷之容、喪紀之容、軍旅之容、車馬之容。可以
說，不同的場合應當有怎樣的儀容、儀態是很講究的。從儀容的教育
可以看出，貴族教育的目的不僅是從技能方面培養人才，還要從儀容

神態方面將貴族子弟培養得有不同於一般人的高貴氣質。也可以說，
貴族的高貴，不僅僅表現在他們具有田產和爵位，還在於他們有著高
貴的內在精神和氣質。內在的高貴氣質需要長期的訓練，它不是一朝
一夕可以形成的。寧靜的面部表情、端莊的舉止使貴族成為令人賞心
悅目的審美形象。

周代貴族的藝術氣質還集中體現在音樂的素養方面，而在貴族的
教育中，音樂教育是其中很重要的一個方面。王室中的幾乎每一個樂
師都身兼二任，既要負責在各種儀式中演奏不同的樂器，也要負責對
貴族子弟進行某一方面的音樂訓練，如小師的職責是「掌教鼓、鼗、
柷、敔、塤、簫、管、弦、歌」[49]，即給貴族子弟教授各種樂器的演
奏方法以及歌唱的方法。磬師的職責是「掌教擊磬、擊編鐘、教縵
樂、燕樂之鐘磬」[50]，即教授子弟如何敲擊編磬、編鐘，教授配合縵
樂、燕樂演奏鐘磬。笙師掌管著教授子弟吹奏竽、笙、塤、龠、簫、
篪、箋、管、舂、牘、應、雅等樂器的方法。龠師掌管教國子手執羽
毛吹龠而舞蹈。樂師的職責是「掌國學之政，以教國子小舞。凡舞，
有帗舞，有羽舞，有皇舞，有旄舞，有干舞，有人舞。教樂儀：行以
《肆夏》，趨以《採齊》，車亦如之。環拜以鐘鼓為節。」[51]這就意味
著各種樂師的職責不僅要教授各種樂舞，而且要將貴族子弟的行為本
身培養得具有音樂性，行走的時候，其節拍要符合《肆夏》，快步小
跑的節奏要符合《採齊》之節奏，環拜的節奏要符合鐘鼓的節奏。大
胥的職責也是教會貴族子弟的行為具有一定的音樂性，「春入學，舍
采，合舞。秋頒學，合聲。以六樂之會正舞位，以序出入舞者。」[52]

---

49 《周禮・春官・小師》。
50 《周禮・春官・磬師》。
51 《周禮・春官・樂師》。
52 《周禮・春官・大胥》。

古時，士見君以雉作為見面禮，見師以菜作為見面禮。春天，貴族子弟入學，大胥就教他們合舞，使他們的進退符合節奏；秋天，頒其才藝，也要使他們的進退符合一定的節奏。用六樂與舞蹈相配合併端正舞者的位置，根據年齡的大小排列舞者出入的順序。可以說，音樂的作用就在於通過協調人的行為，進而形成一種溫和的性情，同時，也是通過音樂的訓練，貴族的行為舉止中就具有了一種音樂的節奏，行為本身也就具有了藝術的意味。這就是音樂教育，是一個塑造貴族和培養貴族藝術精神的過程。

古人認為聲音與人的心理之間有著異質同構的關係，長期受到和諧樂曲的薰陶，就會建立起一種溫和平穩的心理結構圖式。儀式中的各種禮樂都在不斷強化著貴族行為的節奏，也都在建構著貴族的心理結構。相反，如果長期受到淫邪之聲的薰染，也會形成一種浮躁縱慾的心性，所以周王朝嚴禁樂官們演奏過分哀傷的、輕慢不經的、聲情險屬的樂曲。在周代的文化建構中，特別重視通過莊嚴肅穆的禮樂來培養貴族的性情。

教育的目的在於使貴族子弟全面發展，把他們培養成一個知書達理、溫文爾雅的人。貴族的行為舉止、談吐具有高貴的氣質，這與貴族全方位的教育理念是分不開的。直到春秋後期，私學興起，尤其是孔子興辦私學，實行「有教無類」的教育原則，一方面使貴族的教育理念普及到平民中，同時，也對貴族教育體制形成衝擊，使周代貴族的教育體制開始走向衰微，貴族獨特的生活方式和精神修養也就開始消失或民間化。所以說貴族教育在貴族的存在和發展中起著很重要的作用。貴族教育的解體意味著貴族藝術精神的衰微。

以上我們分析了周代貴族的禮儀生活及日常生活中的幾個具有代表性的方面，可以看到周代貴族生活方式主要有以下特徵：第一，周代貴族的行為舉止大都符合一定的規範。由於西周政權剛剛建立，所

以這一時期的貴族生活能夠吸取殷商覆亡的教訓，表現出謹慎和規範化的特點。西周時期貴族生活的總體特點是個體基本上與社會整體的價值觀念相一致。這一時期的美學觀念也表現為對等級禮制之中的美的認可和追求。認同生活中的各種禮儀，遵循生活中的各種行為規範，因而周代貴族與整個社會體制是諧調一致的。在這樣的歷史文化語境中，周代貴族的行為舉止雖然謹慎小心、遵循規範，但絕無萎縮、頹靡和過分壓抑之感。總體上來看，在各種禮儀中都充滿了貴族詩化的情調，生活就是詩；第二，周代貴族的舉止具有文雅的特徵。周代貴族的行為舉止中要儘量避免粗疏和草率，要在非常細微的地方見出貴族的修養和沉穩的心性。正如《國語·周語下》中所說，要「立無跛，視無還，聽無聳，言無遠。言敬必及天，言忠必反意，言信必及身，言仁必及人……」這才是一個君子的風範。舉止的文雅化是遵循行為規範的必然結果。如穿鞋，先穿哪一隻鞋，再穿哪一隻鞋，在什麼位置穿都是有章可循的。正是在這些符合規範的行為中體現了貴族溫文爾雅的精神氣度，使貴族的行為舉止具有了藝術性；第三，生活的精細和考究。這一點突出地表現在貴族的飲食、洗浴等方面。食物要切得細緻，做得精細；洗浴的方式要非常講究，洗完之後還要飲酒聽樂，這些都是有閒階層的生活狀況。衣食無憂為貴族超越直接功用目的之上、追求考究化的生活提供了條件。正是在這樣的生活方式中表現了貴族對行為舉止之美的追求；第四，周代貴族的日常生活雖然不像儀式生活一樣，具有隆重的儀程，但是儀式性和規範化的特徵是周代貴族日常生活的一個重要特點，也可以說儀式的觀念滲透到了貴族生活的方方面面，而且，程序化的行為方式也是使周代貴族的日常行為具有藝術性的一個重要原因；第五，周代貴族的行為中有著深厚的文化蘊涵。這主要表現為對神靈存在的敬畏和對他人存在的關注。如在尊貴的客人面前不要呵斥狗，不在主人讓食的時候吐唾

沫，以免他人產生誤解等。這些都是與人相處的一些基本行為規範。
如果說這些行為規範在漢代以後被經學化，被僵化，那麼，這些行為
規範和做人的一些基本原則在周代還具有鮮活的生命力，具有社會契
約的性質。正是因為遵循了這些禮儀規範，所以，貴族的行為才獨具
一種迷人的魅力，這種魅力來源於對他人存在的關注。如果說存在主
義者所說的他人就是地獄，就是限制主體自由的障礙，那麼，在中國
古代社會生活中，建立的則是一種祥和與互讓的人際關係。人與人的
關係是從正視他人的存在開始的，只有坦然地將他人的存在當成自己
生命中無法逾越的一個因素來考慮的時候，才能具有平和的心態，建
立一種和諧的人際關係。並且，周代貴族不僅正視他人的存在，而
且，將他人理解成自己行為的欣賞者、關注者和評判者，因而，在他
人的眼光中，舉止都要做得優雅和具有可觀賞性。而周代貴族詩性氣
質的養成與周代的貴族教育理念有一定的關係。

中華文化思想叢書 A0100053

先秦文藝思想史　第二冊

作　　者	李春青	
版權策畫	李　鋒	
責任編輯	林以邠	
發 行 人	陳滿銘	
總 經 理	梁錦興	
總 編 輯	陳滿銘	
副總編輯	張晏瑞	
編 輯 所	萬卷樓圖書股份有限公司	
排　　版	林曉敏	
印　　刷	百通科技股份有限公司	
封面設計	菩薩蠻數位文化有限公司	

出　　版　昌明文化有限公司

桃園市龜山區中原街 32 號

電話 (02)23216565

發　　行　萬卷樓圖書股份有限公司

臺北市羅斯福路二段 41 號 6 樓之 3

電話 (02)23216565

傳真 (02)23218698

電郵 SERVICE@WANJUAN.COM.TW

大陸經銷

廈門外圖臺灣書店有限公司

　　電郵 JKB188@188.COM

ISBN 978-986-496-094-1

2018 年 1 月初版

定價：新臺幣 480 元

如何購買本書：

1. 劃撥購書，請透過以下郵政劃撥帳號：

　　帳號：15624015

　　戶名：萬卷樓圖書股份有限公司

2. 轉帳購書，請透過以下帳戶

　　合作金庫銀行 古亭分行

　　戶名：萬卷樓圖書股份有限公司

　　帳號：0877717092596

3. 網路購書，請透過萬卷樓網站

　　網址 WWW.WANJUAN.COM.TW

大量購書，請直接聯繫我們，將有專人為您

服務。客服：(02)23216565 分機 610

如有缺頁、破損或裝訂錯誤，請寄回更換

版權所有·翻印必究

Copyright©2016 by WanJuanLou Books CO.,

Ltd.All Right Reserved　**Printed in Taiwan**

國家圖書館出版品預行編目資料

先秦文藝思想史 / 李春青著. -- 初版. -- 桃園

市：昌明文化出版；臺北市：萬卷樓發行,

2018.01

　　冊 ；　　公分. -- (中華文化思想叢書)

ISBN 978-986-496-094-1(第 2 冊：平裝). --

1.文藝思潮 2.思想史 3.先秦

112.1　　　　　　　　　　　　107001267

本著作物經廈門墨客知識產權代理有限公司代理，由北京師範大學出版社（集團）有

限公司授權萬卷樓圖書股份有限公司出版、發行中文繁體字版版權。